生涯発達と
生涯学習

［第2版］

堀 薫夫 著

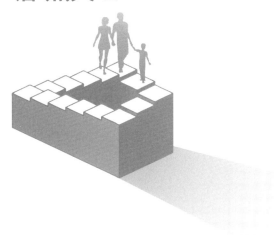

ミネルヴァ書房

は じ め に

　本書は2010年に刊行した『生涯発達と生涯学習』の改訂版である。この 8 年間の間に私たちは，超高齢化，高度情報化，多文化社会化などの，大きな社会変化を経験してきた。これらと連動して，生涯発達や生涯学習をめぐる状況にもいくつかの変化が招来してきている。本書はこれらの変化への目配せを行いながら前作への若干の修正を施しつつ，他方で，その基軸は踏襲したものである。以下前作の「はじめに」を再掲しておく。

　本書はひとつの生涯学習論のテキストとして編まれたものであるが，次のような特徴をもつものでもある。

　第一は発達論と学習論の 2 つの視角「のみ」からまとめられたものであり，比較的ミクロな視点からの整理がなされたものである。したがって生涯学習のマクロな視座，例えば行政論や制度論，歴史論，運動論，教育法論などについてはほとんどふれられていない。生涯学習の実践例もほとんど紹介していない。あくまで発達と学習という視点から生涯学習を論じるとどういう構成が考えられるのか，そしてそこに盛り込まれる視点にはどのような論点があるのかという点を軸に論をまとめている。マクロな問題については，またその領域の専門書を参照していただきたい。

　第二に本書は，これまで私がかかわってきた放送大学での講義を下地にしている部分があるという点である。私は1993年以来『生涯発達と生涯学習』『生涯学習と自己実現』という番組にかかわらせていただいたが，本書の一部は，そこでの内容（とくに堀薫夫・三輪建二『生涯学習と自己実現』放送大学教育振興会，2006年）を素材にして，さらにそこに新しい論点を付加していくというかたちでまとめていったものである。そしてそのこととも関連するが，本書の参考文

i

献は必ずしも最新のものではないかもしれない。それはひとつには、その下地が以前からずっと考えてきたことだからかもしれない。私がこれまで学生時代から学んできた講義や書物の一部を軸にしている部分も多い。例えば第9章のフロムの論などは、私の大学での卒業論文がその下地にあるが、心理学を学ぶはずで読みつづけていた彼の論では、その成人教育の可能性の描かれた箇所で（本書 p. 94）呆然となり、気がつけば専攻を変えていたという過去の思いがある。したがって新しい文献をと思いつつも、思いつづけてきたこだわりをついつい優先してしまった部分も多い。この点はお許し願いたく思う。

　しかし一方でやや以前の文献であるがゆえに、一定の社会的評価の試練をくぐり抜けたものだということもできる。生涯発達論に即していえば、いつまでもエリクソンやハヴィガーストではいけないと思う。だが半世紀以上前のそれらの論をこえるだけの大胆な論にめぐり逢えていないのは、今日的動向への筆者の勉強不足を重々認めつつも、かつ一方でどこかにこぢんまりとした論の乱立の相を呈する、時代の趨勢を感じてもいる。人びとを勇気づけ、前向きにさせるのは、むしろこうした少し古い大胆な論なのかもしれないだけに。

　本書の目的は、生涯発達と生涯学習の基本的な論点やスケルトンを示すところにある。したがって、特定の理論や調査結果や実践例を詳述するとかいった作業はあまり行なっていない。また各々の論点に関する詳しい研究成果よりは、関連する基本文献の紹介に留めている。読者の方々の手で自分なりの肉付けと深化を進めていただければ本望である。

　次に、そのスケルトンの内容にふれておきたい。本書は「生涯発達論」と「生涯学習論」の二部構成をとっている。第Ⅰ部の生涯発達論では、生涯発達にかかわる論点の提示のあとで、この展開過程を「老年学とエイジング論」と「発達心理学の生涯化」の2つの潮流の合流としてとらえる視点を示す。そして成人期から高齢期への発達とエイジングを議論するうえで重要となる論点として、「知的能力の変化」「高齢者の学習」「ポジティヴ・エイジング」「死への準備教育」「生きがいと自己実現」の問題を取り上げる。生涯発達とエイジングとは不即不離の関係にあるだけに、ここでは両者を合体させたかたちで生涯

発達論をとらえている。

　第Ⅱ部の生涯学習論では，生涯学習の問題を，その「理念と目的」「方法」「内容」「指導者」「評価」「場」という軸にそって論点をまとめている。この区分法は，一般的な教育学のテキストでも用いられているものである。つまり一個の生涯学習論が成立するためには，その目的と方法と内容と指導者（援助者）と評価と場が要るということである。こうした点は，大学開放講座や公民館での学級・講座などのみならず，インフォーマルな学習会などにおいてもあてはまるものであるかと思う。

　発達と学習の問題は，教育学の領域で古くから議論されてきた問題である。しかし，これらの語の前に「生涯」という語を付けるならば話は一転する。人生後半部で人間は発達するのか？　学校からはなれ青少年期からはなれた人間にとっての学習は，いかに構想されるのか？　つまり「生涯」という接頭語が付くだけで，従来の議論を根本から再考することに逢着するのである。そしてこうした議論は，けっして古くからあるものではない。

　発達や学習は人生の前半部を彩るものだという考えは根強い。そして現実の多くの場面で，そうしたことを実感する機会も多くある。情報ツールを駆使する若者の適応力の素早さ，外国語や数学などの学習では，若者の学びは「真綿が水を吸い込む」ようだとさえ言う人もいる。

　しかし他方で，発達や学習を青年期までの時期に特有の現象だと速決してしまうならば，それでは説明しかねる現象が現実に生起していることをどう説明すればよいのか。中高年の方々のなかにある，若者をはるかに凌ぐ学習意欲。年齢を重ねてこその技。年齢の知恵としか言いようのないかしこさ。成人期以降の発達や学習としか言いようのない事実もまた，多く目撃できるのである。

　さらにもうひとつ。われわれはみな，老いてやがて死んでいく。自分自身の未来を思い描くならば，坂を下るというイメージとともに，一方で高まり伸びていく自分をどこかにイメージしてしまうのではなかろうか。私自身も母親の認知症の実態を目撃してきただけに，「人は生涯にわたって発達しつづける」といったことを安易に語りたくはない。しかしそれであっても，人生後半部分

でのポジティヴな何かを嗅ぎ取りたいという思いはもちつづけている。意味への意志ということなのかもしれないが。

　本書のなかでは，人びとの具体的な人生の歩み方や学習の具体例はあまり示していないし，自治体などでの取り組みにもあまりふれてはいない。人びとの具体的な生活と学習をとらえる，何らかの「視点」「見方」とでもいうものを焦点化しようとしているからでもある。そして，そうした視点やスケルトンを，読者の側で現実の人生と学習とに重ねていただき，ひょっとしてどこかで何らかの共鳴があったのであれば，それがひとえに，私にとっての望外の喜びでもある。

　　　2018年10月

　　　　　　　　　　　柏原の山上にて　　堀　薫　夫

生涯発達と生涯学習［第2版］　目　　次

は じ め に

第Ⅰ部　生涯発達論

第1章　生涯発達の考え方………………………………………………2

1　発達心理学のかかえる問題………………………………………2

2　人間が発達することとは？………………………………………3

3　発達と教育と訓練の関連…………………………………………4

4　生涯発達論のアポリア(1)——人生後半部をどうとらえるか？……………6

5　エイジングについて………………………………………………7

6　現代社会における発達観…………………………………………8

7　生涯発達論のアポリア(2)…………………………………………10
　　　——変化としての生涯発達と成長としての生涯発達

第2章　成熟による発達と学習による発達……………………………13

1　成熟による発達と経験による発達………………………………13

2　人間の環境適応の生物的特徴……………………………………14

3　本能からの解放が意味するもの…………………………………15

4　学習の生物的意味…………………………………………………17

5　A Rolling Stone Gathers No Moss ……………………………18

6　伝統・文化遺産か，いまここの経験か？………………………19

7　経験の再構成としての教育………………………………………19

8　森有正の経験論……………………………………………………20

9　教育による成長・発達……………………………………………22

v

第3章　生涯発達論の歴史的背景……………………………………………25

  1　老年学のルーツ………………………………………………………25

  2　発達心理学の生涯化(1)──フロイトとユングの論を中心に……………27

  3　発達心理学の生涯化(2)──ビューラー，ハヴィガースト，エリクソン………30

  4　老年学と発達論と生涯学習論の合流………………………………35

第4章　生涯発達論の展開……………………………………………………36

  1　3つのトランジッション論…………………………………………36

  2　トランジッションと人生の危機……………………………………38

  3　生涯発達外因論──年齢規範の問題を中心に ………………………………39

  4　生涯発達内因論──人生の危機の定期性と予測可能性………………………42

  5　生涯発達最適化論──教育による発達段階の構築……………………………45

  6　生涯発達論の新たな展開は？………………………………………47

第5章　知的能力の生涯発達論………………………………………………48

  1　成人期における知的能力のとらえ方………………………………48

  2　言語性知能と動作性知能……………………………………………48

  3　高齢者と大学生の知能検査の比較…………………………………50

  4　流動性知能と結晶性知能……………………………………………52

  5　流動性知能の訓練可能性の問題……………………………………53

  6　結晶性知能の活性化とプラクティカル・インテリジェンス

    （実践知）の問題……………………………………………………54

  7　主な成人知能の理論…………………………………………………55

  8　IQ・EQ・NQ………………………………………………………58

第6章　高齢期における学習支援……………………………………………60

  1　高齢者の学習・教育と福祉の関係…………………………………60

  2　高齢者に特有の教育的ニーズの問題………………………………61

3　回顧的ニーズとライフ・レヴュー……………………………64

　　　4　手段的ニーズと表出的ニーズ………………………………65

　　　5　高齢期におけるコンヴォイ構造の変化……………………65

　　　6　高齢者の学習と友人関係……………………………………67

　　　7　経験・対話・超越……………………………………………68

第7章　教育老年学とポジティヴ・エイジング論……………………70

　　　1　教育老年学とポジティヴ・エイジング……………………70

　　　2　老後問題としてのエイジング論から老化神話の解体へ……71

　　　3　人生の第三期の発見…………………………………………73

　　　4　新たなネガティヴィティとしてのエイジング……………75

　　　5　ライフ・サイクル第四期における老年期超越と

　　　　　エイジング・パラドックスの問題………………………76

　　　6　ポジティヴ・エイジング論の諸相…………………………77

　　　7　エイジングがポジティヴであるということ………………80

第8章　死への準備教育…………………………………………………81

　　　1　死 の 種 類……………………………………………………81

　　　2　死の隠蔽と死の誇張・美化…………………………………82

　　　3　死への準備教育(1)——老いや病と結びついた死への準備教育………83

　　　4　死への準備教育(2)——社会や文化と結びついた死への準備教育 …………86

　　　5　生涯学習としての終活とエンディング・ノート…………87

　　　6　死への準備教育に関する調査から…………………………87

　　　7　死への準備教育のジレンマ——何に向けての準備か？………89

第9章　生きがいと自己実現——人間的欲求解放論と意味への意志論………91

　　　1　人間的欲求の層位……………………………………………91

　　　2　人間的欲求と社会——エーリッヒ・フロム………………92

vii

3　人間的欲求の階層説——エイブラハム・マズロー……………………96

　4　至高経験とフロー………………………………………………99

　5　人間的欲求と自己実現の社会的意味……………………………100

　6　限界状況における人間の自己実現………………………………101

　7　人間にとっての3つの価値領域…………………………………103

　8　意味への意志をささえるもの……………………………………104

　9　意味への意志とつながった経験…………………………………106

　10　意味への意志の逆説……………………………………………107

　11　成就価値と自己実現……………………………………………108

第Ⅱ部　生涯学習論

第10章　生涯学習の理念………………………………………………112

　1　古典的生涯学習論………………………………………………112

　2　ポール・ラングランの生涯教育論………………………………113

　3　フォール・レポートと学習社会論………………………………114

　4　OECDとリカレント教育…………………………………………115

　5　発展途上国からの生涯教育論と脱学校論………………………115

　6　社会教育と成人教育……………………………………………117

　7　生涯教育と生涯学習……………………………………………119

　8　学習権宣言・ドロール報告・ハンブルク宣言…………………120

　9　学校型知をこえること…………………………………………121

第11章　成人の特性を活かした学習援助援論と生涯学習方法論…128

　1　成人を対象とした教育から成人の特性を活かした学習援助へ……128

　2　アンドラゴジー論のルーツ………………………………………129

　3　エデュアード・リンデマンのアンドラゴジー論………………130

　4　小集団ディスカッション法の重要性……………………………131

目　次

  5　マルカム・ノールズのアンドラゴジー論………………………132

  6　アンドラゴジーの方法…………………………………………135

  7　アンドラゴジーとジェロゴジー………………………………137

  8　意識変容の学習論………………………………………………138

  9　生涯学習方法のタイポロジー…………………………………139

  10　成人の特性としての自己概念——フリー・ラーナーかアウトリーチか？ ……146

第12章　生涯学習内容論と現代社会論………………………………148

  1　生涯学習における学習プログラムと学習カリキュラム……………148

  2　学校教育における教科と生涯学習における教科………………149

  3　実質陶冶と形式陶冶……………………………………………152

  4　学習プログラム開発の新しい流れ……………………………152

  5　現代的課題からの学習内容論と

     生活経験の省察からの学習内容論……………………………154

  6　現代社会を学習内容としてとらえること——大衆社会論の視点から……155

  7　キーワードからみる現代社会…………………………………156

  8　現代社会のイッシューを学習につなげること………………160

第13章　生涯学習のリーダーと指導者………………………………162

  1　集団・組織におけるリーダーの問題…………………………162

  2　リーダーの人格特性対機能特性………………………………163

  3　リーダーシップの理論(1)——目標達成と集団維持の機能論 ……………164

  4　リーダーシップの理論(2)——状況呼応型理論 ………………165

  5　リーダーシップの理論(3)——変革的リーダーとサーバント・リーダー ……168

  6　ポジション・パワーとパーソナル・パワー…………………169

  7　望ましい生涯学習リーダーの条件は？………………………170

ix

第14章　生涯学習の評価……………………………………………………173
　　1　生涯学習における評価の問題………………………………………173
　　2　測定と評価……………………………………………………………173
　　3　学校教育における教育評価論から…………………………………175
　　4　生涯学習における評価の特徴………………………………………178
　　5　生涯学習独自の評価のあり方………………………………………181

第15章　生涯学習の場——生涯学習関連施設の問題を中心に………………186
　　1　生涯学習の場——生涯学習関連施設の分類……………………………186
　　2　教育行政系列の生涯学習施設………………………………………187
　　3　一般行政系列の生涯学習関連施設…………………………………194
　　4　学校形態の生涯学習施設……………………………………………195
　　5　民間などの生涯学習施設……………………………………………197
　　6　学習の場の相互関連性とそこからの発達可能性…………………197

おわりに

資料　関係法規等

　　　社会教育法（抄）

　　　生涯学習の振興のための施策の推進体制等の整備に関する法律（抄）

　　　図書館法（抄）

　　　博物館法（抄）

引用・参考文献
人名索引／事項索引

第Ⅰ部　生涯発達論

第1章

生涯発達の考え方

　本章から第9章までは主に生涯発達に関連する議論を進めていく。まず本章では，生涯発達の考え方についてふれる。発達と教育・エイジングとの関係にふれつつ，一方で，人間の発達の問題を生涯にわたるものとして展望したさいに考えられる問題点を，「人生後半部のとらえ方」と「発達と価値関与の関連」を軸にみていく。

1　発達心理学のかかえる問題

　近年日本においても，生涯発達（life-span development）や成人発達（adult development）をめぐる文献や議論が注目され出してきている（高橋・波多野, 1990；サントロック, 1992；東・柏木・高橋, 1993；無藤・やまだ他, 1995；守屋, 2005；シャイエとウィリス, 2005；岡本・深瀬, 2013；鈴木忠他, 2016；西村, 2018）。しかし一方で多くの発達心理学のテキストなどでは，人間の発達の問題は，まだ誕生から青年の社会参加の時期までの問題として語られることが多い。この場合，成人期以降の人間を対象とした心理学の研究は，知覚・記憶・リーダーシップ・組織行動といった，一般的な人間行動・人間心理の問題として論じられることが多い。ことばを換えれば，変化・発達する生活主体として成人を描く心理学は少ないということである。

　われわれのまわりには，乳幼児心理学・児童心理学・青年心理学・高齢者心理学という領域はあっても，成人心理学（adult psychology）という領域はあまり目にしない（Bishof, 1976）。なぜであろうか？　それは，成人を人間の完成態としてとらえる人間観と関係があるように思う。人間の発達が「大人になること」をめざすものだと考えれば，成人期は発達の目標だということになり，

発達を「終えた」者のそれ以降の変化は語の矛盾となる。

英語には成人を意味する語として「man」なる語が存在する。man という語の意味は，人間・成人・男性である。つまり「成人＝人間一般」（さらには男性も？）という意味を内包するのである。そこには，当該社会にうまく適応する者が「大人」であり，子どもがその状態に向かうことをもって発達だと考えるという人間観があるということである。心身ともに成長し社会的役割をうまく遂行するようになる人間像に向かうこと，これまで，それが発達だと考えられてきたのである。

2　人間が発達することとは？

ここで逆の問いかけを行なってみよう。人間が発達するとはどういうことなのか？という問いかけである。

まず最初に確認しておきたいことは，日本語でいう「発達」と「成長」とはちがうものだという点である。日常用語ではわれわれは，これら 2 つの語をかなり近い意味で使用することが多い。いずれも人間が伸びていく，高まっていくというニュアンスでである。しかし，両者の原義は若干異なる。成長という場合は，こうした人間的価値に近づいていくプロセスを意味することが多いだろう。だが，発達＝development という語を，英語の原義にまでさかのぼってとらえてみると，やや様相が異なってくるのである。

例えば，われわれが写真店へ行くと，よく「D. P. E.」という看板を見かける。これらは，それぞれ現像（development），焼付（printing），引き伸ばし（enlargement）の略である。つまり写真の現像のことを「development」というのであるが，人間が発達することもまた「development」というのである。では，写真を現像することと人間が発達することの間には，どういう共通点があるのだろうか。

development という語の本来の意味をたどっていくと，「時間的経過につれて，内にかくされていたものが徐々に立ち現れてくるプロセス」（gradual un-

第 I 部　生涯発達論

folding）という意味になるかと思う（藤永，1982）。ところで，この内にかくされていたものは，人間の場合，個体の本質であったりあるいは人間の可能性であったりする。写真の現像の場合はネガに焼き付けられた画像が，そして人間の場合はその人間としての可能性が，いずれも時間的経過にともなって徐々に現れてくるのである。このあたりに，写真の現像と人間の発達がともに「development」とよばれるゆえんがあるのだ。

　このように development という語は，元来価値中立的な語なのである。したがって発達という語の原義に還るならば，発達はけっして「伸びていく」という方向のみを示す概念ではないこと，よって，青年期で発達が終わるということは，ことばの本来的意味に則すならば，矛盾することになる。つまり人間は，発達という本来の語の意味に則すかぎり，「生涯にわたって発達しつづける」存在なのだということになる。

3　発達と教育と訓練の関連

　ここで教育（education）という語の意味についてもふれておきたい。われわれは他者を教えることを「教育」だととらえがちであるが，これも語の原義にさかのぼるならば，意味が異なることになりうる。人を教えることは teaching であり，そのことを主たる職務とする人のことをティーチャー（教師）という。また何かを指導するという意味の教育は instruction で，同様にインストラクターという語が用いられている。

　education という意味の教育は，本来は「外へ引き出す」「引き出しを開ける」という意味である。「人間の可能性を社会的に価値ある方向に実現するいとなみ」（山本・吉田，1967，p. 1）だといってもいいだろう。つまり education の字義的な意味は，「教え込む」ではなくて「引き出す」なのである。

　ここで教育と訓練のちがいについてふれておこう。訓練とはトレーニング（training）のことであるが，ではトレーニングの語源はご存じだろうか？　それは引き出すのではなくて「引きずる」なのである。トレーニングでいう

train とは周知のとおり列車を意味する。列車とは，いくつかの車両が機関車に誘導されて線路の上を目的地まで「引きずられて」いくものである。後続の車両は，あまり何も考えなくても目的地まで先頭車両が運んでくれるという意味では楽であろう。しかし，もし後続の車両が先頭車両と異なった方向に向かいたいと考えたとき，厄介なことが生じるであろう。

　一定の「型」をくり返し練習して体得することは，知識や技能の修得においては不可欠な過程である。その意味では，訓練は，人間の教育において重要な位置におかれようし，「型」あるいは「スタイル」の学習をその軸とする教育論も多い（斎藤，2000，2004など）。「守・破・離」こそが教育の根幹だと説かれることにも説得力がある。

　しかし，教育の場面では，解答のない問題を解くことや何が問題なのかを発見することが大事な場合もある。型を守る教育だけでなく，型を破る教育もまたどこかで必要となる。そして最終的には自分なりのスタイルが求められてくる。教育においては，「型を学ぶ→型を破る→（自分の）型をつくる」というプロセスが要るのである。

　ともあれここで，ことばの原義に還って，教育が「人間の可能性を引き出すいとなみ」であり，そして発達が，「人間の可能性が開かれるいとなみ」だととらえてみよう。そうすると驚くことに，じつは人間の発達と教育とは，同様の現象だということになるのである。他者などが人間の可能性を開くいとなみが教育の根幹にあり，人間がその可能性を開いていくいとなみが発達の根幹にあるのである。つまり，教育と発達とは不即不離の関係にあるということになる。

　development（発達）の反意語は envelop（封入する）あるいは envelope（封筒）だともされている。「詰め込む」という方向は，ことばの意味のみにこだわるならば，発達や教育とは反対方向を向く作用なのかもしれない。

第Ⅰ部　生涯発達論

4　生涯発達論のアポリア(1)
　　──人生後半部をどうとらえるか？

　ところで，人間の可能性が開かれるといっても，人間が老いることや死ぬこ
とも，発達というのであろうか。たしかに，人生の初期においては，生物的に
も精神的にもまた社会的にも，「伸びていく」といえる。しかし，人生の後半
になると，白髪が出てきたり体力が衰えたりすることがある。これらは，人生
前半の尺度からみるととても発達とはいえない現象である。こうした，一度あ
るていど生物的に完成された生体が，それ以降に経験する比較的規則的な変化
のことを「エイジング（aging）」というが，人間の生涯発達をみる視点も，じ
つはこのエイジングあるいは人生後半の人間の変化をどうとらえるかにかかっ
てくるのである（堀，1999）。

　例えば老年期は，衰退期なのか，それとも円熟期なのか？　人生後半の時期
をどういうフィルターのもとにとらえていくかで，じつは発達のとらえ方が異
なってくるのである。人生後半部を衰退の時期ととらえるならば，人生は，発
達→停滞→老化／エイジングというイメージのもとに理解されやすくなろう。
しかし高齢期を人生の完成期ととらえ，人間は生涯にわたって自己を完成しつ
づける存在だととらえるならば，その様相は異なってくる。

　ここでアメリカ合衆国という国についてふれておきたい。1776年に建国した
この国は，開拓者精神に則って発展しつづけてきた。そこでは，若さ，新しさ，
経験，成功，肉体的魅力といった価値が尊ばれてきたといわれている。ところ
で若さ（young）と新しさ（new）を尊ぶということは，この反意語である
「old」（年とった・古い）なるものへの否定的ステレオタイプを醸成させること
にもつながっていった。その結果，一方で高齢者に対する偏見（agism）を社
会的に助長させつつ（高齢者はメディアで主人公として扱われにくいなど），他方で，
中年期の者に若さと力強さを演出することを促した。前者は自分の未来を差別
の対象におくという矛盾につながり，後者はその無理強いが心臓病などの遠因

6

第1章　生涯発達の考え方

になったといわれている。

　つまり社会全体が人生後半部を「坂を下る」イメージで描き，そこにあまり価値をおかなかったということである。こうした年齢差別へのプロテストという意味もこめて，1970年代にアメリカでいち早く生涯発達心理学の研究が進められたのである。そこには，人生後半部をいかにとらえるかという人生観・人間観，ひいては社会観が潜んでいたのである。

5　エイジングについて

　かつて，人間の人生の後半部を形容する語として，senescence（老齢），senility（もうろく），senectitude（老境）といったことばが用いられていた（現在でも用いられているが）。これらのことばのなかには，ネガティヴなニュアンスがこめられているようである。しかし，こうした語を使っていたのでは，中高年の人たちを見るさいにバイアスをかけて見てしまうことになりかねない。

　1944年にアメリカ老年学会が設立されたとき，そして老年学が医学や生物学から離れて社会学や心理学の領域に足を踏み入れようとしたときに，そのキー概念とされたのが「エイジング」の概念であった（橘，1975）。このことばを積極的に使おうとした動向の背景には，人生後半のプロセスとそこに生起する課題を，あるがままのしぜんなものとして見つめようという姿勢があったといえる。白髪が出たり，入れ歯を使ったりすることを，ネガティヴにとらえるのではなく，しぜんな人間的な現象としてとらえようとする姿勢である。ちなみに，aging という語も，「age（年をとる）」というきわめて中性的な語に「ing」がついた単語にすぎないのである。

　では，かくいうエイジングとはどういう意味をもつ現象なのであろうか。アメリカの心理学者ジェームス・ビレン（Birren, J. E.）は，エイジングを「病気や外的な影響による変化とは区別された，人生後半の変化のパターン」（Birren, 1980）と定義している。しかし，これは一般的な定義であり，実際には領域によって，もう少しいろいろな意味合いとともに使われている（堀，1989b）。

7

第Ⅰ部　生涯発達論

　この語の一般的な訳語は「加齢」である。日本語でもきわめて中性的な意味がこめられている。社会学や人口学の領域で，この意味で用いられることが多いであろう。第二の意味は，「老化」である。これは，人生後半の生理的機能の低下の側面に注目した訳で，医学や生物学の領域で，この意味でよく使われる。第三の意味は「高齢化」である。中高年者を集団としてとらえたとき，この意味で使われる。「エイジング・ソサエティ」といえば，高齢化社会をさす。第四は，「高齢者問題」である。エイジングという場合，加齢のプロセスをさすだけでなく，ときには加齢にともなう経験をも意味する場合がある。

　そして最後に「熟成」あるいは「円熟」という意味である。上の４つの意味がいずれもポジティヴな意味を含まないのに対し，この場合は，ポジティヴな意味を含んでいることになる。ただ，人間の場合に積極的にポジティヴな意味をこめてこの語を使う場合はそう多くはない。しかし，例えば，ワインやチーズを時間をかけて発酵させ，まろやかな味を出させることをエイジングという。ここには，年月が経つにつれて，より味が熟していくというニュアンスがある。

　この最後の意味を人間に当てはめるとどうなるであろうか。年をとったがゆえに現れてくるいわゆる「知恵」のようなもの。こうしたものが存在することを確かめるのは，われわれの日常生活をながめるだけでもそれほどむずかしいことではなかろう。エイジングという語のなかにこめられた積極的な意味を実生活のなかから導き出すこと，ここに生涯発達と生涯学習のひとつの接点があるように思われる。

6　現代社会における発達観

　このようにみてくると，生涯発達論を根拠づけるひとつの大きな課題は，われわれの人生後半部をいかにとらえるかという点に帰結するようである。私は，現代社会には，大別して次の３つの発達観が混在していると考えている。これらの輻輳体として発達をとらえてみるというのもひとつの方向であろう。表1－1にこれら３つの発達観を示したが，以下，これらを簡単に説明しておこう。

第1章　生涯発達の考え方

表1‐1　発達観の3つのモデル

モデル	成人期以降の発達	イメージ	年齢の役割	重要な次元
成長－社会化としての発達	考えにくい		きわめて重要	身　体
生涯のプロセスとしての発達	考える		重　要	役　割
自己実現としての発達	考える		あまり重要ではない	精　神

　表中の第一の「成長－社会化としての発達」とでもいうものは，人間の生物的・生理的条件を重視した発達観で，主として大人になるまでのプロセスを発達とみるという立場である。この立場に立つと，生涯発達の問題は考えにくくなる。成人期以降の変化のプロセスは，停滞→老化／エイジングのプロセスとして描かれることになる。従来の発達心理学のテキストの多くは，こうした立場からテキストが編まれているようである。

　これに対して，第二の「生涯のプロセスとしての発達」は，社会的役割や社会的過程を重視した発達観である。この立場の発達観は，完成体に向かうというよりは，むしろ生涯のライフコースの途上にある発達上の課題群を明らかにするというイメージに近いものである。したがって，場合によっては，衰退や死も生涯発達の一部であるとみなされることになる。「われわれは人生の節目ごとに，達成が期待される課題に出会いつづける」と説く発達課題（developmental task）論などはこの典型例であろう。

　第三の発達観は，「自己実現としての発達」ともいうべき立場である。これは，主として人間の精神や自我の次元を重視した発達観である。例えば，老年期は，一般的には生理的機能が低下し，社会的役割が減少する時期だと考えられている。しかしこうした「喪失」の事実を事実として受け止めたうえで，なおかつそこから成長していく自我の存在を認めることも可能なのではなかろうか。「人間は，一生にわたって自らを形成しつづける存在である」という人間観に立脚するならば，この立場もまた現実味のあるものになるであろう。

9

第Ⅰ部　生涯発達論

　こうしてみると，生涯発達の問題は，われわれの生涯をどのような発達観の
もとにとらえるのかということと密接な関係にあるといえる。発達とは，規則
的な変化としてとらえられるものなのか，それともより高次の段階へと高めら
れるべきものなのか。この根本的な問いかけが，どのような生涯発達観を築き
上げるかの土台となるのである。

7　生涯発達論のアポリア(2)
——変化としての生涯発達と成長としての生涯発達

　さて先に示した3つの発達観は，①身体的・生物的条件に根ざした発達観に
おいては，人生後半部は，老いやエイジングのプロセスとして理解したほうが
しぜんである，②社会過程や社会的役割を組み込んだ発達観では，「高齢期の
発達課題」「キャリア発達」などのように，生涯にわたる発達を構想すること
が可能である。しかしそこには，人間的価値に向かって高まるというニュアン
スはあまりない，③人間の自我や精神の次元を組み込むと，高齢期を円熟期と
とらえ生涯にわたって成熟するという生涯発達論を構想することが可能となる。
しかし現実には，高まりや成熟とはいいがたい高齢期の精神的特性も存在する。
　生涯発達論はしたがって，われわれの人生後半部に，主に社会過程と精神の
次元を組み込んだ発達論だといえよう（もちろん部分的には身体的側面で，60代に
なっても高まるという側面が存在することもあるし，人間の生涯を進行的発達と退行的
発達のバランスとしてとらえるというバルテス（Baltes, P. B.）の説もあるが）（バルテ
ス，1993）。しかしそこでも，成熟や人間形成といった「人間的価値」にどのて
いど関与するかで，さらに2つの発達観に区分できると思う。
　私はここで，生涯発達には「変化としての生涯発達」と「成長としての生涯
発達」の2つがあるという考えを示したいと思う。「変化としての生涯発達」
は，発達の原義に則した発達観で，価値中立的なものである。上記②のように，
主に社会過程や役割の変化などを軸に，生涯にわたって進行する変化のプロセ
スをたどる。もちろんその節目での課題を達成することで人間が高まるともい

第1章　生涯発達の考え方

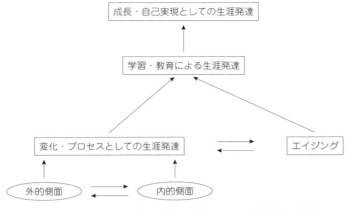

図1-1　変化としての生涯発達と成長としての生涯発達の関係

えるが，高まるのはあくまで自我のほうなのである。主要には人間が変化のプロセスをたどるのである。

　一方「成長としての生涯発達」は価値関与的で，日本語の日常用語でいう発達に意味が近いといえる。上記③のように，自我や精神の高まり，自己実現，生涯にわたる人格形成といった例が想起されよう。そこには「高まる」「伸びる」「深まる」といった，ポジティヴな方向に向かうニュアンスの形容詞がともなう。

　さてここでこの２つの発達観ないし先の３つの発達観の媒介物を考えてみよう。「変化・プロセスとしての生涯発達」およびエイジング・プロセスと「成長・自己実現としての生涯発達」を結びつけるものは何かという問題である。私はそこに「学習・教育による生涯発達」を置きたいと考えている。これらの関係は図1-1で示した。

　この図によると「人間の生涯にわたるプロセスとエイジング・プロセスの理解」→「生涯にわたるプロセスの理解をふまえた学習・教育」→「学習・教育による生涯発達」→「成長・自己実現としての生涯発達」というすじみちが考えられる。ここでのポイントは，「発達段階にもとづく学習・教育」と「学習・教育による発達段階の構築」という，異なる発達観を混在させているという点

11

第Ⅰ部　生涯発達論

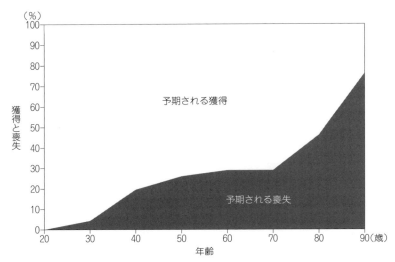

図1-2　成人期における「獲得」と「喪失」の変化のパターン
(Baltes, P. & Baltes, M., 1990, p.18)

である。この点はまたあとで述べていきたい。

　なおこれらのほかにも別の生涯発達のイメージ・モデルは存在する。例えばやまだようこは，複数の機能や対立物の同時共存を考えるモデル，あるいは回帰や折り返しを考える円環モデルなども示している（やまだ，2002）。

　またポール・バルテス（1939-2006）は，図1-2のようなかたちで，生涯発達を獲得（gains）と喪失（losses）の同時進行，あるいは成長（growth）と衰退（decline）が混在する総体としてとらえる視点を示した（Baltes & Baltes, 1990；堀，2009）。同様に柏木惠子は中高年期の喪失や衰退という変化にも積極的意味があり，それを「発達」ととらえる視点を示している（柏木，2013）。これらの論の背後には。生涯発達と老い・エイジングを総体としてとらえ，老いをも包み込む発達観を構築することが重要だという視点がある。生涯発達論は，最終的には，いかなる発達観のもとに人間と人生をとらえていくのかという問題に収斂していくであろう。

第2章

成熟による発達と学習による発達

　　　　　　　本章では生涯発達の問題を，生物としての人間の環境適応の問題と経験による行動変容の問題にまでさかのぼって考えていく。生涯発達の契機に成熟と学習の2つがあると考えるからである。そしてデューイや森有正の論を手がかりにして，経験と教育の関連に目を向けていく。

1　成熟による発達と経験による発達

　本章では人間の成長や発達の原動力を考えてみる。人間の成長や発達の原動力には，大きく分けて，「遺伝→成熟」という生物的・生理的条件の開花という側面と，「経験→学習」による能力の獲得という側面の2つがあると考えられる。前者でいう成熟とは，遺伝的・内発的な要因により生物的完成体に近づくプロセスをさす。後者は経験や活動によって，知識や技能を獲得したり，行動や意識が長期的に変容したりすることをさす。ここに近い位置には，「教育による成長・発達」というすじみちも存在するであろう。図2-1はこれらの関係を図示したものである（堀・三輪，2006，p.40）。

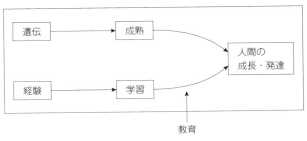

図2-1　人間の発達の原動力

第 I 部　生涯発達論

　ところで，人生の初期には，言語の獲得，身長や体重の伸び，性徴の現れなど，成熟的・生物的発達が著しい。しかし，青年期から成人期にかけて，だんだんと経験や学習による変化がより顕著になってくる。したがって生涯学習においては，主要には，経験と学習による発達のすじみちを解きほぐすことが肝要となる。また高齢期には再び，エイジングや老いといった生物的側面の変化の比重が高まってくる。

　大浦猛は，成長・発達へのすじみちとして，「活動→経験→学習→成長・発達」というユニークな論を示しているので，ここに紹介しておく（大浦，1996）。そこでは活動は「人間の主体的・具体的な営み」，経験は「それが環境にふれあうすがた」ととらえられ，これらが人間の行動変化や能力の増進につながるときに学習が芽生えるととらえられている。さらにこれらが長期的・持続的に展開していくと成長や発達になっていくのであろう。生涯発達論で重要となるのは，活動と経験が学習につながり，そして成長・発達につながっていくすじみちである。

　以下のところでは，「生物的側面からの発達の問題」と「経験・学習の側面からの発達の問題」の双方を考えていきたい。

2　人間の環境適応の生物的特徴

　まず人間の生物的特徴から見ていきたい。生物は，環境との相互作用を行いつつ生をいとなんでいる。しかし，生物といっても下等動物，高等動物などいろいろな次元がある。では，生物としての人間の特徴とはどのようなものなのか。ここでは，とくにその環境への適応という点から，2つの特徴を指摘しておく。

　第一は，心理的適応の重要性という点である。われわれの生活環境には，大きく物理的環境と心理的環境とがある。物理的環境とは，部屋の明るさがどのくらいでどこに机と椅子があって，といった環境の物的側面を意味する。一方心理的環境というのは，人びとの思いや意識のなかの環境である。

人間は，未来の観点からものを考え自己の死をも想起する。つまり人間にとっては，しばしば実際の環境よりも意識のなかの環境のほうが重要となるのである。とくに人間関係においてそうである。自分がまわりから受容されていると思うか，拒否されていると思うかで，適応のあり方は大きく変わるであろう。最近ではインターネット上の空間への適応も重要な問題となってきている。

第二は，個としての適応の重要性である。適応には，種としての適応と個としての適応とがある。前者は生殖作用をとおして進行するもので，親の世代から子の世代に情報が伝達されることで適応がなされていく。とくに遺伝情報がそうである。そうしてわれわれは，人間としての特質を親（世代）から子へと受け継いでいくのである。

ライフ・サイクルということばがある。これは，人生や生涯を意味する語であるが，それがサイクル＝円環を織りなすというのは，ひとつの生命が生－老－死を経験したとしても，その人生の半ばで生殖作用によって新しい生が受け継がれていくことを意味するのである。そしてその生の受け渡しの過程で，親の世代の情報が次の世代へと伝達されていく。このプロセスのくり返しによって，その生物の種としての適応が進行していく。

これに対して，個としての適応とは，一人ひとりの環境への適応を意味する。そこでは，人間という種ではなくて，一個の個性ある人間としての生き方が重要となる。種が発達することを進化というのに対し，個としての発達は人格形成とよばれる。そして人間は，この個としての適応の重要性が大きい生物なのである。

3　本能からの解放が意味するもの

人間にとっては，心理的環境への適応と個としての適応とが重要である。これは，人間が意識や自我をはっきりともつ存在であること，および種に埋没して生きている存在ではないことを意味する。一方で，いわゆる下等動物とよばれる生物ほど，種そのものに埋没して生きている。下等動物にとっては，生ま

第Ⅰ部　生涯発達論

れながらの反応傾向，すなわち本能（instinct）が重要となる。クモは生まれな
がらにしてクモの巣の張り方を知っているし，ハチは生まれながらにして蜜の
集め方を知っているであろう。そこでは個々の生命の生涯はそれほど重要では
なくなる。

　人間の場合はこれとは異なる。「生理的早産」が人間の特徴だといわれるよ
うに，人間は本能に縛られている度合いが非常に小さい生物である（ポルトマ
ン，1961）。つまり種としての適応はそれほど重要ではなく，個としての適応が
重要となるのである。天才や偉人というたったひとりの人間が人類全体に影響
をおよぼすことがあるように，個人としての生き方が重要な生物なのである。
したがって本能からの解放こそが，人間を人間たらしめている大きな特徴だと
いえる。

　では，なぜ本能からの解放がすばらしいことなのであろうか。それは，急激
な環境の変化に適応できやすいからである。恐竜が氷河期を乗りきれなかった
ように，本能に司られる度合いの大きい生物は，環境の大きな変化に対処しに
くいのである。「生理的早産」あるいは「子宮外胎児期」の長い人間は，その
成長過程で環境への適応能力を身につける。場合によっては，環境そのものを
も改変していくのである。

　ただし，ここでひとつの留保条件をつけておきたい。というのは，本能から
の解放は，一方で大きな問題点をもはらんでいるからである。例えば残虐性の
問題。われわれは，しばしば残酷な行為をする人のことを「オオカミのよう
な」という。しかし，ある動物行動学者の指摘によると，オオカミ同士が争い
をする場合，明らかに勝ち負けがはっきりしたときには，争いに負けたオオカ
ミは，自分の最大の弱点であるのど元を相手に差し出すのである（ローレンツ，
1985）。そうすると相手のオオカミはそれ以上攻撃をしてこなくなる。種の保
存のためにであろう。しかし人間の場合，こうした抑止規制は本能のなかには
組み込まれてはいない。したがって，意識のなかの敵意（心理的環境）が膨張
すると，きわめて残忍な行為へと発展する危険性を秘めていることになる。性
的な問題の場合にも同様の可能性がある。

堀尾輝久は，このあたりの議論の非常にわかりやすい例として，イタールの『アヴェロンの野生児』とアダムソンの『野生のエルザ』の対比を示している（堀尾，1989）。前者はオオカミに育てられた人間の話で，後者は人間に育てられたライオンの話である。雌ライオンのエルザは，人間の家族のなかで育てられても，結局はライオンとして森に帰っていったのである。ライオンはライオンなのであった。しかし，オオカミによって育てられた野生児は，なかなか人間社会に復帰できなかったのである。それは言語や知能といった点だけでなく，例えば，悲しい場面で泣くといった感情面での人間的特性までもが失われていたということである。「人間は文化的・社会的環境のなかで，周囲からのさまざまな配慮を受けることによって初めて一人前の人間になる」（『教育入門』p.16）ともいわれるゆえんである。

4　学習の生物的意味

急激な環境の変化に対して，下等動物はうまく適応しにくいが，人間は，新しい適応様式を築き上げることでより上手に適応していく。ではこの後天的な再適応のプロセスを何とよぶか？　これが「学習（learning）」なのである。学習の本来の意味は，「経験によって新しい反応様式を個体が獲得するプロセス」，すなわち，経験による行動の変容なのである。何かを学んで知識や技能を身につけることは，このプロセスの一側面にすぎない。

このようにみてくると，学習とは生物的にみて，きわめて人間的ないとなみであることがわかってこよう。人間を人間たらしめているプロセスこそが学習のプロセスなのである。下等動物とのちがいが強調されるプロセスでもある。

この意味での学習のいとなみは，けっして若年期までで完結するものではない。われわれは，その生涯をかけて自己を変容しつづけているのである。すなわち，本来的・生物的な意味で生涯「学習」をしつづけているのである。

また学習の継続により，個々人の内面に長期的な変化が生じた場合，学習によって発達が芽生えたといっていいであろう。経験によって行動変容・意識変

第Ⅰ部　生涯発達論

容を獲得することが「学習」であるならば，この行動変容・意識変容が持続され，長期にわたってその人の内面的変化をおよぼした場合，「発達」が生じたということになる。その意味では，学習と発達の関係もまた，不即不離の関係にあるといえる。

5　A Rolling Stone Gathers No Moss

　学習を「経験による行動の変容」ととらえるならば，経験と学習・教育との関連を明らかにすることも重要となる。ここでは，経験と教育に関する類いまれなる洞察を行なったジョン・デューイ（Dewey, J.: 1859-1952）の教育論を素材として，この問題に迫っていきたい。

　「A Rolling Stone Gathers No Moss」（転石，苔を生ぜず，転がっている石には苔がつかない）ということわざがある。このことわざは，イギリスなどのヨーロッパとアメリカとでは，まったく正反対の解釈がなされている。イギリス人（など）の場合は，苔を貴重な人生上の経験としてとらえ，職業上の変化などの引き合いに出すことがある。仕事をしょっちゅう変えてばかりいると，ある職業に精通することによってみえてくる貴重な経験が得られなくなる，苦しくても耐えてがんばれば自ずと道が開けてくる。このように解釈されることが多い。口語的に述べるならば「ふらふらしていると何も身につかない」ということになろうか。

　これに対して，アメリカ人はこのようには解釈しないそうである。この場合，苔とは，サビやよどみのようなものを意味する。ひとつのところに留まったままでいると，人間的活力が奪われると解釈するのである。したがって，たえず自分の姿を変えつづけ，新しい経験にチャレンジしつづけることで，自分自身を磨き成長させていくことになるというのである。この2つの解釈は，人間の経験に対する考え方の2つの方向を示唆しているし，ひいては，社会や文化のあり方の示唆にもつながっている。

6 伝統・文化遺産か，いまここの経験か？

イギリス（など）とアメリカにおける経験のとらえ方のちがいは，教育や文化のとらえ方のちがいにも通じてくる。アメリカという国は，フロンティア精神に則って開拓されていった国である。かれらにとっては，自分のいまここの経験こそが，ものごとを考える出発点であると同時に終着駅でもあらねばならなかった。そこには，いまここの経験が実際生活にいかなる結果を生み出すかという，プラグマティズムの精神の彩りがあった。その一方で，ヨーロッパの伝統や文化遺産は，ある意味では，過去からの因襲や桎梏ととらえられた。

こうした伝統を背負った代表的教育学者がデューイなのである。彼は，教育の目的は外部から与えられるものではないと説く。それまで教育の目的とされていた徳目，例えば真理や愛，人間性といったものは，たとえそれらがどれだけすばらしいものであったとしても，教師によって教壇から生徒に向けて権威とともに振りかざされた瞬間から，教育のほんとうの目的から離れていくのではないか。デューイはこのように考えた。教育の目的は，生徒や子ども（学習者）の内面にこそ求められるのではないか。すなわち，学習者の経験をより人間の成長につながるように再構築することのなかにこそ，教育の目的があるのではないか，ということである（デューイ，1957，1975）。

7 経験の再構成としての教育

自らの経験への信仰は，経験への深い洞察につながっていく。デューイは，『経験と教育』（1938年）のなかで，経験と教育の関係における2つの原理を示す（デューイ，2004；魚津，1978）。すなわち，「連続の原理」と「相互作用の原理」である。

連続の原理とは，現在の経験が，過去の経験から生まれ，そしてそれが未来の経験へと流れていくことをいう。経験を「受ける」ことと経験を「試みる」

第Ⅰ部　生涯発達論

ことの連続の原理なのである。われわれは，過去の経験を受け入れることで現在の経験をとらえ返し，未来の経験をつくり上げていく。ここに，人間の生の更新あるいは成長があるのである。したがって，教育者は，「いかなる環境が成長を導く経験をする助けになるか」を認識する必要があるということになる。

　一方，相互作用の原理は，場の形成の問題，あるいは個人と環境との関連を示唆している。すなわち，人間的経験を個人の内面的・主観的要因と外的・客観的要因との相互作用として見るということである。

　デューイにとって人間の経験とは，個人の内面や関心に注目することにより，未来を切り拓き，環境を改変していくものであった。彼は，こうした経験の再構成を通じて人は成長していくととらえ，このたえまなき経験の再構成のプロセスのなかに教育の原形を重ね合わせたのである。よって，デューイは『民主主義と教育』のなかで教育を次のように定義する。「教育とは，経験の意味を増加させ，その後の経験の進路を方向づける能力を高めるように経験を改造ないし再組織することである」（デューイ，1975，p.127）。

　ところで，このデューイの経験主義教育論に対しては，次のような疑問も出てこよう。教育を経験の再構成ととらえるのであれば，この原理は，学校における子どもの教育原理ではなく，学校を卒業してからの成人や社会人のための教育原理と考えたほうがよりふさわしいのではないか，という疑問である。なぜならば，成人のほうが，量的にも質的にも，より豊かな経験を有していると考えられるからである。そして，デューイの経験主義教育学を成人教育の原理に組み替えていったのが，第11章でふれるエデュアード・リンデマン（Lindeman, E. C.）なのであった。

8　森有正の経験論

　では日本においては，経験と学習・教育の問題を深化させた人はいるのであろうか。ここではとくに，ユニークな経験論を展開したフランス哲学者，森有正（1911-1976）の論に注目したい。

20

経験とは何か。森有正は，じつにユニークな定義を示している（森，1976a）。「抽象的に知っている言葉にほんとうに内容を与え，ほんとうにそれを定義するものを，私たちに与えてくれる場所」（同，p. 60）。ことばを定義するものは，ことばではなくて経験なのだ。ことばだけでわかっているというのは，ほんとうにわかっているのではない。例えば，正義ということばがほんとうにわかるのは，これが正義だとしかいえないようなことが起きたときなのだ。彼は，このように述べたのである。

森は，さらに人間の経験には二種類のものがあると言う（森，1970）。「体験」と「経験」である。彼のいう体験とは，「経験の中にある一部分が，特に貴重なものとして固定し，その後の，その人のすべての行動を支配するようになってくる」（同，p. 96）ものである。経験のなかのある部分が，過去的なものになったままで現在に働きかけてくることである。例えば，あるひとつの経験（戦争に行ったことなど）がその人の記憶のなかに鮮明に残り，何度も何度もくり返してそのことをしゃべることなどがこの例である。あるいは，いわゆる一流大学を卒業したがゆえに，いつもそのことと結びつけてものを考えてしまう人などである。

これに対して，森にとってのほんとうの経験とは，「経験の内容が，絶えず新しいものによってこわされて，新しいものとして成立し直していく」（同，p. 97）ものである。経験とは本来的には未来に向かって開かれるものなのである。

したがって，われわれは，経験をその閉ざされた形から開かれた形へと転化させていく努力をしていかねばならない。そのためには，われわれは，日々の生活のなかから自分が大事だと思うメイン・テーマを追求しつづけていく必要がある。「平凡に見えても，自分がいままで心をこめてきたことをさらに続けて，それを深める。そうすれば，経験はおのずから成熟してい」（同，p. 109）くのである。経験こそが，自分だけが責任をもてる，そして他人がどうすることもできない，きびしい世界なのである。経験の成熟は，人間を内面から変えることを意味するのである。

森は，「ルオーについて」（森，1976b）のなかで，次のようなインパクトのあ

第Ⅰ部　生涯発達論

る発言をしている。「裏側には何もない。すべては露われの中にある。かくされるものは何もない」（p. 153）。われわれは，しばしば，「あいつは悪い奴に見えるかもしれないが，ほんとうは良い奴だ」「あの人は善人ぶっているが，じつは心で思っていることは，それと反対のことである場合が多い」といった発言を耳にする。しかし，森のことばにしたがうならば，「じつは裏側は」というのは不適切で，すべては現れのなかにあるというのである。したがって，すべては現れや結果のなかにだけあるのであるから，われわれは，外観や結果のことなぞを考えてはいられないというパラドクシカルなことに遭遇するのである。

　なお文脈は異なるが，ドイツ出身の政治思想家ハンナ・アレント（Arendt, H.）も同様に，人間的な活動を演劇の舞台における演技ととらえ，それゆえ仮面や役割こそが人格だという視点を示した（アレント，1994；仲正，2009）。仮面を暴くことではなく，公共的な場での現れこそに注目したのである。

9　教育による成長・発達

　デューイや森有正がともに大事にしたのは，経験こそが人間の成長・発達につながる糧であるという点である。先に経験による学習が生涯発達の重要なすじみちであると述べたが，「経験→学習→発達」の一連の流れが非常に重要なポイントとなる。しかしここでもうひとつ，「教育による成長・発達」という視点についても考えておきたい。

　デューイの経験主義的教育論は，人間の経験を成長に向けて再構成していく場をつくっていくところに，教育者の役割を想定した。しかし，われわれの多くは，教育ということばを，先行世代から後続世代への文化遺産の伝達過程としてとらえているであろう。先生が生徒に学習内容を教える，というニュアンスである。しかしすでにふれたように，教えることは，必ずしも教育と同義ではない。教育のもともとの意味は，「潜在的な可能性を引き出す」ことであった。したがって，人びとの可能性を社会的に価値ある方向に実現させるために，

第 2 章　成熟による発達と学習による発達

表 2 - 1　人間形成における教育の位置

（既有の能力）
（現在の活動）
環境からの影響
　モノによる影響…無意図的影響
　ヒトによる影響　無意図的人間形成
　　　　　　　　　意図的　教育的価値の自覚なし
　　　　　　　　　　　　　教育的価値の自覚あり（＝教育）　教育の成果なし
　　　　　　　　　　　　　　　　　　　　　　　　　　　　　教育の成果あり

　われわれは文化遺産を伝え，経験を揺さぶるのだということになる。しかし，文化遺産の伝達を軸として教育をみるか，学習者の内的関心や興味の展開を軸として教育をみるかで，現実的な教育作用のとらえ方は異なってくる。ちなみに「教育」という日本語も，本来的には自己矛盾的な語で，教は「教える」を意味し，育は「育つ」（「育てる」ではない）を意味するといわれている。そして，教育学や教育実践の歴史は，文化遺産の伝達を重視する系統主義教育の流れと経験の改造を重視する経験主義教育の流れとのせめぎあいの歴史であったのである。

　しかし，いずれの場合においても，教育といういとなみにおいては，（自己教育などを除けば）教育者（あるいは学習支援者）と学習者，そして学習内容が存在する。したがって図 2 - 1 に即していえば，他者からの働きかけによる成長・発達の方向の視点も重要だということになる。教育による発達という視点である。

　表 2 - 1 は人間形成における教育の位置を示したものであるが，これによると，すでに保持している能力や経験，活動などを別にするならば，個々人の変化や成長の契機となるのは環境からの影響であり，そこにはモノによる影響（無意図的影響）とヒトによる影響がある。しかし教育的意図とは別に結果として他者との交流が成長の契機となった場合（親睦会での会話など）は無意図的人間形成とよばれるし，教育的でない意図によって左右されることもある。では教育的意図があれば教育の成果がともなうのかといえば，必ずしもそうとはかぎらない（「地獄への道は善意で敷き詰められている」といわれるように）。教育的意

第 I 部　生涯発達論

図と成果が呼応して初めて教育が生起する。つまり現実に即して人間の変化や成長の契機を問うならば，残念ながらわれわれは，多くの場合，他者からの教育的働きかけによってよりも，環境とのふれあいや新しい経験によって自己を改変しているのである。しかし，比重は小さくても，われわれは教育への信頼をもちつづけなくてはならないだろう。

第3章

生涯発達論の歴史的背景

　　　これまで，発達・学習・教育といった概念の内包を検討してきたが，これ
　　らをふまえて，本章では，生涯発達論の歴史的背景を考えていく。アメリカ
　　では1970年代以降，生涯発達に関する社会科学の文献量が急増してきたが，
　　ここでは，その歴史的背景を，「老年学のルーツ」と「発達心理学の生涯化」
　　の２つの角度から概観していく。

1　老年学のルーツ

　老いや老年，長寿法に関する研究は古くから存在するが，それが（今日の眼
からみて）「科学的視点をふまえた老年学（gerontology）のルーツ」となると，
1835年に出されたアドルフ・ケトレー（Quetlet, A.）の研究（『人間とその能力の
発達について』）がその出発点だとする考え方が有力である（堀，2006）。という
のはそれ以前の老年研究は（主に長寿研究がその中心かと思われるが），錬金術や
占星術などの非科学的要素と結びついていたからである。ケトレーは，その著
書のなかで，平均的な人間の諸能力の年齢的変化を報告したのであった。

　ケトレー以降，老年や高齢者に関する多くの研究が出されたが，それらの多
くは医学と生物学の領域に属するものであった。しかし1944年にアメリカ老年
学会が設立され，1946年には同学会の機関誌 *Journal of Gerontology* が発刊さ
れる。この雑誌の創刊号の表紙には，「To add life to years, not just years
to life（人生に年齢を加えるだけでなく，年齢に生活・生命を加えよ）」という至言が
載っていた。これ以降の老年学の研究の方向は，寿命延長（生物学的・医学的関
心）から老年期の生活の質（心理学的・社会学的関心）へと，重心が徐々に移行
していく。そしてこの時期に「エイジング」なる語を軸に老年学を体系化する

第Ⅰ部　生涯発達論

気運が出てくるのである（橘，1971，1975）。

　こうして1950年代以降，エイジングの社会学的・心理学的研究が発展していくなかで，老年心理学や社会老年学という分野が芽生えていく。そこでのひとつの大きな研究テーマは，満足いく老後とは何かを問う「サクセスフル・エイジング」の問題であった。1960年代以降には，次のような社会老年学の理論が芽生えてくる。

① 離脱理論（disengagement theory）

　1961年にカミングとヘンリー（Cumming, E. & Henry, W. E.）は，高齢者のサクセスフル・エイジングが個人と社会との相互離脱によって成り立つと説いた（Cumming & Henry, 1961）。つまり高齢者は，社会の主流から徐々に離れていくのが好ましいということである。そこでは，社会の側の観点からエイジングが説かれている。離脱は，退職や権限移譲などによって，若年者に社会参加への道を開き，高齢者に最終段階への準備へと向かわせるのである。

② 活動理論（activity theory）

　離脱理論とは逆に，高齢期になっても社会参加活動を続けるほうが生活満足度が高くなると説く論である。サクセスフル・エイジングはしたがって，中年期からの活動を続けること，あるいはそれに代わる活動にかかわることで達成されるということになる。アメリカ社会に従来からあった価値観とも呼応する論であった。

③ 継続性理論（continuity theory）

　離脱理論と活動理論の論争の整理を実証研究にて確かめようとしたところ，高齢者のなかに，パーソナリティ・タイプによって，離脱を好む者がいれば活動継続を好む者もいるということが示された。ロバート・アチュリー（Atchley, R. C.）は，高齢者の社会的適応は，それまで慣れ親しんできた手法を継続することによってなされることが多いととらえ，内的および外的な継続性を重視した継続性理論を提唱した（Atchley, 1989；アッチェリーとバルシュ，2005）。つまり，自己アイデンティティの継続性と社会参加パターンの継続性の双方がサクセスフル・エイジングに貢献するととらえたのであった。なお彼はその後，

後期高齢期における精神世界（スピリチュアリティ）の発達の問題に注目してい
く（Atchley, 2009）。

　これらの論は，高齢期以前の時期をどう生きるかという論につながる。つま
り，老年学はしだいに人生の中年期をも射程に入れるようになっていくのであ
る。一方で，高齢者差別（＝エイジズム）の研究，退職のプロセスの研究，近
代化と高齢者の社会的地位低下を関係づけた近代化理論なども出てくる。また，
1970年代にはエイジング論も高齢期以前の時期を扱うとともに，一方で一般市
民や青少年，高齢者関係職員向けのエイジング問題の啓発・教育にも目を向け
ていく。こうした動向のなかで，この時期には，社会老年学と生涯学習論とが
結びついた教育老年学（educational gerontology）が誕生する。

2　発達心理学の生涯化(1)
──フロイトとユングの論を中心に

　では発達論のほうはどうであったのだろうか。今日でも発達心理学のテキス
トの多くは，人間の発達の問題を「誕生から青年期くらいまでの時期の問題」
として取り扱っている。では，「青年期以降も人間は発達しつづける」という
論のルーツはどこに求められるのだろうか。

　生涯にわたる自己修養・人間形成という考え方は，東洋では古くから浸透し
ていたのに対し，西洋ではこうしたとらえ方はあまりなされなかった。シェイ
クスピアの『お気に召すまま』（1599年）のなかで，旅回りの役者が人生のパロ
ディを述べたあたりを出発点におくこともある。しかし西欧社会では，キリス
ト教の原罪説やフロイト（Freud, S.: 1856-1939）の「人間の性格が幼児期に決
定される」といった考え方の影響もあり，「過去に縛られた」人間観がむしろ
支配的であった。

　20世紀初頭の心理学は，フロイトの心理学が興隆をきわめていた。彼は，
「正常な人間がなすべきことは？」とたずねられたときに，即座に「愛するこ
とと働くこと（to love and to work）」と答えたとされている。「愛すること」

第 I 部　生涯発達論

は，愛のある家庭や家族をもつことを，そして「働くこと」は，心から打ち込める労働と職業（家事労働なども含む）に従事することを，暗に示しているといえる。では家庭と仕事で幸せならば，幸福な人生を送れるのだろうか。たしかにこの論は人生前半部では一定の説得力をもつかもしれないが，それが人生後半部にも援用できるとは簡単には言い切れないのである。人生後半部には「老」「病」「死」といった，人生前半部ではあまり表面化しなかった問題が頭をもたげてくるからである。これらとの緊張関係をどうとらえるかで，発達論は大きく様相を異にしてくる。

　心理学におけるフロイトの最大の功績は，無意識の発見にあったといえる（フロイト，1969，1977）。彼は，人間の無意識を「イドーエゴ（自我）ースーパー・エゴ（超自我）」の三層構造からとらえた。このうち無意識の世界であるイドは，過去からの声やリビドー（性）／内なる自然からの力による快楽原則に突き動かされ，スーパー・エゴは道徳や社会の声などの現実原則の声を語り，エゴはこの両者を調整する位置にあるとされている。

　ところでフロイトは，「イドあるところにエゴあらしめよ」と語ったともされている。この意味するところは「イドが一次的過程だ」ということであり，自我はそれ自体の固有のエネルギーをもたないということである。そしてこのイドの内容が無意識あるいは抑圧された過去からの声であるならば，そこに「過去・幼少年期の体験に縛られた人間観」が芽生える素地があるということになる。言い換えれば，成人の自我は自分自身を変えることはむずかしいということである。

　こうした時代のなかにあって，「成人期以降も人間は自己を変容させることができる——なぜなら無意識の内容は過去の体験やリビドーのみではないからである」と説いたのが，カール・ユング（Jung, C. G.：1875-1961）であった。彼は，成人期以降も人間は成長・発達しつづけると説き，人生後半の「内面化（increased interiority）」のプロセスを，衰退としてではなく成長・発達としてとらえた。そして人生前半の発達（第一の発達）が労働と愛による社会的位置の定位に向けられるとするならば，人生後半の発達（第二の発達）は，自分の

第 3 章　生涯発達論の歴史的背景

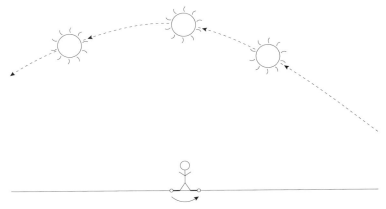

図 3-1　「人生の正午」，太陽の変化のモデル

内面の声を聞きながら自分自身の姿になっていくことに向けられるとみた。そのプロセスは，個人に内在する可能性を実現し，その自我をより高次の全体性のもとに統合していくという意味で，個性化（individuation）や自己実現（self realization）のプロセスでもある。かくしてユングの発達観のなかには，人生前半の発達と人生後半の発達という2つの発達観が混在しているということになる。このユングの考え方が，今日の生涯発達論のルーツになっているのである。ユングの発達論で重要な点は，人生後半部の発達には，人生前半部では大事ではなかった部分が表面化し，それまで犠牲にしてきた部分の声が頭をもたげてくると説いたところにあろう（ユング，1977, 1979, 1982；河合，1977, 2009；ストー，1990；Jung, 1972）。

　ユングは，このあたりの問題を「人生の正午」という論文で，太陽のモデルに即してわかりやすく説明している。図 3-1 は太陽のモデルを示している。人生の正午とは40歳前後の時期をさすが，このモデルでは，太陽が東から出て昇り，ちょうど人の頭の上を通過する時間をさすことになる。頭上の太陽の移動は，もちろんわずかなものではある。しかしそこでは，それまでに経験することのなかった決定的な変化があるのである。それは，人の影がそれまでとは反対の方向に向くという変化である。

第Ⅰ部　生涯発達論

　このことは何を意味しているのだろうか。人生の午前で重要だと思っていたことが重要でなくなり，逆に重要だとは思われなかったこと（老いと死の問題など）がしだいに重要となってくるのである。逆に結婚・就職や記録達成などはそれほど重要ではなくなっていくのかもしれない。われわれは，人生の朝のプログラムにしたがって，人生の午後を生きていくわけにはいかないのである。そこには，しばしば外向から内向への変化がうかがわれる。自分がそれまで抑圧・軽視してきた生き方，自分が生きられなかった部分，そうした部分からの声にいかにして耳を傾けて自己を統合していくのか。ここに中高年の発達や成長へのヒントがあるのであろう。

　人間のパーソナリティが人生後半部でその反対物に転化するという説は，男性－女性の問題にもつながる。ユングは男性のなかの女性性をアニマ，女性のなかの男性性をアニムスとよび，男性はその男性的特質を人生の前半部で使ってしまい，高齢期には女性的特質のみを残すようになると指摘した。よく好々爺とオニババといった表現が用いられるが，例えば，「オニババ」と称される女性は，その人生の前半部では非常にしおらしい受動的な人であったが，その晩年には能動的・攻撃的・支配的になるということなのかもしれない（木下，1997）。この現象は，生涯発達におけるクロス・ジェンダー現象とよばれる。

3　発達心理学の生涯化(2)
——ビューラー，ハヴィガースト，エリクソン

　ユングの問題提起以降，1950年代ごろまでにいくつかの有名な生涯発達の理論が示されていく。ここでとくに注目したいのが，シャーロッテ・ビューラー（Bühler, C.：1893-1974）とロバート・ハヴィガースト（Havighurst, R. J.：1900-1991）とエリク・エリクソン（Erikson, E. H.：1902-1994）の理論である。これらを取り上げるのは，第1章でふれた現代社会における3つ発達観に対応するともいえるからである。

第3章 生涯発達論の歴史的背景

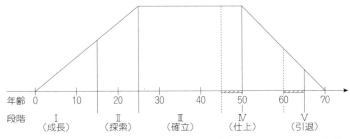

図3-2 ビューラーのみる人間の発達段階論（森，1977, p. 202より作成）

（1）シャーロッテ・ビューラーのライフサイクル論

1930年代に，ウィーンのビューラーは，多くの伝記や自伝を手がかりにして，人間のライフ・サイクル論を生殖性と人生の目標設定の視点から体系化した（Bühler & Massarik, 1968）。彼女の示した人生の段階は，図3-2に示したような，「上昇－停滞－下降」のイメージをもつ5段階である。ここでの年齢区分などは，彼女が設定したおおまかな目安である。表1-1との関連では，「成長－社会化としての発達」の一例だといえよう。生物的土台と自己決定を重視した発達論としても注目される。

① 成長期（15歳以前）　生殖能力をともなわないが，前進的に成長する時期。
② 探索期（15～25歳）　生殖能力がともなって，さらに前進的に成長する時期。人生の目標を確定する。
③ 確立期（25～40代後半）　生殖能力がともなった停滞的成長の時期。はっきりとした目標のともなった全盛期。
④ 仕上期（40代後半～60代前半）　生殖能力の減退が感じられる時期で，自分の人生目標にどのていど近づけたかを評価する時期。
⑤ 引退期（60代前半以降）　生物的衰退期。自分の人生が成功であったか失敗であったかが経験されてくる時期。

（2）ロバート・ハヴィガーストの発達課題論

アメリカの教育社会学者ハヴィガーストは，先にふれた発達課題という視点

第Ⅰ部　生涯発達論

表 3 - 1　ハヴィガーストのみる発達課題のリスト（ハヴィガースト，1997より作成）

発達段階	発達課題
幼児期および早期児童期 （6歳くらいまで）	1．歩行の学習 2．固形食摂取の学習 3．しゃべることの学習 4．排泄の統制を学ぶ 5．性差および性的な慎みを学ぶ 6．社会や自然の現実を述べるために概念を形成し言語を学ぶ 7．読むことの用意をする 8．善悪の区別を学び，良心を発達させはじめる
中期児童期 （6歳〜12歳）	1．通常の遊びに必要な身体的技能を学ぶ 2．成長しつつある生体としての自分に対する健全な態度を身につける 3．同年代の者とやっていくことを学ぶ 4．男女それぞれにふさわしい社会的役割を学ぶ 5．読み書きと計算の基礎的技能を発達させる 6．日常生活に必要なさまざまな概念を発達させる 7．良心，道徳心，価値尺度を発達させる 8．個人としての自立を達成する 9．社会集団や社会制度に対する態度を発達させる
青年期 （12歳〜18歳）	1．同年代の男女と新しい成熟した関係を結ぶ 2．男性あるいは女性の社会的役割を身につける 3．自分の体格をうけいれ，身体を効率的に使う 4．親や他の大人たちから情緒面で自立する 5．結婚と家庭生活の準備をする 6．職業につく準備をする 7．行動の指針としての価値観や倫理体系を身につける 8．社会的に責任ある行動をとりたいと思い，またそれを実行する
早期成人期 （18歳〜30歳）	1．配偶者の選択 2．結婚相手と暮らすことの学習 3．家庭をつくる 4．育児 5．家の管理 6．職業の開始 7．市民としての責任をひきうける 8．気心の合う社交集団をみつける
中年期 （30歳〜60歳）	1．十代の子どもが責任を果たせる幸せな大人になるように援助する 2．大人の社会的な責任，市民としての責任を果たす 3．職業生活で満足のいく地歩を築き，それを維持する 4．大人の余暇活動をつくりあげる 5．自分をひとりの人間としての配偶者に関係づける 6．中年期の生理学的変化の受容とそれへの適応 7．老いてゆく親への適応
老年期 （60代以降）	1．体力と健康の衰退への適応 2．退職と収入の減少への適応 3．配偶者の死に対する適応 4．自分の年齢集団の人と率直な親しい関係を確立する 5．柔軟なやりかたで社会的な役割を身につけ，それに適応する 6．満足のいく住宅の確保

第 3 章　生涯発達論の歴史的背景

から人間の生涯と教育の関係を説いた（ハヴィガースト，1995，1997）。彼は，
『ハヴィガーストの発達課題と教育』（1972年）のなかで，発達課題を次のよう
に定義した。「人生の一定の時期あるいはその前後に生じる課題であり，それ
をうまく達成することが幸福とそれ以後の課題の達成を可能にし，他方，失敗
は社会からの非難と不幸をまねき，それ以降の課題の達成を困難にする」（p.
3）。ハヴィガーストがこの概念を設定した背景には，（とくに青年期の者に対す
る）「個人の欲求と社会的要請との橋渡し」の必要性が社会的課題としてあっ
たことと関係がある。

　表 3 - 1 は，ハヴィガーストのみる発達課題のリストである（ハヴィガースト，
1997より作成）。1940年代ごろのアメリカ中産階級の理想像と重なり合っている
部分が垣間見られるが，今日のわが国においてもかなり示唆の富んだリストで
あることも事実であろう。ただ人生の前半部に重点がおかれたリストではある
が。表 1 - 1 との関連では，社会的役割の達成が強調されているだけに，「生涯
のプロセスとしての発達」の代表例だといえよう。

（3）エリク・エリクソンの自我発達段階論

　人間の精神や自我の部分を強調し，生涯にわたって人間は成熟しつづけると
説いた発達段階論の典型例として，1950年にエリクソンの提示した有名な 8 つ
の発達段階論を図 3 - 3 に示しておこう（エリクソン，1977）。エリクソンは，
「人間の自我は，人生のさまざまな段階で出会う心理 - 社会的危機を克服しつ
づけることで成長していく」ものであり，それゆえわれわれの生涯は「成熟へ
の一方通行」だとすら言っている（エリクソン，1971，p. 131）。図 3 - 3 は，森
昭の説をもとに，人生の 8 つの段階に固有の心理 - 社会的発達課題とそれを妨
げる負の力との緊張関係とそこで獲得される徳とを描いたものである（森，
1977）。それぞれの課題を達成しつづけることで，その時期固有の徳が獲得さ
れ，そうしてわれわれの自我は，より高次の段階へと成長しつづけるのである。
したがって図は，左下から右上に向かうものとなるのである。なおエリクソン
は，晩年に「死に向かって成長すること」を第 9 番目の発達課題として設定し

33

第Ⅰ部　生涯発達論

C. 社会的態度の発達→	敬虔な態度	分別ある態度	道徳的態度	技術的態度	思想的態度	対人格的態度	生産的態度	哲学的態度
Ⅷ 円熟期								知　恵 自我の統合 絶　望
Ⅶ 成人中期							慈　育 生殖性 停　滞	
Ⅵ 成人前期						愛 親密さ 孤　独		
Ⅴ 思春-青年期（就学期）					忠　誠 同一性 役割混乱			
Ⅳ 潜伏期				能　力 勤　勉 劣等感				
Ⅲ 移動-性器期（幼児期）			目　的 自発性 罪悪感					
Ⅱ 筋肉-肛門期		意　志 自　律 恥と疑惑						
Ⅰ 口唇期=乳児期	希　望 基本的信頼 不　信							
B. 対他人関係の発達→	信頼できる母性的環境	分別のある養育者	模範的な基礎家族	教える成人なかまの友人	堅信的成人支援的友人	共に自覚を求める配偶者，同伴者	子孫繁栄と生産活動の能力	統合的遺産を要求する諸世代

（左欄：A　人間生涯の諸段階（生理的，性的，認知的，心理・社会的））

図3-3　エリクソンのみる人間の発達段階と徳（森，1977，pp. 218-219より作成）

ようとしたとされている（エリクソン他，1990：日野原，1997）。

　このエリクソンの論で注目したいのが，成人期以降の3つの課題である。成人前期における親密さ（Intimacy），成人中期における生殖性（Generativity），成人後期における自我の統合（Ego Integrity）の3つである。シンボリックな語ではあるが，親密さとは，主に異性とのパートナーシップを築く力であり，一般的には家庭形成につながるものと考えられる。これに成功すれば「愛」という徳が得られるが，失敗すれば孤独につながろう。生殖性とは次世代や文化・文明を生み出し育んでいく力をさすが，必ずしも子育てと対応しているのではない。そこでは個人としての発達と次世代育成とが，世代連鎖という概念のもとに合わさって考えられている。成功すれば「慈育（ケア）」という徳が

34

得られる。自我の統合とは，後悔がなく人生がまさに「そうあらねばならなかったものとして，またどうしても取替えが許されないものとして」（『幼児期と社会1』p.345）受け入れられることをさす。「これが人生か，ならばもう一度」と言えるだけの過去をもてるかということとも関係するであろう。成功すれば，人生への洞察を秘めた「知恵」が築かれる。

4　老年学と発達論と生涯学習論の合流

　1960年代から70年代にかけて，老年学はエイジング概念とともに老年期以前の時期にも目を向けるようになり，一方発達論も，生涯にわたる発達を展望するようになっていった。1970年代には『生涯発達心理学』シリーズが体系化され出すとともに，成人発達とエイジング（adult development and aging）を一体化してとらえようとする動向が主流になっていく。逆にいえば，成人期以降の発達とエイジングの区分がむずかしくなっていったということでもある。もちろん発達が誕生から成人期へと向かう前進的・展開的概念であり，エイジングが老いや死へと向かっていく収斂的概念だというちがいはある。しかしアクセントの置き方に差があるとはいえ，成人期以降の人間の変化の問題に正面から向き合おうとした点では，両者は共通している。そしてこの方向の研究が大きく進んだのがこの時期だったのである。

　一方で生涯学習論や成人教育論が普及していったのも1970年代であった。大学開放やコミュニティ・カレッジ，エルダーホステル，第三期の大学の普及など，エイジングと生涯発達の研究は，一方で生涯学習と生涯教育の研究や実践ともつながっていったのである（Sherron & Lumsden, 1990）。

第4章

生涯発達論の展開

　　　　　　　本章では，1970年代以降の生涯発達論の展開過程を，生涯発達外因論・生
　　　　　　　涯発達内因論・生涯発達最適化論に分けて考察を進めていく。そのさいのひ
　　　　　　　とつの論点は，人生の危機や移行期をいかにとらえるかという点である。

1　3つのトランジッション論

　1970年代以降生涯発達論は，主にアメリカにおいて，いくつかの論点をはら
みつつ展開していくことになる。この論点のひとつが，人生のトランジッショ
ン（transition；移行期）あるいは人生の節目をどう扱うかという点であった。例
えば，ある者は退職というトランジッションをうまく乗り切るが，別の者はそ
うではないなどである。この対処法のちがいはどこから生じるのであろうか。

　人生のトランジッションは，大きく分けて次の3つがあるといえる（堀，
1989a）。第一は，ノーマティヴ（normative；標準的）なトランジッションである。
多くの人が人生のある時期に同時に経験するもので，学校卒業，就職，結婚，
退職などがこのなかに含まれる。われわれは，こうした人生上のイベントを束
ねて，一般的に予期される人生像（normal expectable life events）を描くのであ
る。

　これに対して，第二に，ノン・ノーマティヴ（non-normative；特異的）なトラ
ンジッションが存在する。これは，特定の個人が経験する人生上の出来事で，
退学，離婚，罹病，リストラなど，個人への影響力が大きいわりには予測がむ
ずかしい出来事でもある。

　第三に，歴史的・世代的（historical-generational）イベントによるトランジッ
ションである。不況や戦争，近代化，流行などがこの例としてあげられる。同

36

第4章　生涯発達論の展開

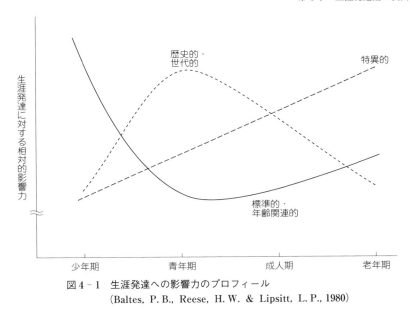

図4-1　生涯発達への影響力のプロフィール
(Baltes, P. B., Reese, H. W. & Lipsitt, L. P., 1980)

世代の人は，人生の同じ時期に同様の経験をする（コホート効果）。したがって何歳ごろに戦争やある流行現象を経験したかが，その世代の人たちのその後の人生を左右することになる。

　生涯発達論は，当初は一般的な成人の家族発達論やキャリア発達論などを探っていたが，やがてライフスタイルの多様化やマイノリティ問題，多文化問題などとの関連のなかで，一様の生涯観を疑念視する動きが出てきた。また恐慌や戦争などの経験が，人びとのその後の人生に大きく尾を引くことより，歴史的なイベントと発達の関連を探るようにもなっていった（エルダー，1986）。

　ポール・バルテスらは，これら3つのトランジッションの影響力の大きさを，図4-1のようなかたちで示した（Baltes et al., 1980）。これによると，多くの人が経験するトランジッションは，人生の初期にとくに影響力が大きいことになる。たしかに学校時代の経験の影響力は，高校や大学時代よりも小学校時代のほうがより大きいであろう。また高齢期における経験の影響力もやや大きい。

37

第 I 部　生涯発達論

　これに対して，特異的なトランジッションは，人生の後期になるほど影響力が大きいといえる。離婚や親しい人の死などは，人生の後半部のほうが大きいであろう。また歴史的な出来事の影響力は，青年期に最もつよいといえる。青年期に流行った出来事は，その世代の人たちのその後の人生全体に影響するであろうし，青年期に戦争などに遭遇した人は，その経験がより痛切に響くのかもしれない。

2　トランジッションと人生の危機

　ここで次のような問いかけを行なってみよう。すなわち，「トランジッションは人生の危機につながるのか？」という問いかけである。ここから2つの立場が生まれてくる。

　第一は，「人生の予定表通りならば，トランジッションは危機につながらない」とみる立場である。危機は，トランジッションが人生の予定表からはなれて生じたときに芽生えるのである。早すぎた結婚，リストラなどがこの例として取り上げられよう。

　一方第二の立場は，「トランジッションは危機に結びつきやすい」とみるものである。人生の予定表や社会的立場をこえて，危機は，定期性とともに訪れるのである。またトランジッションの時期には特異的な出来事が起こりやすくなるともみなされている。

　第一の立場は人生の予定表を語り，第二の立場は危機の定期性を語っている。これらはどちらも人生の変化のプロセスを問題にしている。しかし，発達段階が教育などの外部からの働きかけの力によってつくられるという側面に注目するならば，第三の生涯発達論も構想できる。つまり，外部からの働きかけによってつくられる発達段階論である。ここから私は，生涯発達論は，以下の3つのタイプに分けることができるのではないかと考えた。

① 生涯発達外因論　人間の生涯にわたる発達や変化の問題を，主に個人への外的な要因から説明しようとする立場である（第一の立場）。外的要因の例とし

38

ては，社会の年齢規範（age norms）や職場の昇進システムなどが想起されよう。

② 生涯発達内因論　人間の生涯にわたる発達や変化の問題を，主に外的状況のちがいをこえた，個人の心理的・内面的要因から説明しようとする立場である（第二の立場）。そこでは危機の定期性が語られる。

③ 生涯発達最適化論　人間の発達の問題を，プロセスというよりは，むしろ介入作用（intervention）などによって，より積極的な段階へと方向づけていくものとして考える立場である（第三の立場）。

　以下，この順にそって論の点検を行なっていく。

3　生涯発達外因論
──年齢規範の問題を中心に

　成人発達やエイジングの外的規定因を説明する立場の例として，「年齢の社会的意味」の問題を考えてみよう。かつてアメリカの社会学者バーニス・ニューガルテン（Neugarten, B. L.：1916-2001）は，アメリカ社会における成人の年齢の社会的意味とその人間への影響力に関心を寄せた（Neugarten, 1968, 1996）。彼女は，社会における年齢の社会的意味には，図4-2に示したような4つの側面が絡み合っているとみた。

① 年齢段階（age grading）　人口をいくつかの年齢集団に分けたもので，子ども－成人－高齢者といった区分などである。年齢段階は時代の進行とともに細分化されてきた。例えば子どもから大人にかけての時期も，児童期・思春期・青年期・若年成人期といったかたちで区分されるようになってきている。

② 年齢－地位体系（age-status system）　社会のなかでは，獲得された地位と年齢によって，権利や責任が配分される。例えば学齢期，選挙権獲得年齢，退職年齢などである。われわれはどの年齢層に属するかで，その社会的立場も異なりうるのである。

③ 年齢規範（age norms）　ある年齢にふさわしいとみなされる行動（age ap-

第Ⅰ部　生涯発達論

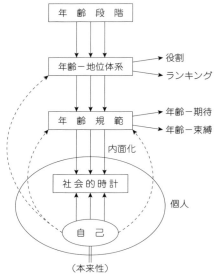

図4-2　年齢の社会的意味のモデル
（バーニス・ニューガルテン）

propriate behavior）が確立されたとき，年齢は規範に転化する。そこには年齢−期待と年齢−拘束の2つの側面がある。結婚適齢期，仕事に就く時期，老年だとみなされる時期などがこの例として考えられる。

④　社会的時計（social clock）　われわれは年齢規範をあるていど内面化しているが，これらが今度は，心のなかの人生の社会的時刻表となり，われわれの行動を内面から規定する。これにより，ある行動が，年齢との関連のなかで，「まだ早すぎる」「少し遅い」といった感覚につながるのである。

　こうしてニューガルテンは，成人期においては，生物的時計よりも社会的時計のほうが優先されると説き，社会的時刻表が成人の発達や変化を規定するとみたのであった。ただ一方で，時代の進行とともに年齢規範は弱まってきているという指摘もある。10代の会社社長や70代の大学生の出現などは，年齢規範の弱まりの証左なのかもしれない。しかし，職場での昇進や結婚・出産などにおいては，「同世代の者にくらべて」という意識が現代でも一定の影響力をもっていることは否めないだろう。

　ところで私は，この人生の予定表の実態を探るために，人生上のイベントを，①家族発達関連（結婚する，親になる，孫ができる，子育て終了），②キャリア発達関連（仕事に就く，仕事でトップになる，退職），③年齢段階関連（おとなになる，青年とは何歳まで，中年は何歳から，老人は何歳から），④人びとの主観に関連するもの（最も美しく見える，人生のピーク，最も成果をあげる）の4領域から，「男性の場合」と「女性の場合」（回答者が男性／女性だというのではない）に分けて，

第4章　生涯発達論の展開

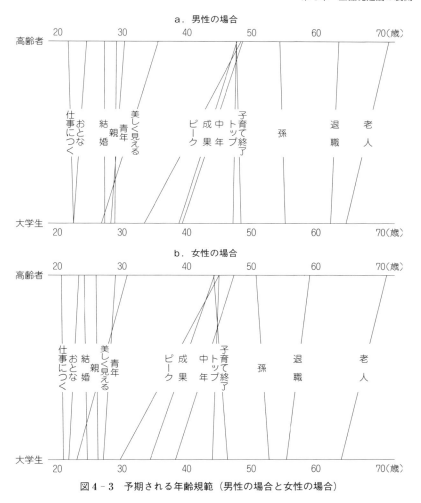

図4-3　予期される年齢規範（男性の場合と女性の場合）

高齢者（400名，平均年齢69.1歳）と大学生（252名，平均年齢19.4歳）に対して調査を行なった（Hori, 1994；堀, 1999）。この結果は図4-3のとおりであるが，ここから次の2点が指摘できるかと思う。

① 「男性の場合」と「女性の場合」の比較では，全体的に女性のほうが人生の予定表を通過するスピードが速いようである。これは「社会的エイジングの二

第 I 部　生涯発達論

重構造」ともよばれ，男性よりは女性，ホワイトカラー労働者よりはブルーカラー労働者，健康状態の良好なものよりはそうでない者のほうが，このスピードが速いと指摘されている。

②　全体的に回答者が高齢であるほうが，人生上の多くの出来事を後に起こるように答えているようである。なかでも年齢段階と主観に関連する項目で顕著であり，家族とキャリアに関連する項目では差はあまりない。

　こうしてみると，人びとの属性によって年齢に関連する出来事への意識が異なる部分があり，その意味では，社会の側が示す人生像は，成人の変化へのひとつの契機だということもできよう（今津，2008）。

4　生涯発達内因論
──人生の危機の定期性と予測可能性

　ところで，1970年代以降主に注目された成人発達論は，成人期の外的要因よりはむしろその内的要因に注目した発達論であった。そこで共通する考え方は次の3つだといえる。①成人期はけっして「心理的に」平坦な時期ではない，②そこでは心理－社会的な危機（あるいは発達段階）が，社会的状況のちがいをこえて，年齢関連的な規則性とともに生起してくる，③成人の自我は，これらの危機を乗り越えることで成長するように挑まれている。これらの研究結果は，時間をかけたインテンシヴなインタビュー調査によって示されたものが多い。

　ユングやエリクソンの説に淵源をもつこれらの論のなかで最も注目されたものは，ダニエル・レヴィンソン（Levinson, D. J.：1920-1994）の成人発達論であろう。彼の論の特徴は，成人期における発達を生活構造（life structure；ある時期におけるその人の生活の基本的パターン）の変化としてとらえ，これが安定期（生活構造が築かれる時期）と過渡期（生活構造が変わる時期）として，職業や生活形態や性別のちがいをこえて，交互にしかも年齢を指標にして規則正しく生起するととらえた点にある（図4-4参照）（レヴィンソン，1992；Levinson, 1996）。おもしろいことに，過渡期は，20歳，30歳，40歳と10年前後の間隔をおいて現れ

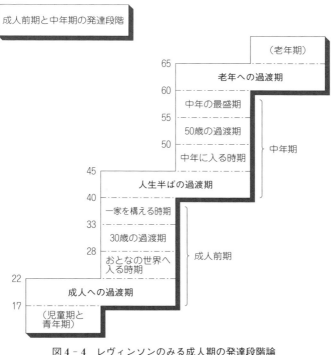

図4-4 レヴィンソンのみる成人期の発達段階論
（レヴィンソン，1992（上），p.111）

ている。そして彼は，心理的危機が，過渡期にとくに集中して訪れるととらえた。

彼の論は，当初は40名の成人男性（工場労働者・企業管理職・研究者・小説家）に対するインタビュー調査にもとづくものであったが，のちに，45名の女性（主婦・企業キャリア・大学キャリア）にも同様の調査を実施し，同様の結果が出ることを確かめた。

彼の説によると，30歳前後と40歳前後は過渡期（30歳の過渡期と人生半ばの過渡期）にあたる。前者の心理的課題としては，①〈夢〉をもちその夢を生活構造のなかに位置づける，②良き師（相談相手）をもつ，③職業をもつ，④恋人をつくり，結婚し，家庭をつくるの4つがあげられている。ここでいう〈夢〉

第Ⅰ部　生涯発達論

は現実に根ざした夢であって，単なる夢物語ではない。そして，その〈夢〉の実現に手助けをしてくれる〈師〉とのつながりのなかで，30代以降の発達が進展していくのである。

　40歳前後の過渡期の心理的課題は，①成人前期という発達課題を完全に終わらせること，②それまでの生活構造の不備の修正，③相対立する主な心理的課題の解決（若さと老い，創造と破壊，男らしさと女らしさ，愛着と分離）の3つである。このうち相対立する心理的課題の解決とは，反対方向の心理的特性を共存させつつ統合することを意味する（若さにこだわりすぎると同年代の者の間で居場所がなくなり，かといって老いにこだわりすぎると融通が利かなくなるなど）。それまで抑圧や無視をしてきた内面の声をどう手なずけ，老いや死の声をどう聞き入れ，時間制約の圧迫感をいかに乗り越えるのか。こうした課題の多くは，ちょうどユングの中年の危機説と同様に，内面からの課題なのである。

　同時期にはアメリカのジャーナリストのゲイル・シーヒィ（Sheehy, G.）も，成人男女115名に対するインタビュー調査から，「心のなかの悩み」の定期性と予測可能性，そしてそこからの成長の可能性を説いた（シーヒィ，1978）。彼女はこの危機を「パッセージ」と名づけ，これが次のような人生の成長の梯子段をたどると述べた。①根っ子を引き抜く（18〜22歳），②試練の20代（22歳〜20代後半），③抜きさしならない30歳（30歳前後），④根づくこと，進展すること（30代前半），⑤締切りの世代（35〜45歳），⑥更新か放棄か（40代半ば〜）。この論はレヴィンソンの説とよく似ているが，さらに彼女は1995年に『ニュー・パッセージ』を刊行し，18歳から30歳を「仮の成人期」，30歳から45歳までを「第一成人期」，45歳から85歳程度を「第二成人期」としてそれぞれの時期での成長の可能性を探った（シーヒィ，1997）。また第二成人期はさらに，「統御力の年代」（45〜65歳）と「高潔の年代」（65歳〜85歳前後）に分けられている。ここで重要な点は，第二成人期においては40代くらいからの意識的な選択と準備が必要になるという点である。

　これらのほかにも，グールド（Gould, R. L.），ヴァイラント（Vaillant, G. E.），ホイットボーンとワインストック（Whitbourne, S. & Weinstock, C.）らの成人発

達論もこの範疇に入るであろう（Gould, 1978；Vaillant, 1977；Whitbourne & Weinstock, 1986）。これらのくわしい内容に関しては，関連文献を参照されたい（堀，1989a）。

5 生涯発達最適化論
——教育による発達段階の構築

　生涯発達の最適化論とは，生涯発達の問題をプロセスとしてではなく，望ましい方向への方向づけとしてとらえようとするものである。アメリカにおける生涯発達論は，当初は成人期以降の発達と変化のプロセスとメカニズムに注目していたが，その後生涯発達の変容可能性と最適化の問題に一定の関心を示すようになる。この点を発達と教育の関係で述べるならば，「発達段階・発達課題にもとづく教育」「発達の法則に従属する教育」から「教育による発達段階の構築」「発達における教育の主導的役割」への移行ということになろう（柴田，2000）。陸上競技の短距離走に則していえば，前者の場合，トレーニングや走法の工夫などにより徐々に記録を縮めていくことにつながろう。しかし後者の場合は，まずオートバイなどにつないだ走者を一定の速度で走らせ，その後その感覚を呼び起こすということになろう。「感覚の再現」だともいえる。

　この考え方は，エイジングのネガティヴな側面が顕著になりやすい高齢期において，その生体に不利な状況を抑えることにつながる。以下，2つの概念を軸にこの問題を考えてみたい。

　第一は「インターヴェンション（介入作用）」の問題である。これは「ある問題に対して，積極的な結果が得られるように意図的に働きかけの仕方を変容すること」を意味する（Birren & Woodruff, 1973；Turner & Reese, 1980）。薬理療法や行動療法，環境変容などが例としてあげられようが，ここではとくに教育・学習によるインターヴェンション（educational intervention）に目を向けたい。この教育的インターヴェンションの目標には，次のようなものが含まれるとされている。

第Ⅰ部　生涯発達論

① 緩和（alleviation）と補償（compensation）　個人史のなかの教育的剥奪部分（educational deprivation）を補充・軽減することをさす。高齢者が若い時期に奪われた教育機会を取り戻すという例や，そのための社会的支援体制づくりなどがこの例として想起される。また，補助手段などを用いて，高齢者の生理的能力の低下を和らげることも，この目標のなかに含まれよう。

② 予防（prevention）　高齢期に予期される困難さに対する対処能力を事前に身につけておくこと。定年退職後のソフト・ランディングなどがこの好例であろう。

③ 充実化（enrichment）　上記2つがエイジングにともなうネガティヴな効果を和らげるというニュアンスをもつ目標であるのに対し，この充実化は，エイジングのプロセスから高齢期に活性化される力を引き出そうという目標である。

　この考え方は，高齢期における回想法（life review）や園芸療法（horticultural therapy），化粧療法などとも親近性があるが，ここではこれらをセラピーとしてではなく，生涯教育として位置づけていく視点の重要性を述べておきたい。そこに高齢者を福祉イメージから生活者イメージへと変えてとらえる契機があると思えるからである。

　第二は，かつてロシアの心理学者レフ・ヴィゴツキー（Выготский, Л. С.：1896-1934）が唱えた「発達の最近接領域」論である。発達の最近接領域とは，「現下の発達」と「明日の発達」の差であり，個人では困難な作業も，他者との共同作業によって達成が可能となることにつながる（茂呂他，2011）。まさに「教育は…発達の前を進み，発達を前へ進めたり，発達のなかに新しい形成をよびおこすことができる」（ヴィゴツキー，2001，p. 279）。ヴィゴツキー研究者の柴田義松は，共同学習や模倣における，「自分1人でもできること」から「自分1人ではできないこと」への移行，「できることからできないことへの移行」の重要性を強調する（柴田，2006）。発達を先回りし後ろに発達を従える教育，共同作業でできることを明日の発達段階だととらえる教育，そこにある考え方は，生涯発達の最適化の考え方と通底するものがある。

46

第 4 章　生涯発達論の展開

6　生涯発達論の新たな展開は？

　以上 3 つの視角から，1970年代から1990年代にかけての生涯発達論の整理を試みたが，その後この領域の研究は普及し，日本でも1990年代半ば以降から生涯発達関連のシリーズや単行本が刊行されるようになっていく。しかし一方で，1970年代ごろの発達の新境地に向かうという大胆さはやや弱くなり，個別領域での深化が進むようになる。またライフスタイルの多様化の進行や高齢期問題への関心の高まりは，ライフコースやエイジングといった，「発達」以外の視点から成人期以降の変化を探る研究の普及にもつながっていった。一様の人生像を描いた「大なる物語」は終息し，構築主義（constructivism）や経験的データにもとづくミニ・パラダイムが林立するようになる。

　人生の歩み方がより多様化し，一般化したモデルの適用がよりむずかしくなった今日，老いと死や認知症といった問題への注目が高まる今日において，新たで大胆な発達論をいかに構想しうるのかが問われているのである。

第5章

知的能力の生涯発達論

本章では生涯発達と生涯学習を結ぶひとつの論点である，成人期における
知的能力の変化の問題を扱う。具体的には，言語性－動作性知能論，流動性
－結晶性知能論，多元的知能論，実践知論，知恵の問題などにふれつつ，成
人の知能の特徴を概観していく。

1　成人期における知的能力のとらえ方

　生涯発達論は，研究の発展とともに，その下位領域がより細分化されていっ
た。人間の認知能力やパーソナリティの発達，家族やキャリアや地域活動の次
元における発達，退職や死などの危機的出来事と発達の関係，マイノリティ問
題や多文化問題と発達の問題など。ここではこれらのうち，生涯学習ととくに
関連の深い成人期以降の知的能力や知能の発達の問題を考えていきたい。

　ところで，ことわざのなかに「年とった犬には新しい芸を教えることはでき
ない（You can't teach an old dog new tricks.）」や「年寄りの冷や水」といった
ものがあるが，これらは，年をとってからの学習があまり効果的ではないとい
うことを暗にほのめかせている。そして，「だからこそ若いときに集中的に学
習を」となり，子ども－学校教育中心主義をささえる精神構造のバックボーン
につながっていくのである。しかし，ほんとうにこれらの通説は根拠のあるも
のなのだろうか。いま一度疑ってみたい。

2　言語性知能と動作性知能

　アメリカの心理学者デビッド・ウェクスラー（Wechsler, D.：1896-1981）は，

48

成人期以降の知能・知力の変化の問題にかなり古くからかかわっていた。彼は，1955年に「ウェクスラー成人知能検査（Wechsler Adult Intelligence Scale＝WAIS)」なる成人向けの知能検査を開発した（ウェクスラ，1972)。これによって，成人知能のより綿密な診断が可能になったのである。1958年には，日本語版のWAISも作成され，1981年にはその修正版（WAIS-R）が作成され（日本版は1990年)，さらに1997年にはWAIS-Ⅲ（日本版は2006年）が作成され，最近ではWAIS-Ⅳも作成されてきている（児玉・品川・印東，1958；小林・前川他，1999；日本版WAIS-Ⅲ刊行委員会，2006)。

　WAISは，タイプの異なる11個の下位検査（6個の言語性検査と5個の動作性検査）から成る。言語性検査のなかには，一般的知識（クイズ問題のようなもの)，一般的理解（社会的常識の根拠の説明など)，算数，類似（オレンジとバナナはどのように似ているか，など)，数唱（ランダムに読み上げられた数字をその場で再生する)，単語（単語の意味の説明）の6つの下位検査があり，動作性検査のなかには，符号（紙と鉛筆で，90秒以内に符号に対応する数字を書いていく)，絵画完成（絵のなかの欠けた部分の指摘)，積木（示された絵の模様のように積木を並べる)，絵画配列（数枚のマンガを背後の主題にしたがって並べかえる)，組み合わせ（断片を組み合わせてひとつの図形をつくる）の5つがある。これらの結果を総合して，個々人の知能のプロフィールを作成していくのである。なおWAIS-Ⅲでは，言語性検査に語音整列（検査者が読み上げる数字とかなの組み合わせを聞き，かなを整列させる）が，動作性検査に行列推理（一部空欄になっている図版を見てそこに当てはまるものを入れる）と記号探し（記号グループのなかに見本と同じ記号があるか判断する）が新たに加わっている。

　では，これら各検査の結果は，個人の年齢の変化とともにどのように変わっていくのであろうか。ブロムレイ（Bromley, D. B.）は，図5-1のように，この下位検査ごとにスコアへのエイジングの影響の年齢的変化をモデル化した（ブロムレー，1976, p. 202)。これには横断的データにもとづくものであるという限界はあるが，全体的にながめて，年齢の進行にともない，動作性知能に関するテストのスコアが低下しているのに対し，言語性知能に関するスコアのほ

第Ⅰ部　生涯発達論

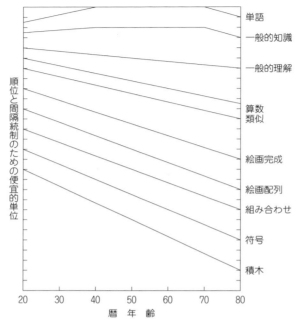

＊ウェクスラー－ベルヴュースケールのクロス・セクショナルな「年齢差」を単純化して示したものである。

図5-1　ウェクスラー成人知能検査のサブ・テストに対するエイジングの影響（ブロムレー，1976, p. 202 より作成）

うはあまり低下していないことがわかる。また言語性検査の一部では，年齢の進行にともなうスコアの上昇さえうかがわれる。ここから，動作性知能は年齢の進行にともない低下しやすいが，言語性知能はそうではないということが考えられてくる。

3　高齢者と大学生の知能検査の比較

　私はかつて，こうした点を明らかにするために，高齢者（平均年齢71歳：男性16名，女性14名）と大学生（平均年齢21歳：男性10名，女性20名）のWAISによる知能の比較研究を試みた（堀，1999）。表5-1は，このそれぞれの層ごとの平

第 5 章　知的能力の生涯発達論

表 5 - 1　高齢者と大学生の WAIS 平均得点の比較

		高齢者	大学生	t 検定結果
言語性検査	一般的知識	10.0	10.3	－
	一般的理解	12.1	12.9	－
	算数	9.5	12.4	**
	類似	9.5	13.4	**
	数唱	8.7	12.7	**
	単語	12.7	12.3	－
動作性検査	符号	7.6	15.6	**
	絵画完成	7.6	10.0	**
	積木	8.5	13.7	**
	絵画配列	7.8	12.1	**
	組み合わせ	8.5	12.5	**

注)　高齢者（N = 30）：平均年齢71.4歳（SD = 5.6），男性16名，
　　女性14名
　　大学生（N = 30）：平均年齢21.3歳（SD = 2.2），男性10名，
　　女性20名

均値を示したものである。これによると，動作性検査で両者の差が大きいのに
対し，言語性検査では，その差はかなり縮まっていた。両者間の t 検定を行な
ったところ，知識，理解，単語の 3 検査で有意差が出なかった。とくに，単語
問題では，高齢者のほうが学生よりも平均スコアが上回っていた。つまり，こ
うした言語を使った検査では，高齢者と大学生との間に大きな差がうかがわれ
なかったということである。

　これに対して，動作性検査では，両者間，とくに符号と積木において，ある
ていどの有意差がうかがわれた。視覚－運動技能的な力と空間定位の力とが要
求される検査を，高齢者は苦手としているといえる。また言語性検査のなかで
も，言語的概念形成力をみた類似や短期記憶力をみた数唱（とくに逆唱）も，
高齢者は苦手としているようである。

　この調査は，高齢者と大学生の知能の比較をしただけのものではあるが，調
査結果は，図 5 - 1 の傾向を支持しているといえる。なお，この調査結果の高
齢者の部分をくわしくみると，①60代と70代の結果の比較を行なったところ，
言語性知能よりも動作性知能で両者間の差が顕著であった，②がいして男性の

51

第 I 部　生涯発達論

ほうが言語性検査のスコアが高かったが，これはそれまでの職業生活のちがい
を反映したものであるといえる，③以前にどのような職業に就いていたかによ
って，スコアにあるていどの差が出ていた（板金工をしていた人は組み合わせ問題
が得意だったなど），といった結果も示されている。

4　流動性知能と結晶性知能

　ところで，このウェクスラー成人知能検査は，主として成人の知能構造の診
断に用いられるものであったため，この検査を用いて成人知能の体系的な理論
をまとめあげるといった試みはほとんどなされてこなかった。理論的な示唆と
いう点では，むしろキャッテルとホーン（Cattell, R. B. & Horn, J. L.）の流動性
知能（fluid intelligence）－結晶性知能（crystallized intelligence）の理論のほうが
注目されている（堀，1999）。

　彼らの説によると，流動性知能とは，神経生理的な基盤をもち，生活経験や
教育からは独立していると考えられる知能・知力である。人間の情報処理や問
題解決の基本的過程の反映ともいえる。この知能は，青年期をピークとして，
その後しだいに低下していくものと考えられている。具体的には，短期記憶，
概念形成，抽象的な関係性の知覚，推論，情報処理，瞬発力を要する学習など
が，この例としてあげられる。先にみた動作性知能にかなりの部分で対応して
いるものといえる。

　これに対して結晶性知能は，後天的な文化接触や教育，生活経験などによっ
て培われた知能であり，経験や学習が反映される知能である。この知能は，成
人期を過ぎても低下しにくい，あるいは学習のペースさえコントロールすれば，
上昇も期待される知能である。これの具体例としては，語彙，算術能力，文化
遺産の理解（哲学，思想の理解など），一般的理解，社会規範，判断力などをあ
げることができる。WAIS との関連では，言語性知能の一部に対応するもの
だといえる。

　両者の大まかな関係は，図5 - 2のようなものである。成人期は，したがっ

52

第5章　知的能力の生涯発達論

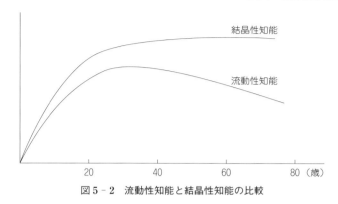

図5-2　流動性知能と結晶性知能の比較

て，流動性知能が低下し，結晶性知能が上昇する時期であると考えられる。そして，両者の相殺効果により，成人期における知能・知力の安定感が説明されるということになる。

5　流動性知能の訓練可能性の問題

さて，流動性−結晶性知能のうち，流動性知能は成人期に低下しやすいと述べたが，ではわれわれは，この知能低下を手をこまねいてじっとしているべきなのであろうか。近年注目され出した生涯発達論のひとつの流れが，先にふれた「生涯発達の最適化の問題」，つまり外部からの働きかけによって，（とくに人生の後半部に）望ましい発達段階をつくり上げていくという考え方である。

流動性知能のうちの多くは，中年期から高齢期にかけて低下しやすいといわれているが，少なくともこの低下のスピードをゆるめ，高齢期へのソフト・ランディングにつなげていくことは可能なのではなかろうか。流動性知能の修復可能性に関する研究も出てきているし，高齢者の流動性知能が訓練によって高まったり保持されたりしたという調査結果も出てきている（堀，1989b）。

第Ⅰ部　生涯発達論

6　結晶性知能の活性化と
プラクティカル・インテリジェンス（実践知）の問題

　流動性知能の訓練可能性の問題には，そうはいうものの，「補償」や「緩和」の色合いがどうしてもつきまとってしまう。しかし，高齢期における知能の問題は，「年齢の進行にともなう低下をゆるめる」という視点からのみみていては不十分であろう。「年をとったからこそ伸びる」知能を明らかにするという視点からもみていく必要がある。これは，先にみたエイジングのプラスの側面の中味を明らかにすることに通じるであろうし，また一般的に「知恵」「生活経験」「結晶性知能」とよばれるものの実態を明らかにするということでもある。

　われわれのまわりを見回しても，年をとってもなおかつ若い者よりすぐれた仕事をする人は多くいる。職業の領域において，芸術や学問の領域において，そして家庭管理の領域においてもそうである。アメリカの心理学者スターンバーグとワグナー（Sternberg, R. J. & Wagner, R. K.）は，こうした職業生活や日常生活のなかで活性化されていく知能のことを「プラクティカル・インテリジェンス（実践知）」とよび，従来の知能検査や学力検査で測られる知能との区別を行なった（Sternberg & Wagner, 1986）。この中味を明らかにしていくことが，今後の成人知能論の重要な課題となろう。

　プラクティカル・インテリジェンスの立場から人間の知能や知力をながめると，これまでとはちがった視点が出てくる。知能が，「実際の状況のなかで，環境に適応しつつ，自分の目標を達成していく力」としてとらえられてくるのである。われわれの日常生活を見回しても，学校教育の基準では測れない「かしこさ」ともいうものが，いたるところに存在している。その意味では，知能の問題も最終的には，生きる力（competence, competency）の問題として理解されていく必要があるだろう。

　では，かくいうプラクティカル・インテリジェンスやエイジングの知恵は，

54

第5章　知的能力の生涯発達論

具体的にどのように定義されるのか。ここでは，スミスとバルテス（Smith, J. & Baltes, P. B.）の示した「知恵（wisdom）」の定義を示しておこう。彼らは，知恵を「人生の基本的なプラグマティクスの領域（人生設計，人生管理，人生のふり返り）についての熟達した知識」だとしたうえで，その包括的規準として次のように述べる。「人間の発達や人生に関することへの類いまれなる洞察。とくに人生上の困難な課題に対する，適切な判断やアドバイスや見解」（Smith & Baltes, 1990）。

また最近では「キー・コンピテンシー」という概念のもとに，知識・技能をこえる能力の中核を次の3つとしてとらえる試みが示されている（ライチェンとサルガニク，2006）。①道具（言語，コンピュータなど）を環境と効果的・相互作用的に活用する力，②異質な集団であっても他の人びととうまく交流する力，③自分の生活や人生を責任をもって運営し，生活をより広い社会的文脈のなかで位置づけ，自律的に活動する力。これらもまた生活する力と学ぶ力の合一としての知能論の一部だといえよう。

7　主な成人知能の理論

(1) 知能のメカニクスとプラグマティクス

流動性－結晶性知能論以降，最近ではいくつかの知能論が出てきている。このうちのいくつかに注目してみよう。上記のところでプラグマティクスという耳慣れない語が出てきたが，このあたりのことをもう少し述べておこう。バルテスらによると，人間の知能には，そのメカニクス（mechanics）とプラグマティクス（pragmatics）があるということである（Baltes & Smith, 1990）。知能のメカニクスとは，情報処理や問題解決の基本構造のようなもので，先にふれた流動性知能に近い概念である。一方，知能のプラグマティクスは，知識の内容やその運用能力と関連がある。実用的・専門的な知識・技能の貯蔵庫のようなものだといえる。

両者の関係をきわめて比喩的に描くならば，図5-3のような，いわばコッ

55

第Ⅰ部　生涯発達論

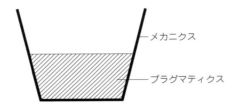

図5-3　知能のメカニクスとプラグマティクス（模式図）

プや器とその中味との関係になるかと思う。メカニクスはコップのようなもの，したがって中に水などがかなり入ってからは変えにくくなるだろう。人生の比較的早い時期に築かれることが多い知能であるといえる。これに対してプラグマティクスのほうは，知識の内容的・手続き的側面である。人生の後半部においても，広がりと深まりが可能な領域の知能だといえる。知識の内容的・運用的側面は，年をとっても深まりが期待されるのである。

（2）多元的知能論

　成人期における人間の知能の問題を追究していくと，いわゆる紙と鉛筆によって測定される知能論をこえる知能論とはどういうものかという点に関心が拡がっていく。この点を理論的に体系化したのが，ハワード・ガードナー（Gardner, H.）である。彼は，人間の知能を次の8つの別個の知能の統合体，すなわち多元的知能（multiple intelligences）としてとらえた（ガードナー，2001）。以下のうち，①と②は，これまで学校教育で重視されてきた知能である。③と④と⑤は，芸術やスポーツ，建築家などの世界などで重視されてきた知能である。さらに⑥と⑦は，ガードナー自身が「個人的知能」と命名したものである。そして最近では⑧の動植物や人造物（車，スニーカーなど）を見分ける知能を付け加えている。

　① 言語的知能
　② 論理－数学的知能
　③ 音楽的知能
　④ 身体－運動的（bodily-kinesthetic）知能

表5-2　成人知能の三部理論（スターンバーグ，2000より作成）

知能の三側面	各下位理論の内容	発揮される能力	各知能の説明
構成要素的下位理論	思考的で分析的な心的プロセスや精神構造	分析的知能	問題解決，考えの質を判断する
経験的下位理論	経験と知能との関連を扱う	創造的知能	新奇さへの対応，新しい問題を提起する
文脈的下位理論	外的環境や状況と知能との関連を扱う	実践的知能	日常生活において効果的なかたちで知能を用いる

⑤　空間的知能（空間のパターンの認識など）

⑥　対人的（interpersonal）知能（対人関係を保っていく能力）

⑦　内省的（intrapersonal）知能（自分自身を理解する能力）

⑧　博物的（naturalistic）知能

　ガードナーの説で注目すべき点は，この説が，われわれの認知の全体を説明しようとする一方で，われわれの知能の組み合わせはそれぞれ独自なものであるととらえたという点である。従来の学業的な知能論をこえる一人ひとりの個性を尊重した知能論だともいえる。さらに最近では，彼は，このあとに霊的知能や実存的知能といったものも加えようとした。

（3）知能の三部理論

　先に紹介したスターンバーグは，分析的知能・創造的知能・実践的知能という3つの知能の複合体である「知能の三部理論（triarchic theory）」なるものを示した（スターンバーグ，2000）。そこでは人間の知能理論が，構成要素的下位理論・経験的下位理論・文脈的下位理論の3つの理論の総体としてとらえられている（表5-2参照）。すなわち，成人の知能においては，従来からの思考能力や分析能力や問題解決能力などにくわえて，経験による洞察・創造性の涵養という部分や，状況をふまえた「かしこさ」や知能の実践的活用という部分も重要となるということである。

第 I 部　生涯発達論

（4）暗黙知・身体知・熟達化

　かつてマイケル・ポランニー（Polanyi, M.）は，「人はだれしも言葉にできる
よりも多くのことを知っており，それをもとに行動をしている」と述べ，こう
した言語化や意識化がむずかしい知のことを暗黙知（tacit knowledge）と命名
した（ポランニー，2003）。例えば，なぜ私は自転車に乗れるのか，なぜ群衆の
なかで特定の人を探すことができるのかなどである。これらとは逆に意識化さ
れ客観的に言語化される知識のことを形式知（explicit knowledge）とよぶ。

　暗黙知とよく似た語が身体知（embodied knowledge）である（ローレンス，
2016）。これはダンスや演劇など，しぜんなかたちで直感をともないつつ自己
を表出する「身体に埋め込まれた知」だといえよう。また職業領域・芸術領域
などの名人や玄人のわざを熟達化（expertise）の視点から分析する研究もある
（金井・楠見，2012）。そこには経験に裏打ちされた高いレベルのパフォーマンス
がある。

　熟達された技能を有する者の知は，そうでない初心者の知とどうちがうので
あろうか？　このプロフェッショナルの知を省察的実践論から解きほぐしたの
が，ドナルド・ショーン（Schön, D. A.）の「行為のなかの省察（reflection in
action）」論である（ショーン，2001, 2007）。行為のなかの省察は「行為に対す
る省察（reflection on action）」とは異なる。後者は自身の実践についてふり返
るのだが，「行為のなかの省察」では，実践における新奇な状況に対しても，
行為しつつ臨機応変かつ無意識的にうまく対応する。実践における熟達者は，
考えて行為をするのではなく，行為と思考とが一体化しているのである。シ
ョーンはとくに，（看護師や司書などの）マイナーとされる専門職における熟達
のあり方を論じたのである。

8　IQ・EQ・NQ

　こうしてみると1990年代以降の知能論では，従来の IQ（Intelligence Quo-
tient；知能指数）をこえる，生活に根ざした知能論が注目されてきたといえる。

そのなかでもとくに注目されたのが，ダニエル・ゴールマン（Goleman, D.）の
EQ（Emotion Quotient）あるいは情緒的知能（emotional intelligence）論である
（ゴールマン，1996）。EQ とは，IQ との対比で語られた用語で，彼によると，
われわれは，「考える知性」と「感じる知性」とを有しているとのことである。
そして，IQ と人生の成功とはあまり関係なく，むしろ挫折を克服する力や他
人と協調する力のほうが大事だとも述べている。しかしむしろ，理性的・論理
的な知性は，情緒的な知性と相補的な関係にあるといったほうがよいようにも
思う。

　最近では韓国のキム・ムゴン（Moo Kon, K.）が，これらにくわえて NQ
（Network Quotient；共存指数）なるものを唱えている（ムゴン，2004）。これは他
人とのネットワークをうまく編む力を意味する。ムゴンは，EQ も IQ も共通
して個人的側面を強調していることに異を唱え，他人とのネットワークを作り，
まわりの人びととの共存能力に「かしこさ」の本質をとらえたのであった。

第6章

高齢期における学習支援

　　本章では，生涯発達と生涯学習の完成期である高齢期における学習支援の
あり方を考えていく。高齢期の人びとへの学習支援の特徴は，人生の他の時
期の人びとへの支援とどこがちがうのだろうか？　この点について，高齢者
特有の教育的ニーズの問題を軸に考えていく。

1　高齢者の学習・教育と福祉の関係

　今日，高齢者への学習支援や生きがいづくりの実践が数多く展開されるよう
になってきた。ただここで留意しておきたいのは，それらの多くが福祉や介護
予防の観点からとらえられており，学習や教育の視点からのものがあまり多く
ないという点である。福祉がめざすものと学習や教育がめざすものとは，究極
的には同じなのかもしれないが，その対象のとらえ方と実践のプロセスには若
干の，しかし重要な相違があると思う。福祉の論理のなかには，広い意味の
「社会的弱者への保護」というニュアンスがこめられているように思える。こ
れに対して，学習と教育の論理は，人間の経験をその人の成長・発達に結びつ
けていくものであり，先にふれた人間の可能性を開く論理である。学習や教育
の対象は，あるいは主体は，必ずしも弱者でなくてもよい。平均寿命が伸び，
数的には「健康な」高齢者が増えた現代においては，こうした高齢者を自らの
生活の主体としてとらえる教育の論理や，日常生活をいとなむ生活者の論理が
求められているのである（日本社会教育学会，1999）。

　ところで日本では2000年度より介護保険制度が導入されたが，これにより介
護予防活動が社会福祉領域で重視されるようになってきた。介護予防活動は健
康寿命の期間を延伸させるねらいをもつが，ここでいう「健康」には身体的健

60

康だけでなく精神的健康も含まれ、そしてその一翼を担うものとして生涯学習や社会参加活動が推進される。ここにおいて福祉に包摂された生涯学習という構図ができあがる。高齢者の学習や教育は、福祉・看護・医療などのメディカライゼーションの波を被ることになる（堀，2017）。これらの動向において留意したいのが、高齢者がケアなどの受領者としてとらえられる可能性であり、それゆえ高齢者を生活主体や活動者として位置づけることを忘れてはならないだろう。

2 高齢者に特有の教育的ニーズの問題

　高齢者を学習や教育の主体ととらえた場合、では、これらの人たちが、他の世代の人たちとはあるていど異なった教育的なニーズをもっているのかという問題が出てくる。この問題を考えていくうえで注目されるのが、アメリカの老年学者・教育学者ハワード・マクラスキー（McClusky, H. Y.: 1900-1982）の高齢者特有の教育的ニーズ論である。

　彼は、高齢期はその能力（power）と負担（load）の間のバランスが不安定になりやすい時期だととらえたうえで、両者のバランスとマージン（自分の能力やエネルギーの余裕）を安定化させるものを、高齢者特有の教育的ニーズだととらえた（McClusky, 1971；堀，1999）。この内容は以下のとおりであるが、彼は、高齢者には高齢者固有の教育的なニーズがあるとみたのであった。

① 対処的（coping）ニーズ

　これは、高齢者が社会生活をいとなんでいくうえで最も枢要となるニーズで、高齢期におけるパワーの低下に対処することがその焦点となる。5つのニーズのなかで最も基底的なもので、この欠如は高齢期の自律的生活を脅かすことにつながる。その意味では生存のためのニーズ（survival needs）だともいえるであろう。

　マクラスキーは、このニーズが図6-1に示したようなかたちで階層をなしているとみた。この図によると、対処的ニーズの基底部には基礎教育（basic

第Ⅰ部　生涯発達論

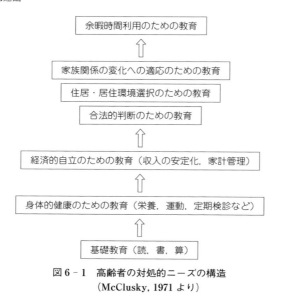

図6-1　高齢者の対処的ニーズの構造
（McClusky, 1971 より）

education）が位置づくことになる。具体的には，読・書・算の能力をさし，これが他の教育の土台になる。以下，健康のための教育（健康管理，適度の運動など），経済的自立のための教育（家計管理，収入の安定化など）がつづくが，ここでは，健康状態と経済状態の安定化が次に重要だと考えられている。そして，このあと，合法的判断のための教育，住居や居住環境の選択のための教育，家族関係の変化への適応のための教育がつづき，それから緊急性という面では弱いが，余暇時間活用のための教育がつづく。

② 表現的（expressive）ニーズ

これは，活動それ自体のなかに見出される喜びへのニーズである。学習活動もその過程そのものに内在する楽しさに意義が求められる。ここではわれわれのしぜんな身体的能力の健康的な表現は，幸福感につながると考えられている。一方，高齢者の内面には，それまでに表現の機会をもちえなかったり抑圧されたりしてきた才能や能力が埋もれている場合が多い。高齢期は，これらを解放するときでもあるのだ。

③ 貢献的（contributive）ニーズ

　これは，他者や地域のために役に立つ活動に参加し，これらに貢献すること
で，まわりから認められたいというニーズである。このニーズを設定する背後
には，高齢者には何かを「与えたい」という欲求があるという仮説がある。こ
の代表的な例は，自分の知識や技能を次世代に伝えたいというものであろう。

　ところで，とくに今日の社会変動の著しい時代においては，この高齢者の貢
献的ニーズのなかの，見過ごされがちだが重要な側面に注目する必要があるよ
うに思う。それは，高齢者の経験の知恵，あるいはエイジングの知恵というも
のである。高齢者だからこそもちうる「過ぎ去りしとき」と「来たるべきと
き」の感覚は，貴重な財産なのである。

④ 影響的（influence）ニーズ

　これは，自分の生活環境により大きな影響力を与えたいというニーズである。
このニーズの背後には，健康状態，社会的地位，収入などのパワーの低下の現
象がある。このニーズが社会的に歪んだかたちで表現されると，一部の特権的
地位を高齢者が独占してしまうという問題（＝ジェロントクラシー）につながっ
てしまう。しかし，教育的な意味からこのニーズを考えるならば，高齢者教育
の実践も，高齢者に学習プログラムを施し提供するというものから，自分自身
や地域社会のために主体的に学習していくものに変わっていくべきだというこ
とになろう。高齢者自身が何らかのかたちで社会変動の一翼を担えるような機
会が提供されることが大切だといえる。

⑤ 超越的（transcendence）ニーズ

　これは，身体的パワーや余命の減少という制約を乗り越えたいというニーズ
である。たとえ生理的機能が低下し，社会的役割が減少したとしても，なおか
つ精神的に伸びつづけたいという欲求でもある。他の4つのニーズが人生の他
の段階の人にもあるていど当てはまるのに対し，このニーズは，とくに高齢期
に特有のニーズであるといえる。高齢者が宗教や歴史，古典などの悠久なもの
に興味を示すことが多いのは，このニーズの現れだともいえよう。

第Ⅰ部　生涯発達論

3　回顧的ニーズとライフ・レヴュー

　マクラスキーは，以上5つの教育的ニーズを設定したが，ローウィとオコーナー（Lowy, L. & O'Connor, D.）は，これらのほかに，高齢者の回顧への（contemplative）ニーズを加えている（ローウィとオコーナー，1995）。これは，自分の生きてきた人生を吟味し直し，何に成功し何に失敗したのかを回顧するニーズである。単に過去をふり返るというだけのものではなく，むしろそれまでの人生で未解決の心理的葛藤に対して，残された時間内に何ができるかを考えることをも含むものである。自分の人生を統合し受容しうるものに仕上げていくという意味で，高齢期ならではの発達課題だともいえよう。

　今日では，こうしたニーズは，回想法やライフ・レヴュー（life review）の名称のもとに，看護，福祉，リハビリテーションなどの領域において，重要なセラピーの手法として受け止められてきている（野村，1998；回想法・ライフレヴュー研究会，2001；黒川，2005）。とくに認知症の高齢者に対するセラピーとしても注目されているが（黒川，2008），ライフ・レヴューを生涯教育の方法として位置づけ，これを軸に高齢者学習の支援を進めていくこともまた大事であろう。というのも高齢期でのライフ・レヴューには，いくつかの重要な教育的機能があると考えられるからである（Merriam, 1990）。それらは例えば，①パーソナリティの再編成・再統合（＝自分の人生に「つながり」の感覚を提供する），②人生の意味づけ（＝人生の意味を理解することで，生きがいや自尊心が高められる），③生活満足度の向上，④コーピング機能（＝高齢期に経験しやすい「喪失」の経験に対処する力を育む）などである。

　高齢者教育としてのライフ・レヴューの実践としては，例えば，以前にはやった道具を持ち込んで討議を促したり，昔はやった映画を鑑賞して過去の記憶を鮮明にさせてから討論をしてもらうといった方法があげられる（志村・鈴木，2004；志村，2005）。また「となりのトトロ」や「ALWAYS 三丁目の夕日」のような昭和30年代の光景を描いた映画がヒット作品になったように，今日のわ

64

れわれの生活世界のなかにある，過去の原光景から学習を組み立てることも大事であろう（志村・熊谷，2006）。また，自分史を綴ることや高齢者の声の記録化などもこの方向の実践であろう。

4 手段的ニーズと表出的ニーズ

高齢者の教育的ニーズを考える場合，これを手段的（instrumental）ニーズ－表出的（expressive）ニーズの二分法からとらえる試みも出されている。ここでいう手段的ニーズとは，学習活動の外部にその目標や満足を見出そうとするものであり，一方，表出的ニーズとは，学習活動そのもののなかに目標や満足を見出そうとするものである。パソコン利用法，語学学習などが前者の例であり，絵画や歌唱，陶芸などが後者の例だといえよう。

ところで高齢者の学習プログラムは，しばしば生涯スポーツやレクリエーションなどの表出的な学習ニーズを軸に編まれがちではあるが，かつてキャロル・ロンドナー（Londoner, C.）は，手段的なニーズに即したプログラムを編むべきだと主張した（Londoner, 1971）。高齢者は日々の生活上の課題と向き合っているのであり，経済問題・健康問題・家族の再編成の問題といった生存のためのニーズという観点からプログラムを勘案されるべきだと述べたのである。

私たちは，このロンドナーの説を参照しつつ，障害をもつ高齢者の学習ニーズに関する調査を実施したが，その結果，障害の程度が重度であるほど，手段的な学習ニーズがつよいことが示された（藤原・堀，2002）。援助者とともに日々の生活と向き合うことそれ自体が生涯学習であるという視点が，そこにあるように思う。同時にまた，「元気な高齢期」の先にある後期高齢期において，生涯学習論はいかにありうるのかをも問うていかねばなるまい（天田，2007）。

5 高齢期におけるコンヴォイ構造の変化

高齢者の教育的ニーズを考える場合，個々の高齢者をとりまく社会的文脈を

第Ⅰ部　生涯発達論

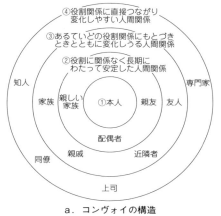
a．コンヴォイの構造

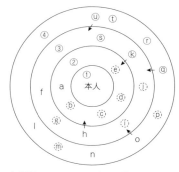
b．高齢期におけるコンヴォイ構造変化のモデル
◯̇は高齢期になって消滅した人間関係を示す（離死別など）。
◯は高齢期になって新しく形成された人間関係を示す（老人会の友人など）。
→は高齢期になってコンヴォイ層が移行した人間関係を示す。

図6‐2　高齢期におけるコンヴォイ構造変化のモデル（カーンとアントヌッチ，1993より作成）

も考えていく必要がある。それらのうち，ここでとくに注目したいのは，高齢者の人間関係の問題である。

　われわれは，年をとるにつれて，子離れ，親しい人の死，退職，体力の低下など，ひろく「喪失」とよばれる事実により多く遭遇するようになる。しかし，これら失ったものの多くは人の心の拠り所である場合が多く，その喪失は，しばしば人を孤立状態に追い込むことがある。こうした状況を和らげるため，高齢になった者は，しばしば，それまで手段視してきた人間関係そのものの形成・維持を目的化し出すようになる。

　この点を説明するうえでカーンとアントヌッチ（Kahn, R.L. & Antonucci, T.C.）のコンヴォイ（convoy）・モデルは，示唆に富んでいる（コンヴォイとは，サポートを提供してくれる人間関係の構造をさす）（カーンとアントヌッチ，1993）。図6‐2aは，彼らのモデルを私なりにアレンジしたものであるが，ここには，①本人，②役割に関係なく長期にわたって培われた人間関係（配偶者，親友，親しい

家族員など），③あるていどの役割関係にもとづいた人間関係（近隣者，親戚，友人など），④完全に役割関係のみにもとづく人間関係（職場の社員，同窓会員など）の４つの層がある。

　このコンヴォイ構造は，多くの場合，高齢期を迎えるにつれて変化し減少する。そうすると図 6 - 2b に示したように，コンヴォイを構成する人物がより中心の近くに移行するようになる（例えば，配偶者に先立たれた高齢者が娘を主たるサポート源にすることなど）。しかし，こうしたより中心に近い人間関係は，けっして主として役割関係にもとづくものではない。それだけに，人生の中年期に社会的地位や役割関係を中心に人間関係を編んできた者にとっては，この新しいサポート・システムの再構築は困難なものとなろう。高齢期以前に，役割や地位から離れた人間関係を編む努力をしておくことが，高齢期における満足いくコンヴォイ構造を構築する遠因になるのではなかろうか。ちなみに，私の研究室で行なった高齢者への意識調査では，男性・高学歴者・元専門−管理−教育職といった人たちに，「老い」や「老人」に対するマイナスのイメージがつよかったということをつけ加えておく。あなたは，この結果をどのように解釈されるであろうか（大阪教育大学生涯教育計画論研究室，1995，1996）。

6　高齢者の学習と友人関係

　ところで，社会老年学の領域では，人は高齢期を迎えるにつれて，その欲求の比重が，達成的（achievement）ニーズ（就職，結婚，記録への挑戦など，ある目標を達成しようとするニーズ）から，親和的（affiliation）ニーズ（人間関係の充実化それ自体を目的とするニーズ）へと移行するという指摘がある。また一方で，①高齢期の生活満足度と親友（confidant）の存在とは，密接な関係にある，②親友は，高齢期のストレスに対する緩衝物にもなっているという指摘も出されている。これらの指摘を受け入れるならば，高齢者の学習ニーズや教育実践の問題は，学習者の人間関係や友人関係という文脈からも検討される必要があるということになる（堀，1999）。

第 I 部　生涯発達論

　私たちは，こうした点を明らかにするために，大阪府高齢者大学（福祉行政系）と兵庫県西宮市高齢者大学（教育行政系）において，高齢者大学での学習成果の評価に関する調査を行なった。そこでは，学習後の評価を「内容」「仲間との人間関係」「施設やふんいき」「全体として」の 4 つの領域に分け，それぞれ高齢者大学でできた友人数別に満足度をみたところ，そこでできた友人数と受講後の満足度との間に，正の相関関係（友人数が多いほど満足度が高い）があることがうかがわれた（堀，2000）。また，「学習の習慣が身についた」「ものの考え方が変わった」「知識・技能が身についた」「高齢者大学は地域活動のきっかけづくりの場だ」といった受講後のポジティヴな評価も，やはりできた友人数との間に正の相関関係がみられた。こうしてみると，高齢者の学習の場における仲間づくりの問題は重要な問題だといえる。また高齢者大学修了後数年が経過した者への調査においては，修了者同士の同窓会活動や自主的なサークル活動が，修了後の生活に重要な位置を占めていたことが示された（大阪教育大学生涯教育計画論研究室，2006；堀，2007）。つまり高齢者大学は，高齢期の人間関係の再構築の場として機能しているということであった。

7　経験・対話・超越

　これまで高齢者の学習をめぐるいくつかの視点を検討してきたが，そもそも高齢者の学習は，他の世代の者の学習とどうちがっているのであろうか。またそもそも高齢者の学習の支援は，どのように根拠づけられているのであろうか。この点に関してアメリカの老年学者ハリー・ムーディ（Moody, H. R.）は，高齢者の学習の「資源・方法・目標」をそれぞれ「経験・対話・超越」に求めるという，非常に示唆的な視点を示している（Moody, 1990）。この概要は次のとおりである。

① 経験——高齢者の学習の資源

　ムーディは，高齢者の学習の起源あるいは資源として，高齢者の人生経験を設定する。もちろん，高齢者の経験が学習への阻害要因になることもあるし，

68

経験表出の空回りが学習の進行に支障をきたすこともあろう。しかし高齢者の人生経験は，学習の場面に適切に持ち込まれるならば，貴重な学習資源になることもまた事実である。例えば，文学や心理学，社会学などを学習する場合，20歳前後の大学生よりも，学習内容を自分の人生と照らし合わせてより深く理解することができるであろう。シェイクスピアの「リア王の悲劇」などは，子育てや後進の育成を終えた者にとってこそ痛切に響くものであろう。そして，高齢者の経験にもとづく学習を促進していくためには，高齢者の人生の物語を意味づけていく作業が必要となる。

② 対話——高齢者の学習の方法

　高齢者の経験や人生の物語がその学習への貴重な資源であったとしても，問題はその次にある。高齢者の経験を学習へと水路づける方法の問題である。ここでムーディは，プラトンやソクラテスが用いたとされる対話法を提起する。高齢者の経験や意見を，対話によってその土台や文脈とのつながりに気づかせることで，知識や洞察へと転化させていく。そうして内なる知を想起させ，人生経験の意味づけと構造化を行なっていくのである。

③ 超越——高齢者の学習の目標

　さてでは，こうした高齢者の学習はどちらの方向に向かうものなのであろうか。ムーディは，この解答として「超越」という方向をさし示す。超越とは，狭く限定された自己定義や老いと死の制約からの解放をさす。そこには人生経験に裏打ちされた秩序と意味の感覚がある。高齢者が，時間的制約を超えて，次世代の視点から発言したり，悠久なるもの（古典，歴史，宗教，芸術など）との対話の学習を好むこともこれと関連があろう。

　ところで，自己超越の現実的な姿としては，いま・ここの自分や自我を忘れてものごとに没入する姿が想像される。そして，無我となり自分を忘れた「精神的無意識」の状態こそが，自己実現の現実的形態だともいえるのである。

第7章

教育老年学とポジティヴ・エイジング論

　　　　　　　教育老年学は，エイジングと生涯学習とを結びつける学問体系である。そ
　　　　　　　こではエイジングのポジティヴな側面を引き出すいとなみが重要となる。本
　　　　　　　章では，このエイジングをポジティヴなものとしてとらえる論点の歴史的変
　　　　　　　化，およびその具体的な諸相についてふれていく。

1　教育老年学とポジティヴ・エイジング

　生涯発達心理学の研究は1970年代に急速に進展したが，同時期にはもうひと
つ別の動向も進展していた。生涯教育や生涯学習の研究や実践である。以降，
生涯学習，成人教育，大学開放論，学習社会論などの，成人期以降の人間の教
育と学習を中核にすえた教育・学習論が普及していった。

　そうしたなかで，1970年にはミシガン大学にて「教育老年学」の大学院プロ
グラムが開設された。教育老年学は，社会老年学と成人教育との合流によって
芽生えた学問だとされているが，ひらたくいえばエイジングと生涯学習の対話
の学問だともいえる（Sherron & Lumsden, 1990；堀, 1999）。高齢者教育に近い
概念ではあるが，一般市民へのエイジング教育や成人期以降の変化のプロセス
の研究を含むという意味で，それよりも広い概念である。

　この学問の背後には独自のエイジング観がある。つまり，エイジングのポジ
ティヴな側面に目を向けようとするのである。エイジングという語は，主要に
は加齢や老化のように中性的あるいはネガティヴなニュアンスとともに用いら
れることが多い。しかしワインやチーズを発酵させてまろやかな味を出させる
ことをエイジングというように，この語のなかには本来，ポジティヴなニュア
ンスもこめられているのである。エイジングに内在するポジティヴな側面を摘

70

出し，それを深化させるところに教育老年学の存在理由があるといえる。もちろん，エイジングのネガティヴな影響力への対処もまた教育老年学の重要な研究課題である。しかし，この学問のなかに，老化防止や介護予防という段階をこえる問題提起があることには注目したい。

2　老後問題としてのエイジング論から老化神話の解体へ

社会老年学の歴史をひもとくならば，1960年代から70年代にかけては，2つの老年学理論が注目された。離脱理論（高齢期になると社会活動から徐々に離れたほうがよい）と近代化理論（近代化にともなって高齢者の社会的地位が低下した）である。これらの論の共通点は，高齢者が社会の本流から離れることの理論だという点である。この時期の高齢者像は，「老後問題」として語られることが多く，高齢者の役割を「役割なき役割（roleless role）」への適応だと考えられることも一般的であった。つまり高齢者は，主要な職業的役割から離れ，社会に対して依存的であるのがしぜんだと考えられていたのである。

この時期の社会学者アーヴィング・ロソー（Rosow, I.）は，人びとの老年期への移行のあり方として，①通過儀礼の欠如，②社会的喪失，③役割の不連続性をあげた（ロソー，1983）。そこには，社会的地位・価値の低下がともなうインフォーマルな社会化があるといえる。

しかし1970年代以降，こうした高齢者像とはまったく異なった高齢者像が，理論的にも実践的にも提示されていく。すなわち高齢期においても活動しつづける，「元気な」高齢者像である。その背景には，生涯発達論と生涯学習論の普及とともに，グレイ・パンサーらによる高齢者への年齢差別反対運動，エルダーホステルや全米退職者協会（＝AARP）の活動の普及，大学やコミュニティ・カレッジへの高齢学生の増加といった社会的潮流があった。

1980年代以降になると，老化神話の解体を象徴する3冊の本が刊行される。すなわち，シャロン・カウフマン（Kaufman, S. R.）の『エイジレス・セルフ（*The Ageless Self*）』（1986年），ベティ・フリーダン（Friedan, B.）の『老いの泉

第 I 部　生涯発達論

（*The Fountain of Age*）』（1993年），ケン・ディヒトバルトら（Dychtwald, K. & Flower, J.）の『エイジ・ウェーブ（*Age Wave*）』（1989年）の 3 冊である。

　カウフマンのいう「エイジレス・セルフ」は，老いにともなう身体的・社会的変化にもかかわらず維持される，高齢者のアイデンティティを意味する（カウフマン，1988）。彼女はこの語を用いることで，高齢期のさまざまな変化を貫く生の連続性とその意味を問うたのであった。エイジレス・セルフは，個々の体験を独自に解釈しつづけるという，象徴的・創造的なプロセスをとおして維持される。彼女は，高齢者が人生を語るさいには，それをある「テーマ」に収斂させて語るととらえ，そのテーマを主題・時間感覚・スタイルという側面から分析した。その結果，高齢者は，過去の体験から選び出したいくつかの出来事を用いて，自らのアイデンティティを再構築しつづけていることが示された。つまり高齢者は，そのライフ・ヒストリーを語ることで，そのアイデンティティを新たに形成し生涯発達を遂げているということである。

　一方，「女らしさの神話」への異議申し立てを行なってきたフリーダンは，『老いの泉』などにて「老いの神話」への異議申し立てを展開した（フリーダン，1995）。彼女は，社会における高齢者像と実際の高齢者のあるがままの姿との決定的な相違に注目した。メディアが高齢者を生き生きとした生活者として描くことはあまりなかったが，現実には生き生きと年をとっている高齢者も多く存在する。そこで彼女は「老いの泉」という語を用いて，成長としてのエイジング論の手がかりを探っていった。

　フリーダンは，仕事や恋愛，冒険，移住，介護などの領域で生き生きと生活する高齢者のナラティヴをたどり，最終的に「老いは新たな冒険の季節」だととらえ，「冒険としての老年期」なる概念をもち出す。「人生の真髄は変化だ。新しい冒険をするたびに，人は変わるものだ。変わらなければ，生きとし生けるものは滅びてしまう。だから私は常に新しいものに引きつけられるのだ。人生の新しい可能性に心を開かなければならないし，私たちの人生にはなんらかの意義がなければならない」（『老いの泉（下）』p. 352）。

　カウフマンとフリーダンが，個人的体験と高齢者へのインタビューを通じて

第7章　教育老年学とポジティヴ・エイジング論

表7-1　6つの老化神話
（ディヒトバルト，1992，pp.52-75より作成）

神話1	65歳以上は年寄りである。
神話2	年寄りのほとんどは健康を害している。
神話3	年寄りの頭は若者のように明敏ではない。
神話4	年寄りは非生産的である。
神話5	年寄りは魅力がなく，性的活動にも無縁である。
神話6	年寄りはだれもみな同じようなものである。

「元気な」高齢者像を描いたのに対し，ディヒトバルトは，『エイジ・ウェーブ』のなかで，アメリカ社会に押し寄せる高齢化の波が，人びとに新しいポジティヴなライフスタイルと生活環境をもたらすと説いた（ディヒトバルト，1992）。例えば，高齢者向けメディアやシルバー・マーケットの隆盛，高齢者運動団体や高齢者コミュニティの台頭などがこの例である。そしてこれからの人生は直線的な人生から，（仕事や教育や余暇が人生全体に散りばめられた）循環的な人生へと変化していくと説いた。また生涯学習の視点から教育を位置づけ，教育が人生への準備という単純な意味だけでなく，人生，とくに人生後半をより豊かなものとするために利用されるものになると説いた。

　ディヒトバルトは一方で，アメリカには，表7-1に示したような6つの老化神話が存在し，これらを乗り越えねばならないと説いた。こうした神話や恐怖にこだわると，エイジ・ウェーブに内在するポジティヴな可能性が隠されたまま気づかれずに終わってしまうからである。

3　人生の第三期の発見

　ディヒトバルトは，人生を3つの時期に分ける視点にも注目した。すなわち25歳くらいまでの大人になるまでの時期を第一期，25歳から60歳くらいまでの，主要には家族の形成と生産的な仕事をする時期を第二期，成人としての主要な仕事が軌道に乗っているかまたはそれを成し遂げてしまった時期を第三期ととらえた。この第三期の課題は，内面生活の充実や自己実現，あるいは，そ

第 I 部　生涯発達論

れまで培ってきた人生経験や知恵などを社会に還元することである（小田, 2004）。

　ところで，人生の第三期に集約的に学習を提供することの重要性を説いたのが，イギリスのピーター・ラスレット（Laslett, P.）やアメリカのウィリアム・サドラー（Sadler, W. A.）であった。ラスレットは，1987年に「サード・エイジ（人生の第三期）」なる概念を提唱し，この概念を軸に，イギリス社会の高齢化とそこでの人生の歩み方の道標を示した。彼の論で最も注目すべき点は，サード・エイジこそが，人びとの自己実現や自己成就の時期だと説いたという点であろう（Laslett, 1991）。

　彼の人生区分によると，第一期は「おとな」になるまでの時期（25歳くらいまで），第二期は，自立と成熟と社会的・家庭的責任の時期（25歳〜50代くらいまで）である。そしてその後の人生の第三期（50代から70代前半）を，自己実現や自己成就の時期，人生の絶頂期だとみた。それは個人的達成や自己成就という意味で絶頂期なのであり，その意味で第三期という語にはかなり個人の主観が加味されている。第三期の開始年齢や終了年齢は曖昧であり，場合によっては，第二期や第一期とオーバーラップすることもある。なお第四期は，再度の依存や老衰，死を身近に感じる時期で，また老衰の実感がともなうことも多い。

　この人生の第三期という用語の出発点は，1972年にフランスのトゥールーズ（Toulouse）大学で用いられた「第三期の大学」にある（イギリスの最初の「第三期の大学」は，1981年にオックスフォード大学にて設立された）。つまり，人生の第三期の開拓は，大学拡張運動と連動して始まったのである。

　このサード・エイジの考え方は，アメリカのサドラーに受け継がれる。彼は，『ザ・サード・エイジ』（2000年）のなかで，人生第三期以降の第二の成長（second growth）のあり方を説いた（Sadler, 2000）。この第二の成長は，人生前半部の成長にくらべて複雑かつ予測困難で，よりパラドクシカルだとされている。つまり，この再生のプロセスが，獲得と喪失，不安と楽観性という相反する傾向に彩られているということである。そうして彼は，次の6つの原則を第二の成長のキーととらえた。これらは，先にみたユングの第二の発達論に近い考え

74

だともいえる。

第一原則　慎重な省察と冒険を冒すことの間のバランスをとること。

第二原則　現実的な楽観主義の創出。楽観的であることと現実的であること
　　　　　のバランスをとること。

第三原則　ポジティヴな中年期のアイデンティティの構築：老いることと若
　　　　　返りのパラドックス。

第四原則　労働の再定義。労働と遊びのバランスをとること。

第五原則　個人的自由とより深い人間関係のバランスをとること。

第六原則　自己のみならず他者・自然界へのケア。

4　新たなネガティヴィティとしてのエイジング

1990年代以降，これまでとは異なったかたちでエイジングをネガティヴにとらえる論も登場してきた。そのひとつは，後期高齢期問題を射程に入れた，「老衰としてのエイジング論」である。例えば木下康仁は，先のカウフマンのエイジレス・セルフ論に対して，老いの自然な展開である衰えが現実化してくるとき，この論はどうなるのかという疑問を投げかけた（木下，1997）。エイジングには，衰えつつ死に向かうという側面が本来的に含まれているのだが，そのような側面は捨象されたままでエイジングを語ってもよいのかという問いかけでもある。

たしかに多くのポジティヴ・エイジング論は，50代から70代前半くらいまでの中高年層を念頭においた論が主流であった。問題はその先にいかなる生涯発達や生涯学習の像を設定するのか，あるいは設定できるのかという点である。人生の第四期における生涯発達論やポジティヴ・エイジング論は，はたして可能なのだろうか。

天田城介は，「老衰の社会学」において，〈老い衰える〉ことの非合理性を認めたうえで，かつ〈老い衰える〉がゆえの積極的可能性を探ろうとした（天田，1999，2007）。例えば認知症の高齢者などにとって「ポジティヴ」とはどういう

第 I 部　生涯発達論

ことなのか。彼はここで，個を超えた〈共同性〉の視点からの老いの意味の解読を試みた。たとえ個々の高齢者自身は老い衰えつつあっても，家族などのまわりの他者との関係性が，老いへの積極的な意味を見出していれば，「老いの意味」は構築されうるのではないかということである。なお老いに対して許容的な文化やゆったりとした時間のなかのほうが，認知症がうつやせん妄などの二次的症状につながりにくいという指摘もある（大井，2004）。

　エイジングをネガティヴにとらえる別の例としては，「アンチ・エイジング論」（抗加齢医学）があげられる。この論は，主に女性の美容などの領域を中心に普及してきている。もちろん美容外科などの領域では一定のアピール性はあろうが，そのエイジング観となれば，若干の留保条件が必要なのかもしれない。

　というのは「エイジング」に抗うというニュアンスのなかでは，エイジングのなかのポジティヴな側面を探ろうとするここでの論と方向が逆転してしまうからである。しかし「若さの演出」が，成人（とくに男性）に無理を強いるライフスタイルにつながるという指摘や「見た目」依存社会の問題点の指摘などを勘案すれば，エイジングのポジティヴな側面に目を向け，そこを引き出す作業が一方で必要となるように思う（多田・今村，1987；石井・石田，2005）。

　さらに今日では，元気すぎる高齢者，いわゆる「暴走老人」問題も惹起している（藤原，2007）。高齢者の犯罪や感情爆発，クレイマー，自動車運転事故にかかわる問題の増加も社会問題化しつつある。藤原智美はこの高齢者の「暴走」の原因を，急激なネット社会化やコミュニケーション様式の変化のなかでの，高齢者の時間・空間・感情の秩序変化への不適応に求めた。エイジングと感情暴発や犯罪との関連も，けっして見過ごせない問題になりつつあるようだ。

5　ライフ・サイクル第四期における老年期超越と　　エイジング・パラドックスの問題

　平均寿命の延伸が進む今日では，75歳以上のいわゆる後期高齢期，あるいは人生の第四期や超高齢期において，人間の発達や学習の問題をいかにとらえる

かが重要な問題となってきている。先にエリクソンが第9番目の発達段階の存在を示唆したことにふれたが，その後スウェーデンのラース・トーンスタム（Tornstam, L.：1944-2016）が，この人生第四期の発達課題を老年期超越（gerotranscendence）としてとらえる論を示した（トーンスタム，2017；堀，2012a）。ここでいう老年期超越は，主に後期高齢期の者における，自己と他者あるいは時空間の境界線がより不分明になった世界をさし，彼はこれを発達のプロセスとしてとらえた。この特徴としては，時空間の超越，孤独へのニーズの高まり，小さな出来事への喜び，子ども時代への帰還，先行世代とのつながりなどがあり，従来これらは，老化の兆候だと考えられていた。トーンスタムはこうした特徴を発達の枠組みからとらえることで，実際に高齢者看護や介護のスタッフの意識と態度に変化が生じたことを報告している。

　超高齢期においては，身体的状況などの困難さとは裏腹に生活満足度が高まるという，いわゆる「エイジング・パラドックス（aging paradox）」現象の存在も指摘されている（中川他，2011；佐藤他，2014）。この理論的論拠としては，ローラ・カーステンセン（Carstensen, L.）が提唱する社会情動的選択理論（socioemotional selectivity theory）というものがある（Carstensen, 1995）。これは，高齢者は残された時間の観点から目標設定を行い，現在の情動的な満足度を優先するという論で，後期高齢期における情動的満足度の高まりという点もライフ・サイクル第四期の者への支援の視点として重要となるだろう。

6　ポジティヴ・エイジング論の諸相

　では今日，ポジティヴ・エイジング論はどのような論点から議論されているのだろうか。ここでは「選択的最適化補償論」と「高齢期の創造性」の2つの議論に注目する。

　「選択的最適化補償論（selective optimization with compensation）」という考え方は，ポール・バルテスによって提唱された（Baltes & Baltes, 1990；バルテス，1993；堀，2009）。彼は，生涯発達やエイジングを「獲得と喪失のダイナミック

第 I 部　生涯発達論

な関係性」（図1‐2（本書 p. 12）参照）としてとらえたうえで，そのサクセスフル・エイジング論の中核部分に，「選択的最適化補償」のメカニズムを想定した。そこには，次の3つの特徴があるとされている。

① 特殊化（＝選択）した適応の形態が，生涯発達の一般的な特徴として持続的に発展していくこと。つまり，個人がその人生のなかで選び取った適応の形態を発達の道筋として歩むということである。

② エイジングの可塑性が徐々に狭められること。われわれは，年をとるにつれて，生理的機能低下や社会的役割減少への適応のなかで，ではどのような目標ならばうまく適応できるのかを柔軟に考えるようになっていく。喪失としてのエイジングという側面への適応を軽視してはいけないのである。

③ 人生を統御し効果的なエイジングを達成するために，衰退の進行に対して，個々人が選択的で補償的な努力をすること。サクセスフル・エイジングのためには，選択的な最適化とともに，補償的・代用的な作用を発達させる必要があるのだ。高齢のタイピストが，タイピング・スピードの低下を補償するために先読みの技能を発達させることなどがこの一例である。

　つまりわれわれは，知能のプラグマティクス（内容・運用面）の領域において，選択的に選び取った内容を，補償作用をともないつつ，熟達化していくのだということである。バルテスの語ったポジティヴ・エイジングは，①人生のプラグマティクスの領域で，②選択的に選ばれた内容において，③補償作用をともないつつ進行するという，付帯条件をともなうものだったのである。

　次に，高齢期における創造性の問題を考えてみたい。ポジティヴ・エイジングという場合，そのプロセスが反映された業績や創造物のあり方を探るという研究も注目される。この方面の研究では，古くはハーヴェイ・レーマン（Lehman, H. C.）の，最良の業績を残す年齢の分析がある（Lehman, 1953）。彼は，人生の30代（しばしば30代前半）が最も創造的な仕事をする時期だと結論づけた。文学系作品のなかでは，詩歌・叙情詩（20代）→劇の脚本・児童書・短編小説（30代）→小説・ベストセラー本（40代）と変化を示し，学問系では，数学・化学・物理学（20代）→生理学・哲学（30代・40代）→政治・ビジネス（50代後半）

と変化するとみた。一方，業績の量で判断した場合，40代が最も創造的な業績を残す時期だととらえた研究もある（Dennis, 1966）。

　こうした方向の研究は，今日では高齢期の創造性のスタイル（old age style）の議論へと受け継がれている。例えば，マーチン・リンダウアー（Lindauer, M. S.）は，絵画などの芸術作品における，高齢期の創造性とそのスタイルに関する研究成果を示した（Lindauer, 2003）。たしかに何人かのすぐれた画家や芸術家は，かなりの高齢期までその創造性を開花させている。例えばピカソ（Picasso, P.）は，その作品の3分の1を60代以降に描き，レンブラント（Rembrandt, H.）は，20代から60代にかけて50枚以上の自画像を描き，ミケランジェロ（Michelangelo, B.）は，70代から80代にかけてサン・ピエトロ大聖堂の建設指揮を行なった。ゲーテ（Goethe, J.）は80代で『ファウスト』を完成させ，バーナード・ショー（Shaw, G. B.）は90代まで戯曲を書きつづけた。ホロヴィッツ（Horowitz, V.）は80代まで，ルビンシュタイン（Rubinstein, A.）は90歳までピアノの演奏を続けた。アンナ・モーゼス（Moses, A.）は，70代で絵画を始め80代で著名な画家となった。アガサ・クリスティ（Christie, A.）は80代まで一定水準のミステリを描きつづけた（霜月，2018）。

　リンダウアーは，高齢期の作品群が若年期のそれと質的にどう異なっているのかに関心を示し，独自の調査結果から，エイジングが高齢期の芸術的表現を高めうるととらえた。彼は，このタイプの芸術的表現を「オールド・エイジ・スタイル」と呼び，その特徴として，以下のような点をあげた。

① 詳細部分（detail）へのこだわりが減少する。事物間の区分けがそれほど鮮明でなくなり，全体論的な（holistic）な特性が表れてくる。

② 高齢の芸術家は，若年芸術家にくらべて，ａ）より多くの知識を有し，ｂ）キャリア志向が減少し，ｃ）エネルギーが減少し，ｄ）より批判的でなくなり，ｅ）自己受容的になる。

③ 高齢の画家は，風景や精神的な画材を好むことが多いのに対し，若年画家は，祝祭や市街地やエロチックな画材などを好むことが多い。また高齢の画家は，大きなカンバスを好むことが多い。

第Ⅰ部　生涯発達論

④ 高齢期の作品を形容する語としては，例えば，自発的（spontaneous），大胆な（bold），示唆的な（suggestive），ラフな（rough）といった語があげられている。

　約言すれば，オールド・エイジ・スタイルをもった芸術家は，詳細部分へのこだわりを減少させ，ものごとのより本質的な部分（gist）を引き出そうとするのであり，より抽象的・象徴的・表現主義的な作品を示す傾向があるということである。

7　エイジングがポジティヴであるということ

　これまで私は，①エイジングという語が人生後半部を形容する語としてふさわしい語であること，②エイジングには発酵というポジティヴな含意があること，③そのエイジングのポジティヴな側面を現実的に摘出することが教育老年学の課題であるということを述べてきた。この立場は，けっして老衰や老化としてのエイジング論を軽視するものではない。しかし一方で，老化としてのエイジングを遅らせ，それに抗うという論だけでは袋小路に逢着するようにも思う。

　老いのネガティヴな側面を包み込めるだけのポジティヴィティ，あるいは衰えるがゆえのポジティヴさという視点を摘出する作業が求められているのである。高齢者教育論や教育老年学の知見の多くは，60代から70代前半のいわゆる「元気な」高齢者の社会参加活動に触発されてきたものが多かった。そこには多くの論者が語った，エイジズムに抗う高齢者像と老化神話の解体作業があった。しかしその先のライフ・サイクル第四期の層に対しても当てはまる，教育の論理・人間存在のポジティヴな力を引き出す論理は存在するのか？　そして存在するとすればそれはいかなるものなのか？　教育老年学の領域において，こうした問いかけへの回答が求められるときが来ているように思う。

第8章

死への準備教育

> ここでは生涯発達の問題を「死への準備教育」の観点からとらえていく。
> 人間の死の問題は，大きく「老いや病と結びついた死」と「社会や文化と結
> びついた死（事故死・他殺など）」に分けられる。それぞれの視点からの死
> への準備教育の特徴にふれつつ，あわせて死への準備教育に関する調査の結
> 果をみてみよう。

1　死　の　種　類

　第3章では，エリクソンは，人間の第九の発達段階として「死に向かって成
長すること」を設定しようとしたと述べた。生涯発達が人間の内なる可能性を
開くプロセスであるならば，死もまた発達段階だということになる。ここでは
その教育的意義を考えていくが，そのまえに，われわれを取り巻く死の種類に
ついてふれておこう。

　人間の死には次の10個のタイプがあるのではないかと考えられる（森下，
1992）。①老衰死，②病死，③事故死（交通事故・労働災害），④自殺，⑤他殺，
⑥戦死，⑦天災死，⑧餓死，⑨刑死，⑩フィクションのなかの死。このうち，
餓死などはイメージされにくくなったと思っていたら，幼児虐待などで現代的
な問題にもなったりしている。刑死ではフセイン（元イラク大統領）や麻原彰晃
の刑死が想起されるかもしれない。フィクションのなかの死は，ビデオゲーム
やドラマなどでの死が想起される。

　ここでなぜこうした分類をしたかというと，老いや病と結びついた死（①，
②）と社会の文化的な文脈と結びついた死（③，④，⑤，⑩など）とは若干様相
が異なるからである。また身近な人の死とマスメディア・インターネットなど

第Ⅰ部　生涯発達論

によって報道・演出された死との間にも大きなちがいがあるだろう。

2　死の隠蔽と死の誇張・美化

　われわれの多くは，死が隠された社会のなかで生きている。われわれの多く
は，病院で生まれそして病院で死んでいく。家族の規模の縮小は，家族員に等
身大の死や老いを見せる機会を減少させた。またマスメディアは，現物の死体
を映像として報道しない。お墓は目立たないところに建てられ，葬式では，死
体には死化粧が施されて生きているかのような姿に変貌させられる。

　それでいて一方で，われわれは，多くの死に取り囲まれている。ニュース番
組は事故の死者の数の大きさに応じて，大きく報道される。「殺人事件」と銘
打たれたミステリ小説やコミックは市民に愛読され，そうした類のドラマも支
持されている。ビデオゲームでは，多くの敵は「やっつけられる」。

　つまり，われわれは，一方で等身大の人の死が隠蔽され，他方でメディア化
された死が蔓延する社会のなかで日々を過ごしているのである。さらに，われ
われを取り巻く死は，メディア化されているだけでなく，一方でしばしば誇張
され，美化される。猟奇的な殺人事件やタレントの不慮の死は，しばしば大き
く報道される。柏木哲夫の指摘によると，ある週の夕方6時から9時までのテ
レビ番組のなかで，557人もの人が「死んでいる」のである（柏木，1995，p.11）。
さらに，有名タレントなどの死が伝説化されたり脚色されたりすることもあれ
ば（尾崎豊，ダイアナ元王妃など），ドラマでは，死にゆく主人公が悲劇のヒロイ
ンとして描かれることもある。死は，ときには美化され，演出され，ファッシ
ョン化すらされるのである。

　こうした状況に生きるわれわれにとっては，人間の死を多面的かつ客観的に
とらえることが必要となる。こうした人間の死生観や生命倫理などの死をめぐ
る基本的問題とともに，他方でその臨床と実践を扱う学問を死生学（thanatol-
ogy）という（日野原・山本，1988；山本，1992；島薗・竹内，2008；石丸，2014）。
また一方で，「人生の終着駅を見すえて自己や他者の実際の人生から学ぶ」と

いう教育や学習のあり方も重要になってきている。この方向の教育や学習の考え方と実践は，一般的には「死への準備教育（death education）」とよばれる。以下，この死への準備教育の問題を「老いや病と結びついた死」と「社会や文化と結びついた死」の2つの角度から考えていく。

3 死への準備教育(1)
──老いや病と結びついた死への準備教育

(1) 死のプロセスの段階説

　死への準備教育の理念と実践の主唱者であるアルフォンス・デーケン（Deeken, A.）によると，死への準備教育の意義は，「死を身近な問題として考え，生と死の意義を探求し，自覚をもって自己と他者の死に備えての心構えを習得する」（『死を教える』p.2）ところにあるということである。死を正しく見つめることは，人生の有限性を再確認し，現在の生をより良く生きることにつながっていくであろう（デーケン他，1986；デーケン，1996）。また平山正実は，デス・エデュケーションが，「未来と現在の生き方そのものを問い直し，より充実した生を送る」ためのものであるという認識から，これを「生と死の教育」とよんだ（平山，1985）。

　ところで，現代社会においては，死は隠蔽・美化されるだけでなく，そのプロセスが非人間化されているといわれることがある。われわれの多くが病院で死を迎えるとしても，その人生の最終段階の人が隔離され，「もの」のように扱われるとしたらどうであろうか。医療技術の進展は，皮肉にも病院側に，死にゆく人とのコミュニケーションや会話よりも，器械の針や薬の量に目を向けさせたようである。こうした状況において，アメリカの精神科医キューブラー・ロス（Kübler-Ross, E.: 1926-2004）は，死にゆくプロセスの人間化と末期病患者が人間的に生きることへの支援を考えて，200名以上の臨死患者にインタビューを行い，死のプロセスの理解を深めていった。こうして彼女は，次のような，有名な死のプロセスの5段階説を提示したのである（キューブラー・ロ

ス，2001）。

① 否認と隔離（denial and isolation）　自分に死が近いということを告知されると，告知された人は，しばしば「それはちがう」「器械が狂っているのだ」といったかたちで否認を行う。なぜ自分が死ななければならないのかという衝撃的な事実に対して，否認は心の緩衝装置となるのである。病院のほうは，患者を隔離する方向に向かい，患者のほうも孤独感を募らせていく。

② 怒　り（anger）　否認が不可能だとわかると，患者の気分は，怒りや恨み，羨望などの感情に変化していくことが多い。「どうして私が？」「どうして××さんではなくて私なのか？」といった怒りの感情が看護者や家族などのまわりの者にぶつけられていく。この時期に患者とコミュニケーションをとることは非常にむずかしい。患者は，怒りを忘れようとテレビをつけるが，苦しみを知らないような若者の姿が映し出されるのを見ると，また怒りが増幅してくる。

③ 取り引き（bargaining）　きわめて短期間ではあるが，次に患者は，神や運命などに対して取り引きをしようとする。つまり，自分の人生の引き延ばしと引き換えに人のためになることをするといった交渉をするのである。『死ぬ瞬間』では，息子の結婚式まで生き延びさせてくれればどんなことでもするという患者が紹介されている（ちなみにこの患者は，無事息子の結婚式に出席できたのだが，その後彼女は次のように言っている。「私にはもう一人息子がいることを忘れないでね」）。この取り引きの期間はきわめて短いが，非常に重要な期間でもある。というのは，この時期には患者と援助者のコミュニケーションが行われやすいからである。デーケンは，この時期に遺言を書いたり，それまでの人間関係のトラブルの整理をしておくべきだと主張している。

④ 抑うつ（depression）　患者が死を自分の未来として受け入れるようになると，自分自身を他の対象から断ち切る試みを行うようになる。患者は静かになり，訪問者を拒み，一人で嘆くようになる。この段階では，喪失の事実に対する嘆きがみられる「反応的抑うつ」の段階から，世界から離れることに立ち向かうまえの「準備的抑うつ」段階へと微妙に変化していくと考えられている。

⑤ 受　容（acceptance）　第五段階になると，自分の運命を平静に受け入れる

ようになっていく。闘いは終わり，ほとんどの感情がなくなっている。キューブラー・ロスは，この時期を「長い旅路のまえの最後の休息のとき」と形容している。

　以上の死の段階説に対しては，最後まで怒りながら死んでいった人や死を受容しなかった人がいることなどをどう考えるのか，といった疑問も出されている。何よりもキューブラー・ロス自身が死の直前には，怒りながらまわりに当たり散らしたという（キューブラー・ロスとケスナー，2005）。しかし，死のプロセスを人間化しようとした彼女の視点は，今日ではホスピス（hospice）やグリーフ・ワークなどの実践でも体現化されていることを忘れてはなるまい。

（2）ホスピスの実践

　老いや病と結びついた「死への準備教育」の実践が最も顕著にうかがわれる場は，ホスピスであろう。ホスピスとは，末期病患者が人生の最期まで人間らしく生きることを援助する場だといわれ，在宅看護・病院看護に次ぐ第三の環境だともいわれている（柏木，1987；デーケン・飯塚，1991；小原，1999）。これまでの医学が延命医療を軸にして進んできたのに対し，ホスピスは，全人的ケアの場として展開してきたと考えられる。この語の語源は，疲れた旅行者らの避難所という意味で，1967年にシシリー・ソンダース（Saunders, C.）によってロンドン郊外に設立された，聖クリストファー・ホスピスがその出発点だといわれている。1974年にはアメリカでもホスピスが誕生した（コネティカット・ホスピス）。日本では1981年に浜松市に聖隷三方原病院が独立型のホスピス病院として初めて開院し，1984年には柏木哲夫らの実践で有名な淀川キリスト教病院（大阪市）にて開設され，以降，いくつかのホスピスが開設されていった。しかし多くのホスピスがキリスト教の死生観などと関連が深かったこともあってか，1980年代からの田宮仁らの働きかけにより，1992年には日本で初の仏教ホスピス（ビハーラ（vihara））が新潟県長岡西病院に誕生し，その後浄土真宗本願寺派のあそかビハーラ病院（京都府城陽市，2008年）なども誕生している（田宮，2007；友久・吾勝・児玉，2018）。多くのホスピスが設立されていったが，そのい

第Ⅰ部　生涯発達論

ずれもに，「末期病患者に対して，たとえ症状が進行したとしても，最期まで人間としての自己実現を援助する場を提供する」という共通点があるといえる。

4　死への準備教育(2)
——社会や文化と結びついた死への準備教育

　ところで死への準備教育には，別の流れもある。ロバート・フルトン（Fulton, R.）が1969年にミネソタ大学に開設した「死の教育と研究センター」に淵源をもつ流れである（フルトン，1984）。この流れは，死の問題を現代社会の文化的・社会的問題としてとらえるという立場で，そこでは，自殺や殺人，事故死，戦争，葬儀などの問題が論じられる。フルトンは，今日の社会構造が死と高齢者を社会から遊離させていること，および死をとおして自分たちの生の意味を知る機会が希薄化してきていることを問題視した。

　ところでこのタイプの死への準備教育の重要性は，今日では新しい様相を帯びてきている。そのひとつは，震災などでの罹災，大事故の経験，青少年・近親者などの殺傷事件などの問題との関連である。兵庫県教育委員会は，阪神大震災の影響を受けるなかで，1998年よりこうした状況のなかで「生と死を考える教育」を始め，その提言書で次のようにうたった。「人間であるかぎり死を免れることはできない。死というものを意識し，自己の存在の有限性を自覚するとき，人は，かけがえのない人生の大切さを認識し，より豊かに，より積極的に生きることを考えていくものである」。ここには，「いのちの教育」としてのデス・エデュケーションという視点がある。また大阪教育大学では，2001年6月に起きた附属池田小学校の児童殺傷事件を受けて，学校安全という視点から毎年この事件を語り継ぐ事業に取り組んでいる。

　さらに同時に注目すべき点は，とくに青少年を取り巻く環境において，バーチャルな，あるいはフィクションとしての死（アニメ「デス・ノート」など）をどうとらえるかという問題がある。リアルな映像で敵をやっつけるビデオゲーム，インターネット・サイトと自殺の関連，猟奇的な殺傷事件や大規模な事故

などへのマスコミの過剰反応など，従来の死への準備教育の中核に収まっていなかった部分への対応をも今後考えていく必要があろう。

5　生涯学習としての終活とエンディング・ノート

　死への準備教育の実践として今日注目されているのがいわゆる「終活」という人生の終え方や人生の最期の迎え方に関する活動である。このなかには，①金銭にかかわること（預貯金・資産の整理，遺産相続など），②物品の整理，③葬儀・お墓関連，④医療・介護，⑤想い出関連（自分史，写真，エンディング・ノート等）などの活動が含まれる（終活カウンセラー協会，2013）。エンディング・ノートや自分史を綴る講座などが生涯学習活動の一環として進められることもある。終活の大きな特徴は，自分自身というよりはむしろ残された家族などに対する配慮・遺志が柱になるという点である。ある公民館の終活講座担当者は「きっかけは東日本大震災」だと述べておられたが，人生の閉じ方を人間的なプロセスにしていくことも生涯学習の重要な課題であろう。

6　死への準備教育に関する調査から

　私たちは，こうした状況をかんがみ，これまでいくつかの層（高齢者，中年〈40代・50代〉，大学生，高校生）に対して，（1994年から1997年にかけて）同様の内容の死への意識と準備教育に関する調査を行なってきた（堀，1999；大阪教育大学生涯教育計画論研究室，1996）。調査のくわしい手続きなどはここでは省略するが，以下，表8‐1にもとづき，4つの層の主な意識調査結果の比較を紹介しておきたい。

（1）死への恐怖について
　表8‐1の上段は，「あなたは『死』が恐ろしいですか」という設問に対する回答の比率である。死が何らかのかたちで「恐ろしい」者は，高校生78％，大

第 I 部　生涯発達論

表 8-1　死をめぐる意識調査の結果（主なもののみ）

(%)

	高校生	大学生	中　年	高齢者
1．死への恐怖				
非常に恐ろしいと思う	19.1	15.3	3.0	2.8
恐ろしいと思う	24.6	28.2	16.3	16.8
どちらかといえば恐ろしいと思う	33.9	33.3	37.3	32.0
どちらかといえば恐ろしいとは思わない	8.7	12.5	23.5	21.4
恐ろしいとは思わない	13.7	10.6	19.9	27.1
全　　体	183	216	166	388
2．思い浮かべる死の形態（複数回答）				
老衰による死	68.2	67.3	53.8	55.7
病気による死	75.9	77.1	79.5	65.6
事故による死	70.6	64.0	53.8	27.7
自殺	56.5	36.9	16.7	3.8
他殺	32.9	18.7	9.6	2.3
小説やマンガの中での死	6.5	4.7	1.2	0.0
映画やテレビの中での死	7.6	5.6	1.9	0.9
ペット・動物の死	25.9	20.1	12.2	8.7
全　　体	170	214	156	343
3．身近に感じた「死」（複数回答）				
家族・親戚などの死	67.5	72.4	87.7	87.7
近所の人の死	14.2	15.9	33.5	32.0
友人・知人の死	41.4	39.7	32.3	52.5
小説やマンガの中での死	7.1	4.2	0.0	0.5
映画やテレビの中での死	8.9	7.0	1.2	1.4
ペット・動物の死	25.4	28.5	13.7	10.9
全　　体	169	214	161	366

学生77％，中年57％，高齢者52％（60代56％，70代32％）で，明らかに青年層と中高齢層とで死への恐怖度にちがいがある。「非常に恐ろしい」は，高校生19％，大学生15％であるのに対し，中高齢層ではこの比率は3％であった。私がある福祉施設である高齢者にこのことに関するインタビュー調査を行なったところ，次のような答が返ってきた。「死は，怖いとか怖くないというものではない。それは自然の流れの一部だ」。死は，若年者と高齢者とでは，異なったイメージのもとにとらえられているようである。この傾向は，海外における研究でも確かめられている。なお，一部の研究は「死を最も恐れる年齢」が40

第8章　死への準備教育

代後半であったと報告しているが，これは，自分の親の世代の死が現実化しつ
つある時期だということと関連があろう（Bengtson et al., 1977）。

（2）「思い浮かべる死」と「身近に感じた死」

　そこで，次に「思い浮かべる死の形態」と「身近に感じた『死』」（いずれも
複数回答）を4つの層で比較してみた。表8−1の2段目以下によると，若年層
と中高齢層とでは思い浮かべている死のイメージが異なっているといえる。高
校生や大学生にとっては，事故，自殺，殺人などを思い浮かべる者が相対的に
多い。ペットの死やフィクションのなかの死も他の層にくらべると多い。一方，
中高齢層はより現実的な経験をふまえて死のイメージを形成しているようであ
る。「身近に感じた『死』」は，かれらがより長く生きてきたこととも関連して
か，「家族・親戚」「近所の人」で若年者よりも高率であった。「ペットなど」
「テレビなど」では若年者のほうが高率であった。つまり，中高齢層は自分の
身近な人の死を軸に死をイメージしやすいのに対し，若年者は現実もフィクシ
ョンもともに含めた，より多様な形態の死をイメージしているといえる。死へ
の準備教育の実践は，その主な対象層によって死に対する意識にちがいがある
ことをふまえて，行われるべきであろう（なおこの調査の時点ではインターネット
や携帯電話はまだあまり普及しておらず，今日において同様の調査をすればその部分で
ちがった結果が出るものと思われる）。

7　死への準備教育のジレンマ
　　　──何に向けての準備か？

　死とその準備教育をめぐるいくつかの点を考えてきたが，死への準備教育に
は根源的なところに大きなジレンマが潜んでいるように思う。すなわち，死は，
その本人にとっては，それまでのすべての準備を一瞬のうちに無に帰させてし
まう出来事だということである。大西正倫は，「死に対して，何を，どのよう
に準備しておけばよいのか」という問題設定そのものにこそ問題があるのだと

89

第Ⅰ部　生涯発達論

言う（大西，1994）。むしろそこで問題になるのは，「死の受容に向けての準備」なのであり，そこでは自己を超えるものとの関わりが重要となってくる。宗教や芸術，古典などとも関連があるのかもしれない。小さく限定した自己を超えていくこと（＝超越），それは同時に自己実現の姿でもあるのであろう。

第9章

生きがいと自己実現
——人間的欲求解放論と意味への意志論

> これまで生涯発達のひとつの方向として「自己実現」を示唆してきたが，
> 本章では，この自己実現あるいは生きがいとは何かという問いへの答えを模
> 索してみたい。ここではとくに，その回答として，それを「人間的欲求の解
> 放」という軸からとらえた論と「意味への意志」という軸からとらえた論に
> 注目する。

1　人間的欲求の層位

　かつて真木悠介は，人間的欲求を3つの層位の構造としてとらえる視点を示
した（真木，1971）。彼の唱えた欲求のタイプは次の3つであった。
① 必 要（requisite）　これは人間として生きていくうえで絶対的な要件とな
るもので，飲食や安全などがこの例としてあげられる。客観的に測定すること
もできる欲求である。
② 要 求（need）　必要の上に無限に展開する人間の要求の一般的傾向で，よ
り快適な生活条件への志向性を含むものである。無限の展開の可能性をもつ。
③ 欲 望（desire）　要求の一般的な傾向の上に，人びとの具体的な対象に向
けた選択の志向性をさす。例えば，「特定の演奏家の音楽を聴きたい」「特定の
人が翻訳した書物を読みたい」などである。個人の主体的意志によって統御さ
れやすい欲求である。
　真木がここで主張したことは，人間には人間に固有の欲求があること，そし
て人間の解放のためにはこの条件をつくることが不可欠だということである。
欲求を追い求めつづけるのは無限に遠ざかる蜃気楼を追うようなものではない
かという反論に対しては，彼は，一片のパンもないことと A 店のパンがない

第 I 部　生涯発達論

のでB店のパンでがまんしておくというのは欲求の層位がちがうのだと答える。他人を支配する欲求とかを満たせるのかという主張に対しては，他人支配の欲求は人間の本来的な欲求なのかと反論している。

　では，かくいう人間的欲求を開くとはどういうことなのであろうか。次に，この人間的欲求を開いた先に人びとの自己実現や健全な社会の実現を構想した2人の心理学者，すなわち，エーリッヒ・フロム（Fromm, E.：1900-1980）とエイブラハム・マズロー（Maslow, A. H.：1908-1970）が唱えた，人間的欲求の解放＝自己実現という考え方をたどってみる。どちらもやや古典的な説ではあるが，それだけに，その大胆な説の現代的意味づけが逆に新鮮なのではなかろうか。

2　人間的欲求と社会
──エーリッヒ・フロム

（1）生理的欲求と存在的欲求

　フロムの『正気の社会』（1955年）は，非常に斬新な問題提起から始まる（フロム，1958）。彼はまず，われわれの社会は健全であるか，病んでいないかと問う。そしてその兆候として，10万人あたりの自殺，他殺，アルコール中毒の発生率を取り上げる。そうするとヨーロッパの先進国とアメリカ合衆国とでこの比率が高いことが示されたのである。世界の最先進国といわれる国々に最も精神障害の兆候が顕著であるというパラドックス。まさに人間は「パンのみによって生くるにあらず」である。では物質的欲求以外の人間固有の欲求とは何なのか。

　フロムにとっては，それは人間の存在の独自性から生まれる欲求であった。すでにふれたように，動物は本能に司られる部分がつよく，その意味では自然の一部となっている。しかし人間の場合は，生命自身が自己を意識しているという点で他の動物と異なっている。人間は，自然の一部であると同時に，自然からこぼれ落ちている。この不均衡さ（disequilibrium）こそが人間の存在状況の特殊性なのであり，そしてこの人間存在の特殊性が，人間独自の欲求，すな

わち「存在的欲求」を生み出すのである。フロムは人間の欲求をこのようにとらえたのであった。

したがって彼にとっての「正気の社会」とは、人間の生理的欲求だけでなく、こうした人間の存在的欲求をも同時に満たす社会でなければならない。そこでは、人間が当該社会にどれだけ適応したかというよりは、むしろ社会が人間の「客観的な」欲求にどれだけかなった社会であるのかが重要となる。では、彼のいう存在的欲求とはどのようなものなのか。彼は次の5つをあげる。

① 他者との関係づけ（relatedness）　この欲求は「生活する他人と結びつきをもち、関係をもとうとする」欲求であり、フロムのいう存在的欲求のなかで最も重要なものだと思われる。この欲求に対する解答の方法はいくつかある。例えば、服従（自分よりも大きなものの一部になること）によって、支配（他者を自分の一部にすること）によって。しかし、こうしたやり方はともに共棲的（symbiotic）なものであり、そこには個性や自由は存在しない。ただ他者への依存性のみがあるのである。

フロムは第三の解答として「愛」なるものを示す。愛とは「自分自身は切り離され独立したままで自分以外の何物かと結ばれる」行為である。2人の人間は一体であると同時に2人であるという経験がそこにある。そこには、配慮、責任、尊敬、知識という特性があるとされている（フロム、1991）。

② 超　越（transcendence）　これは、被創造者としての人間の状況に打ち勝って創造者になろうとする欲求である。人間は、生存の受動性と偶然性を超えて創造と自由を求める欲求をもつ。こうして生命や芸術や宗教を創造してきた。しかしこの欲求に対しては、破壊という解答も可能性として存在する。

③ 固　着（rootedness）　母子関係に代表される無条件的な保護と温かさを求める欲求が人間にあるとフロムは言う。しかし、独立した人間になるためには、母親からの庇護から離れ、他者との友愛を形成させていかねばならない。

④ アイデンティティ（identity）　人間には、自分が自分であるというアイデンティティを求める欲求があるが、この感覚は、集団への同調などによっても獲得される。しかし、人間の本来的目標は自己の実現（to be oneself）なのであ

第Ⅰ部　生涯発達論

り，個性に根ざした自分自身観が求められる。

⑤　方向づけと献身の枠組み（frame of orientation and dedication）　この欲求は，世界を知的に方向づける欲求であり，理性によって客観的に世界を把握することが望ましいとされる。しかし，非合理的なかたちで世界を方向づけていくことも可能である。

　こうしてフロムは，人間の精神的健康のためには，生理的欲求だけでなく，こうした存在的欲求をも満たすことが重要だと述べた。フロムにとって正気の社会とは，人びとのこうした欲求と精神の健康とを保障するために変革がなされた社会であった。そして，その文化的な変革において，青年期以降の者への学びの場が保障された社会（＝生涯学習社会）を構想したのであった。

　この点に関連してフロムは次のように述べる。「7歳から18歳までの年齢は，一般に考えられているほど学習に適した年齢ではない。もちろん，読み，書き，算数および言葉を学ぶにはもっともよい年齢だが，歴史，哲学，宗教，文学，心理学などの理解が，この若い年齢でかぎられていることは疑いないことであり，じっさい，これらの課目が大学で教えられる20歳前後でさえ，理想的ではない。多くのばあいこういう分野の問題を本当に理解するには，大学生の年齢でもっているよりも，多くの生活の経験をもつべきなのだ。多くのひとびとにとって，30歳か40歳の方が高校生や，大学生の年齢にくらべて，記憶するよりも，理解するという意味で学ぶのに，はるかに適しており，多くのばあい，一般的興味は嵐のような青年時代よりも，後の年齢の方が多いのだ。ひとが自分の職業を自由に完全に変え，したがって，ふたたび勉強する機会をもつのはこの年齢なのだ。それと同じ機会を今日われわれは青年にだけゆるしている」（『正気の社会』pp. 384-385）。

（2）バイオフィリアとネクロフィリア

　ところでこうした人間的欲求への解答の仕方には，人間の生命を成長させていく解答もあれば，逆に生命を窒息させてしまう解答もある。フロムは，生命への畏敬に根ざした性格構造をバイオフィリア（biophilia）とよび，逆に生命

第9章 生きがいと自己実現

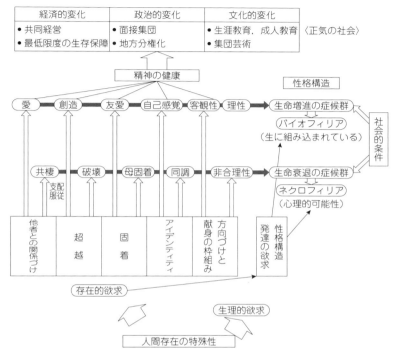

図9-1 人間の存在的欲求と性格構造（フロム，1958などより）

を窒息させる傾向性をネクロフィリア（necrophilia）とよんだ（フロム，1965）。前者と後者との関係は，例えば，存在か所有か，人格的接触か機械的接触かという具合に示すことも可能であろう。

フロムによると，人間は人間の一次的潜勢力として生命を愛する傾向性，すなわちバイオフィリアを有しているが，人間の成長への条件が欠けている場合，ネクロフィリアに向かう心理的可能性をももっているということである（フロム，1965，1972，1975，1978）。「生命を愛するか死せるものを愛するかは，すべての人間の直面する根本的な二者択一である。ネクロフィリアは，バイオフィリアの発達が阻害されるにつれて成長する。人間は，生物学的にはバイオフィリアの能力を与えられているが，心理学的には，彼はそれに代わるべき解答と

95

第Ⅰ部　生涯発達論

して，ネクロフィリアへの可能性を持っているのである」（『破壊（下）』p. 588）。
「人間の使命とは，自由を拡大し，死へと導かれる条件に対抗して，生に向か
う条件を強化することである」（『疑惑と行動』p. 216）。「要約するならば，人道
主義的倫理における善とは生の肯定であり，人間の力の展開である」（『人間に
おける自由』p. 39）。これら一連の発言からもうかがわれるように，彼の考え方
の背後には「生への畏敬」と人間の基本的欲求への信頼がある。しかし，ナチ
ズムやスターリニズムの悲劇を目撃してきた彼は，人間の潜勢力の負の力も軽
視できないことをつよく自覚していたのであった。

　これまで述べてきた点を図示すると図9-1のようになろうか。人間的欲求
を生命を増進する性格構造へとつなげていくこと，ここにフロムは自己実現と
正気の社会の橋渡しをみたのであろう。

3　人間的欲求の階層説
──エイブラハム・マズロー

（1）人間的欲求の階層説

　フロムの『正気の社会』の出版とほぼ同時期にエイブラハム・マズローの
『人間性の心理学』（1954年）が出版された（マズロー，1987）。この本こそが，
「自己実現」なる語を世界に流布させた原点であったといえる。当時の心理学
では，社会の平均人・一般人を扱った行動主義心理学・実験心理学と人間の負
の部分をも扱った精神分析や臨床心理学という2つの勢力がせめぎあっていた。
マズローは両派の重要性を認めたうえで，これらがともに重視してこなかった
「人間にとって価値あるもの」「健康なパーソナリティ」を追究する心理学を提
唱し，これを「第三勢力の心理学」と名づけた（ゴーブル，1972；上田，1988）。
では彼にとっての人間的価値とは何だったのかといえば，それは，人間にとっ
て基本的な欲求であったのである。

　一方で彼は，人間の欲求はつねに相対的・階層的なかたちでしか充足されな
いと考え，ここから有名な人間的欲求の階層説につなげていく。そこでは人間

第9章 生きがいと自己実現

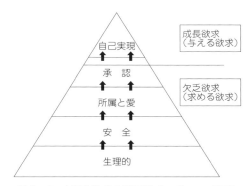

図9-2 人間的欲求の階層説（マズロー，1987）

的欲求は，図9-2に示したようなかたちで，低次のものから高次のものへと層をなしているととらえられている。この図を説明してみよう。

① 生理的欲求　この欲求は，人間の生命維持に不可欠なものをさす。食物，飲物，睡眠，生殖などがここに入る。この欲求が極度に満たされないときには，他の欲求は背後に押しやられてしまう。逆にこの欲求がていど満たされると，高次の欲求が立ち現れてくる。

② 安全の欲求　苦痛や恐怖，不安などから逃れる欲求である。この欲求のなかには衣服や住居への欲求も入るであろう。外敵からの脅威から守られることも大事である。

③ 所属と愛の欲求　他者との愛情に満ちた関係や所属集団内でのつながりを求める欲求である。社会的集団への欲求だともいえよう。

④ 承認の欲求　この欲求には自尊心と他者からの承認という二側面がある。前者は，自信，能力，自由，自立などを含み，後者は，地位，評判，注目などを含む。この欲求が満たされないと無力感や劣等感につながるということである。

⑤ 自己実現の欲求　これらの欲求の上位に自己実現（self-actualization）の欲求がある。これは，その人が本来潜在的にもっている能力や特性を最大限実現しようとする欲求であり，人がより自分自身であろうとする欲求である。マズ

第Ⅰ部　生涯発達論

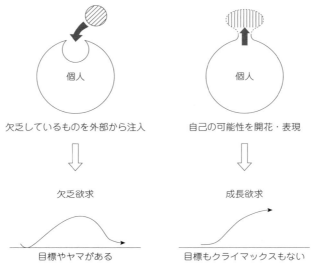

図9-3　欠乏欲求と成長欲求のイメージ（マズロー，1998）

ローはこの欲求を説明するにあたって，「人間は自分のなりうるものにならなければならない」（『人間性の心理学』p.72）と言っている。また彼は，知的欲求や美的欲求も人間を動機づける高次の欲求であるとも指摘している。

（2）欠乏欲求と成長欲求

　マズローは『完全なる人間』において，欠乏欲求と成長欲求という概念を出してくる（マズロー，1998）。前者は，欲求階層の土台に相当するもので「求める欲求」であるといえる。後者は，外に向かって表現していく欲求で，「与える欲求」だといえる。両者と欲求階層説との関連は，図9-2に示したようなものだといっていいであろう。成長欲求は，自己実現の欲求でもあるのだ。

　欠乏欲求と成長欲求を図に示すと，図9-3のようになろう。ここで重要な点は，欠乏欲求を求めているときと成長欲求を求めているときとでは，人間は心理的に異なった生き方をしているのだという点である。というのも，例えば飲食などへの欠乏欲求の場合，あるていどそれが満たされると欲求は逓減して

いくのである。これに対して成長欲求の場合は，ある欲求の充足が，今度はさらなる欲求への動機づけになっていく。そこにはクライマックスも到達目標もない。すぐれた芸術や文学に出会ったとき，われわれはそれをより深めていきたくなるのではなかろうか。生涯学習活動もまた，本来は自己を高めつづける方向をもつ成長欲求や自己実現の現われなのであろう。内在的な報酬とともに。

4 至高経験とフロー

マズローは，自己実現を達成している人の経験を至高経験（peak experience）と命名した（ウィルソン，1979）。この状態は，ちょうど自己と状況とが一体化しており，自分を忘れて何かに打ち込んでいる状態をさす。皮肉なことに自己実現をしている人間とは，自己のことを意識していない人間なのである。

ミハイ・チクセントミハイ（Csikszentmihalyi, M.）は，こうした，人が何かに没入して他の何物も問題とならなくなる状態のことをフロー体験（flow）もしくは最適経験と名づけた（チクセントミハイ，1996，2001，2016；島井，2006）。フローとは，チェスのプレイヤーがチェスに没頭したり，ロック・クライマーが山登りの充実感を満喫したりすることのように，純粋にそれをすることのために時間と労力を費やすことを意味する。そこには，楽しみや喜びの感覚がある。またフロー体験には，自己をより複雑なものにすることで自己を変形し成長させていくという特徴もある。

このあたりの問題を図で示してみよう。チクセントミハイは，フローを構成する要因として挑戦と能力の2つをあげる。そして図9-4のような形のフロー・チャンネルを示す。テニスをしている人などを例に考えてみると，A_1はテニスの初心者である。この人は，能力は低いが球を打ち返すことなどが目標であるため，テニスをそれなりに楽しむことができる。しかし練習などで能力が高くなると，その程度の目標では退屈してくる（A_2の部分）。といってレベルの高い相手と試合をするとなると，不安レベルが高くなる（A_3の部分）。この退屈や不安から脱却するためにはどうするか。能力を考慮しつつ挑戦のレ

第Ⅰ部　生涯発達論

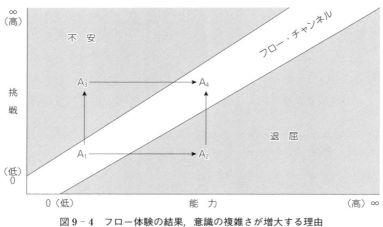

図9-4　フロー体験の結果，意識の複雑さが増大する理由
（チクセントミハイ，1996，p.95）

ベルを少しずつ上げていき，より高次のフロー・チャンネル（A_4）に進んでいくのである。こうしてフロー体験は，より高次のものになっていく。

ところで，至高経験やフロー体験はそのネガティヴな側面をも考慮する必要がある。というのは，自己高揚感は，戦争や犯罪などによっても獲得されうるからである。佐藤郁哉は，『暴走族のエスノグラフィー』のなかで，暴走族のメンバーがフロー体験（＋危険，運）のために活動を続けている部分があることを述べている（佐藤，1984）。したがって，精神的高揚感は，一方でその社会的意味や影響をも考えていく必要があるということになろう。

5　人間的欲求と自己実現の社会的意味

これまで人間的欲求を開いていくことのなかに自己実現の姿を重ね合わせようとしてきた。しかし，存在的欲求，成長欲求，フロー体験というとき，これらは微妙にその意味するものが異なっているのである。そのひとつは人間的欲求の社会性の問題である。純粋な快感というだけでなく，社会的文脈と絡めて人間的欲求を考えていく必要があろう。

また自己実現という語は，英語では，self-actualization というときと self-realization というときとがある。前者は本章で用いたマズローらが用いた語である。「自己の可能性を最大限発揮させること」「自分のなりうるものになること」といった意味で使われていた。しかし欲求階層説においては，欲求間の葛藤や低次の欲求を犠牲にして高次の欲求を追求する人をどう説明するのかという問題は残ろう。

一方 self-realization は，先にみたユングが用いた語であった。そこでは，自己実現には，しばしば切断の葛藤や痛みがともなうこと，そこでいう自己は他者や文化，集合的無意識にまで開かれたものであることが述べられていた。つまり，自己実現は，その人がそれまで正しいと思っていたことを捨て去る痛みをともなうが，それは一方で新たな自己の芽生えでもあるということである。「自己実現は高くつくが，その見返りも大きいかもしれない」というところであろうか。なお両語は，今日では明確に区別されて使われているとはいえない。

さて，自己実現に関してもうひとつ考えねばならないことがある。自己実現の意味の問題である。「そうしたことに何の意味があるの」と問われたとき，どう対応していけばいいのか。次にこの問題を考えていきたい。

6 限界状況における人間の自己実現

先に人間の欲求は階層をなしているという説を示した。多くの場合それは正しいのであろうが，例外的な人を思い浮かべることもできる。われわれは生命の危機に脅かされたとき，いつも生理的な欲求のみにとらわれるばかりなのであろうか。ヴィクトール・フランクル（Frankl, V. E.：1905-1997）は，強制収容所という人間の限界状況に押し込められた経験のなかで，そうした状況においても人間の尊厳は保持されると主張したのである。

フランクルは，1942年からの3年間に3つの強制収容所で生活し，そこでの過酷な生活状況を『夜と霧』において綴った（フランクル，1985）。多くの者がガス室に送られていく光景を見つつ，そうした限界状況においてさえ，人間は

第 I 部　生涯発達論

人間としての尊厳を失わないのだということを述べたのである。『夜と霧　新版』からの抜粋を読んでみよう（フランクル，2002b）。

> 　強制収容所に入れられた人間は，その外見だけでなく，内面生活も未熟な段階にひきずり下ろされたが，ほんのひとにぎりではあるにせよ，内面的に深まる人びともいた。もともと精神的な生活をいとなんでいた感受性の強い人びとが，その感じやすさとはうらはらに，収容所生活という困難な外的状況に苦しみながらも，精神にそれほどダメージを受けないことがままあったのだ。そうした人びとには，おぞましい世界から遠ざかり，精神の自由の国，豊かな内面へと立ちもどる道が開けていた。繊細な被収容者のほうが，粗野な人びとよりも収容所生活によく耐えたという逆説は，ここからしか説明できない。（p. 58）
>
> 　愛により，愛のなかへと救われること！　人は，この世にもはやなにも残されていなくても，心の奥底で愛する人の面影に思いをこらせば，ほんのいっときにせよ至福の境地になれるということを，わたしは理解したのだ。
> 　収容所に入れられ，なにかをして自己実現する道を断たれるという，思いつくかぎりでもっとも悲惨な状況，できるのはただこの耐えがたい苦痛に耐えることしかない状況にあっても，人は内に秘めた愛する人のまなざしや愛する人の面影を精神力で呼び出すことにより，満たされることができるのだ。……そのとき，あることに思い至った。妻がまだ生きているかどうか，まったくわからないではないか！
> 　そしてわたしは知り，学んだのだ。愛は生身の人間の存在とはほとんど関係なく，愛する妻の精神的存在，つまり（哲学者のいう）「本質」に深くかかわっている，ということを。愛する妻の「現存」，わたしとともにあること，肉体が存在すること，生きてあることは，まったく問題の外なのだ。愛する妻がまだ生きているのか，あるいはもう生きてはいないのか，まるでわからなかった。……だが，そんなことはこの瞬間，なぜかどうでもよかった。
> 　〔引用者注：……そして事実，妻はこの時にはすでに殺されていた。〕（pp. 61-63）

　これら 2 つの箇所の抜粋は，いずれも限界状況においても精神的に充実した世界をもつことによって，人はそこでも生きがいを見出せるということを示している。日本では神谷美恵子が『生きがいについて』のなかで，同様にハンセン病療養所の人たちのなかに，精神的な生きがいをもった人が生き生きとして

いたと報告している（神谷，1966）。神谷は生きがいを，「自発的かつ個性的に，存在の根底から湧き出る喜び」ととらえ，その特徴として次の点をあげた（pp. 60-62）。①人に生きがい感を与えるもの，②生活を営んでいくうえでの実利実益とは必ずしも関係はない，③やりたいからやるという自発性，④まったく個性的なもの，⑤人の心のなかにひとつの価値体系をつくる，⑥人が伸び伸びと生きていけるような，その人独自の世界をつくる。クリスティーン・ブライデン（Bryden, C.）も，認知症と診断された自己の軌跡をたどり，診断が下されてからも，ケア・パートナーとの共同生活の主体として生きていることを訴え注目された（ブライデン，2004）。いずれも，精神的姿勢が人生の意味の探求につながることを示唆しているのである。以下のところでは，諸富祥彦や山田邦男の紹介を参照しつつ，フランクルの説を軸に，「意味への意志」の視点から自己実現の問題を考えていきたい（諸富，1997a；山田，2002，2009）。

7　人間にとっての3つの価値領域

　フランクルや神谷美恵子は，限界状況においても人間的な価値は存在するということを述べた。ではそこで語られる人間的価値は，われわれがふだん語る価値とどう関連しているのだろうか。このことと関連してフランクルは，人間には次の3つの価値があると言う（フランクル，1993）。

　そのひとつは創造価値である。これは，何かを創造することや何かを行うことによって達成される価値である。仕事や労働などをとおして，あるいは何かの芸術作品を創り出すことによって実現される価値である。

　しかし，われわれはいつも何かを創造しつづけることができるとはかぎらない。その場合，次に重要となるのが体験価値である。これは，何かを体験することで実現される価値で，自然や芸術，愛などによる体験をさす。ものごとをあるがままのかたちでとらえることで感動や交流が経験される。

　では，先にふれた末期病患者の人にとっての人間的価値はどうなるのであろうか。何かを創造することも体験することもむずかしい人たち。フランクルは

第 I 部　生涯発達論

ここで態度価値というものを示す。強制収容所のような限界状況での経験においては，その運命が変えられないものであるならば，そのような運命や事実をどのような態度で引き受けるかというところに価値を見出すことができる。その意味において，「人間の生命はその意味を『極限まで』保持している」のである。そしてこの態度価値こそが人間独自の欲求でもあるのだ。また創造価値が力への意志，体験価値が快楽への意志に対応しているとみるならば，態度価値は「意味への意志」に対応しているといえる。この「意味への意志」というのはフランクルの考え方の独自の視点で，「意味と目的を発見し，実現せんとする基本的努力」（『フランクル心理学入門』p. 87）を意味する（諸富，1997b；フランクル，1999，2002a）。

　なお山田邦男は，これら 3 つの価値領域にくわえて，第四に存在価値なるものが重要だと提起している（山田，1999）。存在価値とは，その人がただ存在するというだけでもっている価値を意味する。例えば，赤ん坊は母親にとっては，ただ存在しているだけで価値があろうし，高齢者の場合も，その姿にふれ合うことそのものから芽生える重要な価値があるといえる。人間的価値の問題は，究極的にはその人の存在そのものの価値に行き着くのであろう。

8　意味への意志をささえるもの

　「意味への意志」という視点を軸に人間の生きがいの問題を考えていくと，人生の意味のとらえ方のコペルニクス的転回が生じてくる。すなわちそこで重要となるのは，人生からわれわれが何を期待するのかではなくて，「人生がわれわれから何を期待するのか」という点である。われわれが人生を問うのではなく，われわれが人生から具体的な問いをとおして問われているのである。われわれが，生きる意味や生きがいを問いかけるのではない。人生がわれわれに問いかけているのであり，生きがいや幸福といったものは，自分を必要とする何かやだれかからの問いに（一般論でなく）具体的に答えることによって，結果として芽生えるものである。そこには意味中心・人生中心の人生観がある。

第9章　生きがいと自己実現

このあたりのフランクル自身の論を追ってみよう。彼は，次のように言っている。

　ここで必要なのは，生きる意味についての問いを180度方向転換することだ。わたしたちが生きることからなにを期待するかではなく，むしろひたすら，生きることがわたしたちからなにを期待しているかが問題なのだ，ということを学び，絶望している人間に伝えねばならない。哲学用語を使えば，コペルニクス的転回が必要なのであり，もういいかげん，生きることの意味を問うことをやめ，わたしたち自身が問いの前に立っていることを思い知るべきなのだ。生きることは日々，そして時々刻々，問いかけてくる。わたしたちはその問いに答えを迫られている。考えこんだり言辞を弄することによってではなく，ひとえに行動によって，適切な態度によって，正しい答えは出される。生きるとはつまり，生きることの問いに正しく答える義務，生きることが各人に課す課題を果たす義務，時々刻々の要請を充たす義務を引き受けることにほかならない。　　　　　　　　　　　　　　　　　　　（『夜と霧　新版』pp. 129–130）

　意味への意志は，現実的にはどういう姿を示すのであろうか。フランクルは「精神的無意識」ということばを用いてこの状態を形容する。精神的無意識とは，われを忘れて何かに没頭しているような状態をさす。これは先にふれたフロー体験や至高経験とも近い概念で，例えば，絵を描いているときにひとりでに手が動いて絵ができあがってしまうような感覚をさす。良い絵を描こうとするとかえってうまく描けないが，良い絵が描けるときは，自分と絵が一体化してしまうような経験をするのではなかろうか。自己を忘れたときに本当の自己に出会うのであり，フランクルはこれを自己超越とよんでいる。

　諸富祥彦は，人生の意味に関する解答として文豪トルストイ（Tolstoj, L.）とゲーテの解答を紹介している。人生の意味との苦闘から自殺すらも考えたトルストイは，ごくふつうの農民の生き方に学ぶという結論を出したという（諸富，2005）。「理性をこえたより深い非合理的な知識」がそこにあるという。ゲーテが出した解答は，「自らの欲望の満足へのこだわりを突き抜け，それを手放し，自己を超越した利他の状態に至ったときにはじめて」（同，p. 81）人生の意味が手に入るというものであった。狭く限定された自己を超越し，状況や他者と自

105

第 I 部　生涯発達論

己を一体化させていくこと，生涯学習と自己実現の方向はどうもこのあたりにありそうである。

9　意味への意志とつながった経験

意味への意志とつながった経験をしているとき，人は時間を忘れる。しかしあとでその経験をふり返ると長く感じるであろう。ではそういう経験の特徴とは？　この点に関して斉藤啓一は，フランクルの著作のなかから次の2点が示されていると言う（斉藤，2000）。ひとつは愛の想い出であり，もうひとつは苦しみを勇敢に耐え抜いた想い出である。そこにあるのはけっして安易な快楽ではない。深い感動があるのである。

意味への意志は，しばしばパラドックスのような経験を提供する。フランクルは字を書くとけいれんを起こす書記に対して，「できるだけ汚く字を書く練習をしてみろ」とアドバイスする（ウィルソン，1979）。これは「逆努力の法則」ともいわれることであるが，そうすると逆に字がスムーズに書けるようになったということである。不眠症に悩むならばできるだけ眠らないようにしてみるといいのであろう。人が自己意識を忘れたとき，自己を状況やものごとと一体化させたとき，その結果として意味が芽生え，自己実現へとつながっていくのである。

次に，意味への意志と身体的健康との関連にふれておきたい。フランクルは，『夜と霧』のなかで，未来への目的感覚が身体的健康とも密接な関連があるということを記述している。生き生きとした生活のためには，未来の目的点が重要となる。フランクルは，ある作曲家が，2月のあるときに夢のなかで，「戦争がいつ終わるのか」という問いかけに対して，夢のなかの声が3月30日と答えたという例を紹介している。しかし3月中になっても自由になれそうにもないという報告を受けると，その人は3月29日に発疹チフスにかかって高熱を患い，3月30日に意識を失って，3月31日に死亡している。つまり夢のなかの声すらも生存に大きな影響をあたえているということなのである。

第9章　生きがいと自己実現

　逆の例も記述されている。フランクルらは，アウシュビッツからダッハウへ二日三晩輸送車にすし詰め状態で移動させられたあとで，冷たい雨のなかを一晩中立ちつづけさせられた。しかし彼らは笑顔であった。なぜならダッハウの焼却炉には煙突がなかったからである。われわれは，精神の姿勢によって幸福にも不幸にもなれるのである。

10　意味への意志の逆説

　人間が限界状況での苦闘から解放されたとき，しばしばそこに落とし穴が待ち受けていることがある。フランクルは，収容所生活から解放された人たちが今度は完全な精神の弛緩状態に陥ったと述べている。精神の緊張の糸が切れたとき，意味への意志の糸が切れたとき，ときには新しい問題が芽生えてくる。難関大学に入学したことで逆に学習意欲が萎えた大学生，ひいきのスポーツ・チームが大きな大会で優勝し仕事が手につかなくなった人たち，日常的にもこうした光景を目撃することがしばしばある。

　フランクルは，収容所から解放された仲間が，麦畑のなかを突っ切って行った例を示す。フランクルが彼に若芽を踏むのはよくないと言うと，彼は，次のように言ってどなりつけたのである。

　なんだって？　おれたちがこうむった損害はどうってことないのか？　おれは女房と子どもをガス室で殺されたんだぞ。そのほかのことには目をつぶってもだ。なのに，ほんのちょっと麦を踏むのをいけないだなんて……　　　（『夜と霧 新版』p. 153）

　未来の目標を見失ったとき，自分を待っているだれかが見つからないとき，意味への意志は弛緩することがある。この点は，留意しておくべきことであろう。なお，戦争終結後にもイスラエル－パレスチナ問題という新たな社会問題が生じている点も無視してはいけないだろう。

第Ⅰ部　生涯発達論

11　成就価値と自己実現

　ところでフランクルの論などで私が気になる点は，これらの自己実現論が先
にみてきた生涯発達論とどう絡むのかという点である。じつは自己実現論の多
くは，自己実現を人間の一生を貫くものとしてはあまり描いていないのである。
そこでここでは，両者をつなぐ手がかりとして，森　昭の説を参照しつつ，先
にみたシャーロッテ・ビューラーの考え方を参考にしたいと思う。

　すでにビューラーは，人生のライフ・サイクルを5つの段階に区分したと述
べたが，彼女はさらにここに「自己決定」の側面をも重ね合わせた（本書の図
3-2に対応）。したがって人生は，①自己決定以前の時期，②暫定的な自己決
定の時期，③特定的・確定的な自己決定の時期，④自己決定を査定し反省する
時期，⑤個人が自己の一生を成就・諦念・失敗（のどれか）として経験する時
期の5段階に分けることができる（Bühler & Masarik, 1968；森，1977；守屋，
1994）。

　ここで重要なポイントは，個人の人生を一貫して流れるメイン・テーマのよ
うな価値の存在である。ビューラーはこれを成就価値（fulfillment value）とよ
んだ。われわれの人生においては，その目標はまず社会によって決定される
（学校に行くなど）が，ほどなくそこに選択の余地があることがわかってくる
（だれを友だちにするかなど）。そして社会のルールなどとは別に，その選択が，
本人にとって良かったか悪かったかが発見されてくる。こうして就職や進学，
配偶者選択などにおいて，「自分自身の発達にとって」良かったかどうかを知
るようになっていく。社会や文化が提供する価値や目標とは別に，選択と決定
をくり返しつつ，人は，自分自身の生涯を貫くように追求されつづける価値
（＝成就価値）をもつようになる。成就価値は，必ずしも社会的肩書きなどとは
対応しない。

　森　昭は，このビューラーの論をふまえ，人間の生涯を「生命鼓橋」のたえ
まなき作り直しとしてとらえるというユニークな視点を示した（森，1977）。比

第9章　生きがいと自己実現

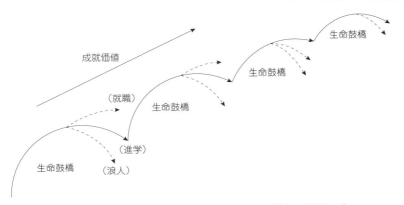

図9-5　生命鼓橋のモデル（森 昭の論に対する筆者の解釈より）

喩的にいえば，此岸から彼岸へと太鼓橋を作りついでいく（生を先へ先へと作りついでいく）というイメージである。なお森は，この論を完成する半ばで病死したためその全体像はわからない。ここでは，図9-5に，私なりの成就価値と生命鼓橋のイメージを描いておきたい。ここで重要な点は，自己実現が，生涯を貫く価値として描かれているという点であり，自己決定と意味への意志の集積として成就価値の達成が描かれているという点である。

第Ⅱ部　生涯学習論

第10章

生涯学習の理念

　本章以降では，生涯学習論をめぐる問題を扱っていく。本章から第15章に
かけては，とくに，その理念・方法・内容・指導者・評価・場をめぐる問題
に論点を限定して，それぞれに１章ずつ章をあてがいつつ，生涯学習をめぐ
る問題をみていく。
　本章ではその理念についてふれる。ここではとくに，生涯教育，生涯学習，
学習社会，社会教育，成人教育といった概念を検討したのちに，学校型教育
形態をこえる糸口を，その領域面と理念面の２つの視角から探っていく。

1　古典的生涯学習論

　人間が生涯にわたって学びつづけ，自己を完成させていくという理念は，古
来より存在していた。例えば，孔子の『論語』においては，「吾れ十有五にし
て学に志す。三十にして立つ。四十にして惑わず。五十にして天命を知る。六
十にして耳順う。七十にして心の欲する所に従って，矩を踰えず」（志学，而立，
不惑，知命，耳順，従心）という記述に象徴されるように，学びによる生涯人間
形成の視点が内包されていた（孔子，1999）。
　日本では，室町時代の能楽師，世阿弥は，『風姿花伝』のなかで，成人期に
おいて「時分の花（年齢が過ぎれば散る花）」を「誠の花（散ることのない花）」に
仕立てること，つまり「花を知る」ための修養の重要性を美しく説いた（世阿
弥，1958）。江戸時代の儒者，佐藤一斎は，その『言志晩録』（『言志四録』所収）
において，「少にして学べば，則ち壮にして為すこと有り。壮にして学べば，
則ち老いて衰えず。老いて学べば，則ち死して朽ちず」と述べ，生涯にわたる
学習の重要性を説いた（佐藤一斎，1980）。同時代の儒者，貝原益軒の『養生
訓』のなかにも同様の卓見がうかがわれる。益軒は，養生して長生きをすれば

112

楽しみや益も多いと説き，「人生は五十歳くらいにならないと血気がまだ不安定で，知恵も出ない」とさえ言っている（貝原，1982）。

しかしこうしたいわゆる「古典的生涯学習論」は，特定の人間の個人的な自己修養という色彩が濃く，生涯学習のしくみを社会がいかに構築していくかという視点は前面には出ていないといえる。

2　ポール・ラングランの生涯教育論

こうした自己修養的生涯学習論をこえて，公教育として生涯にわたる学習保障の視点を考えたのは，19世紀フランスの教育学者コンドルセ（Condorcet, M.）が提出した教育法案であった。その後，いくつかの報告書や会議が生涯にわたる学習保障の重要性を部分的に指摘してきたが，今日の生涯学習論・生涯教育論のルーツとしてこうした動向が集積したのは，ユネスコのポール・ラングラン（Lengrand, P.：1910-2003）が，1965年12月に第3回世界成人教育会議に提出したワーキング・ペーパーであろう。このなかでラングランは，生涯教育の理念はまだアイディアや原則の段階のものでしかないとしつつも，「これは，教育体系に本質的な変化をもたらす理念だ」と指摘した（ラングラン，1976，1979；波多野，1972，1985；森隆夫，1970）。

ラングランは，現代社会を諸変化の加速化した時代だととらえ，この「変化への適応」が重要であると指摘した。そして，「教育の使命も，生活の準備としてのものから，自己教育を中核として一生にわたって継続するものへと変化すべきだ」と説いた。そこには，硬化した学校教育の構造への批判の視点があった。すなわち教育は，人生の一定の時期において行われるものというよりは，むしろ，よりいっそうの自分自身になるという目的をもって，生涯にわたって展開され，その人の人生に編まれていくものだということである。

ラングランはこうして教育の意義の変化を主張したのであるが，彼の論の注目すべき点は，こうした人びとの自己教育をささえるシステムづくりを提唱したところにある。彼の論は，人びとがその生涯のあらゆる時期に，必要に応じ

第Ⅱ部　生涯学習論

て教育が受けられるように教育制度を再編成しようとする構想でもあった。

　ラングランは，生涯教育を，ライフによって統合された教育（lifelong integrated education）としてとらえた。私は，そこにライフの次の3つの次元における統合の方向があったと考えている。

① 生涯としてのライフによる統合　垂直的統合ともいわれるが，学校教育と成人教育や高齢者教育をその人の生涯において統合していくという視点である。人生の発達課題にもとづく統合だともいえる。

② 生活としてのライフによる統合　水平的統合ともいわれるが，学校教育と学校外教育の統合など，人びとの生活課題次元での統合である。

③ 生命としてのライフによる統合　上記2点が一般的な統合の解釈であるが，ライフにはもうひとつ生命という意味もある。したがって，彼の求めた生涯教育論の方向には，生命感の躍動にささえられた人びとの自己実現の視点があるものと察知される。人びとの生きがいや生活の意味の探求などがその軸となる教育なのである。

3　フォール・レポートと学習社会論

　ラングランの生涯教育論は，ユネスコのエドガー・フォール（Faure, E.）らが起草したフォール・レポート（1973年）に受け継がれていく（フォール他，1975）。そこにおいては，「もつ（to have）」存在様式ではなく「ある（to be）」存在様式（フロム，1977）に向けた教育目的が示される。同時に，社会を構成するあらゆる部門が，人びとへの学習機会を提供し，同時に教育活動を組織するという「学習社会論」が提起される（市川・潮木，1979；新井，1979，1982）。

　学習社会論は，1968年に出版されたロバート・ハッチンス（Hutchins, R.）の『ザ・ラーニング・ソサエティ』に淵源をもつ（Hutchins, 1968）。ハッチンスは，古代ギリシャのアテナイ人の世界を理想としつつ，学習社会を「すべての成人が，学ぶこと，何かを成し遂げること，人間的になることを目的とし，あらゆる制度がその目的の実現を志向するように価値の転換がなされた社会」と定義

した。人間的であることそれ自体が目的となった社会なのである。

　今日では，生涯学習社会という観点から日本でも学習社会論は注目されている。なお，今日の学習社会論は，学歴社会・学校化社会・青少年教育中心主義といったものへのアンチテーゼとして登場してきたという社会的背景もある。

4　OECDとリカレント教育

　一方で，ユネスコの生涯教育論への批判もいくつか示された。例えばOECD（経済協力開発機構）は，教育には他の活動からのあるていどの引退と距離化が必要だという立場から，生涯教育の理念には疑念を示した（文部省大臣官報，1974；OECD，1974；新井，1979）。そして1973年に，その下位組織である教育研究革新センターによってリカレント教育（recurrent education）が提唱されたのである。リカレント教育とは，教育機会を個人の生涯にわたって，仕事や余暇，引退などとの関連で分散しようとする教育を意味する。例えばOECDの対日教育調査団に属していたガルトゥング（Galtung, J.）は，人間の人生をC（childhood，子ども時代），E（education，教育），W（work，労働），R（retirement，引退・余暇）に分け，これらCEWRが，各人の希望と必要に応じて分配されうる社会を構想した（OECD教育調査団，1972）。そこではとくに，W（仕事）の時期にE（教育）とR（休暇）を組み込むことの重要性が示唆されていたと思う。有給教育休暇などとも同根の発想であるが，そこでは，構造化された教育と偶発的な学習との効果的な交流も目論まれていた。

5　発展途上国からの生涯教育論と脱学校論

　ラングランやユネスコの生涯教育論に対しては，その理想主義的性格への批判とともに，発展途上国や社会的に抑圧されていた層からの批判も浮上していた。とくにラングランの後を継いだエットーレ・ジェルピ（Gelpi, E.: 1933-2002）は，「生涯教育は社会的に抑圧され，疎外された人びとの要求に応える

第Ⅱ部　生涯学習論

ものである」という視点を示した（ジェルピ，1983）。そこには第三世界の視点をふまえた生涯教育の方向への示唆があった。この立場からすると，ラングランの「変化への適応」観にも疑念が出てくる。すなわち科学技術によるこうした変化も，従属社会の人びとにとっては，先進諸国からの抑圧的な力として立ち現れてくるのではないかということである。そこで彼は，被抑圧者の側からの自己決定学習（self-directed learning）に希望を求めたのであった。

　ところで1970年代には，第三世界の側から芽生えた，今日の生涯学習論においても看過できない，重要な生涯学習論が提起されていたのである。そのひとつは，ブラジルのパウロ・フレイレ（Freire, P. : 1921-1997）が提起した「被抑圧者の教育学」である（フレイレ，1979，1982，1984；ガドッチ，1993）。フレイレは，教育を銀行型教育と課題提起教育とに分ける。前者は，知識を一方的に与える預金行為のようなものとして教育をとらえる。後者は，現実世界のなかで人びとが主体的に問題を選び取り，かぎりなき人間化をめざす教育である。そこでは生成テーマ（generative themes）（＝民衆のテーマ世界）による世界の命名化がなされる。すなわち，「人間を媒介する現実と，その現実について教育者と民衆が抱く意識にこそ，教育プログラムの内容を求めなければならない」（『被抑圧者の教育学』p. 111）のである。生成テーマによって現実世界のかぎりなき意識化が図られるが，さらにこの学習方法として，フレイレは「対話」による教育の重要性を強調した。対話においては，「教師であると同時に生徒であるような教師」と「生徒であると同時に教師であるような生徒」が，成長への共同責任を担っていくことになる。

　1970年代におけるもうひとつの注目すべき動向は，イヴァン・イリッチ（Illich, I. : 1926-2002）らによる「脱学校論（deschooling）」の提唱である（イリッチ，1977，1979；ベライター，1975）。脱学校論者のなかには，学校こそが教育を破壊する元凶である，あるいは学校は人間の発達にとっての有害なシステムであるとさえ言う者もいる。この主張はかなり過激であったためか，今日ではあまり普及してはいないようだが，その背後にある考え方は非常に重要だといえる。

　イリッチは，学校批判をとおして現代社会に蔓延する「価値の制度化」を批

判した。「学校に行くこと・教授されること」と「学習をしたり教育を受けたりすること」とは別のことなのであるが，われわれは，制度化されたサービス（＝学校教育）を受けることと学習することとを混同してしまうのである。ちょうど病院へ行くことと病気が治癒することとを同じことだと錯覚してしまうように。「学校教育の基礎にあるもう一つの主要な考え方は，大部分の学習は教えられた結果であるという考えである。……大方の人は彼らの知識の大部分を学校の外で得る。……ほとんどの学習は偶然に生じる。そして意図的学習でさえそのほとんどは計画された教授の結果ではない」（『脱学校の社会』pp. 32-33）。彼は社会の学校化が人びとに自分で学ぶことを忘れさせ，高速道路の普及が自分の足で歩くことを忘れさせ，医療化が自己の内なる治癒力を忘れさせたのではないかと危惧し，制度化されつつある専門家的権力への警鐘を鳴らした（イリイチ，1990）。

　ではイリッチは，学校教育に代わるいかなる代案を構想していたのかといえば，人びとの経験や学習を交流しあえるネットワークだということになる。イリッチはこれを「ラーニング・ウェブ」とよび，教育的事物のための参考業務・技能交換・仲間選び・専門的な教育者などから成る学習ネットワークを構想したのであった。この構想は当時はあまり普及しなかったようだが，インターネットが普及した今日においてはその有効性は高まっているといえよう。

6　社会教育と成人教育

　生涯教育，学習社会論，リカレント教育，意識化としての教育，対話による教育といった，今日の生涯学習論において重要な理念の多くは，この時期に出そろっていたのである。しかし生涯教育の理念は，日本では，必ずしも紹介後即座に受容されたわけではなかった。日本では，学校教育・家庭教育・社会教育という三区分が支配的であり，今日でも教育基本法のもとの学校教育法と社会教育法とによって公教育の法的根拠が築かれている。

　社会教育法第2条によると，社会教育（social education）とは，「学校外で行

第Ⅱ部　生涯学習論

われる，主として青少年および成人に対して行われる組織的な教育活動（体育・レクリエーションを含む）」をさす。明治時代に福沢諭吉によって提唱されたとされるこの語は，今日にいたるまで学校外の教育を総称する用語となっている（松田，2004）。

　社会教育には，いくつかの重要な理念があると指摘されている。それらは，例えば自己教育の原理であったり相互教育の原理であったりする（大槻，1981）。末本誠は，自己教育を，人生の意味を自ら発見することをめざし「自らが自らを育てる教育」だととらえている（末本・松田，2004）。教える－教わるという軸をこえた自己形成論だといえる。同時に，自己教育は社会や他者に開かれた教育でもある。国家と個人以外に社会を発見し創造する教育だともいえる（吉田，1981）。また社会教育では，生活に根ざした課題を対話的に話し合うことが多いことから，相互教育や共同学習の原理も重視される。自己教育と相互教育とは一見すると別方向を向いているようにみえるが，両者は一体化されてこそ意義深い教育理念となるのである。なお倉内史郎は，社会教育の理論をその統制理論・適応理論・自発性理論の総体としてとらえる試みを示した（倉内，1983）。

　総体としての社会教育を，とくに歴史的・理論的に解明しようとする研究成果は，宮原誠一の歴史的範疇としての社会教育論（学校教育の補足，学校教育の拡張，学校教育以外の教育的要求）や小川利夫の公教育としての社会教育の内在的矛盾論などを端緒として，これまで数多く出されてきている（宮原，1950；小川，1973）。しかし，1970年代あたりの論が社会教育そのものの体系を構築しようとしていたのに対し，1990年代以降では，「社会教育学」を論じるさいにも，生涯学習論との関連のなかで社会教育が論じられるようになってきている（碓井，1970，1971；小川，1977；小林・末本，1991；鈴木，2004；佐藤，2006）。つまり，原理的には社会教育と生涯学習は別個の理念・領域ではあるものの，今日では，実体的には両者の境界線はきわめて不明確になってきているのである。

　ところで社会教育という語は，日本に独自の概念であり，欧米などでは主に成人教育（adult education）なる語のもとに，人びとの生涯にわたる学習が構

想・実践されてきた。昨今では成人学習（adult learning）という視角からの論
も出てきつつある。成人教育・学習については第11章などでふれるが，日本で
は「学校－学校外」という軸から教育をとらえる傾向がつよかったのに対し，
欧米では，「青少年－成人」（教育）の軸がまず最初に来たといえる。今日では
日本でも成人教育・成人学習の視点からの論も出てはいるが，その多くは欧米
の論を下地にしたもので，日本発の成人教育論は，一部を除きほとんどないと
いえる（平沢，1955）。

7　生涯教育と生涯学習

　先にみた生涯教育の概念が日本の教育政策などに定着しはじめるのは，1980
年代になってからである。中央教育審議会は，1981年に「生涯教育」答申を出
した。そこでは生涯教育とともに生涯学習の概念が，次のように対比されて概
念説明されていた。すなわちそこでは，生涯学習は，「人びとが自己の充実や
生活の向上のために，各人の自発的意志に基づき，必要に応じて自己に適した
手段，方法を選んで行う，生涯を通じての学習」であり，生涯教育は，「この
ような生涯学習のために，社会のさまざまな教育機能を，相互の関連性を考慮
しながら総合的に整備・充実しようとする働き」だと定義されていたのである
（文部省，1981）。生涯教育は，したがって，人びとの生涯学習を支援するしく
みのための基本的理念だということになる。

　しかしこうした定義とは裏腹に，1980年代後半の臨時教育審議会答申以降，
日本では行政上でも教育実践上でも，「生涯学習」という用語を用いることが
主流になってくる。この一因は，生涯教育が学校的・「管理的」な教育を生涯
にわたって引きずるというひびきとともに受け止められたのに対し，生涯学習
のほうは，生涯にわたって自己を形成していくというポジティヴなニュアンス
とともに受け止められたことと関連があるように思う。

　だが理念的には，両者は本来別の概念である。すなわち麻生誠が指摘したよ
うに，学習の本来の意味が「経験による行動の変容」であるのに対し，教育は，

第Ⅱ部　生涯学習論

当該社会の教育的価値による「指導された学習」なのである（麻生，2002）。その意味では，自己の選択した教育的価値のもとに自らを律する自己教育も生涯教育だということになる。

　実体的にも両者は必ずしも一致しない。われわれは，企業内教育や矯正教育という言い方をするが，この場合，学習という概念はあまり用いられない。逆に，「友人との会話から何かを学んだ」などという場合，より広義の学習概念のほうが妥当であろう。本書では，生涯発達への契機が多様であることなどもあり，主に生涯学習という用語を用いていく。

8　学習権宣言・ドロール報告・ハンブルク宣言

　1980年代から90年代にかけて，ユネスコなどの国際機関でも，生涯学習にかかわる重要な論が提起されている。例えば1985年の第4回ユネスコ国際成人教育会議では，ユネスコ学習権宣言が採択されている。これは，次のように学習の定義を行なったうえで，人間の基本的権利として学習を位置づけたという点で注目される。「学習権とは，読み書きの権利であり，問い続け，深く考える権利であり，想像し，創造する権利であり，自分自身の世界を読みとり，歴史をつづる権利であり，あらゆる教育の手だてを得る権利であり，個人的・集団的力量を発達させる権利である」「"学習" こそはキーワードである。学習権なくしては，人間的発達はあり得ない。…それは基本的権利の一つとしてとらえられなければならない。学習活動はあらゆる教育活動の中心に位置づけられ，人々を，なりゆきまかせの客体から，自らの歴史をつくる主体にかえていくものである」（国民教育研究所訳）（社会教育推進全国協議会，2017，p. 185）。

　1996年には，21世紀の学習と教育のあり方を提言した，21世紀教育国際委員会の報告書『学習：秘められた宝』が出される。委員長であったジャック・ドロール（Delors, J.）の名前からドロール報告ともよばれるこの報告書では，21世紀の教育の柱に生涯学習をすえたうえで，教育を再構築するための「学習の4本柱」として，「知ることを学ぶ」「為すことを学ぶ」「（他者と）共に生きる

ことを学ぶ」「人間として生きることを学ぶ」の４つを掲げた（ユネスコ「21世紀教育国際委員会」，1997）。ここでは，学習を人びとの内なる潜在的能力の開花と位置づけている。

1997年には，第５回ユネスコ成人教育会議にて，27項目から成る「成人学習に関するハンブルク宣言」，およびその具体的施策としての「未来へのアジェンダ」（62項目）が採択される。そこでは地球的課題としての貧困や格差，識字，平和などに対して，成人学習と国際的なNGO（non governmental organization）の役割の重要性が強調されていた（堀・三輪，2006）。

学習権宣言，ドロール報告，ハンブルク宣言——これら３つのユネスコ関係の宣言・報告に共通していえるのは，成人教育から成人学習への論点の移行，あるいは「学習による教育の再構築」の視点がうかがえるという点であろう。この点は，日本で生涯教育から生涯学習へと論が移行したこととも関連があるのかもしれない。

9　学校型知をこえること

先にふれたフレイレやイリッチが説いた教育論のひとつの共通点は，「学校で教師が生徒に教科書を用いて授業をする」という教育形態とは別の教育・学習形態を構想したという点にある。いうまでもなく，今日の学校型の教育形態は歴史的な産物であり，アメリカの成人教育学者マルカム・ノールズ（Knowles, M.S.：1913-1997）によると，この教育形態は，中世の修道学校で教会の教義を教えるところから芽生えたということである（ノールズ，2002，2013）。そして今日的な学校教育制度は，18世紀半ばにヨーロッパで芽生えたとされている。

とするならば，生涯発達論を軸とする生涯学習論を構想する者にとっては，学校型知をこえた学習論や教育論を提起していくことが不可欠となる。ところで「学校型知をこえる」という場合，領域面と理念面の２つの側面からこの問題を考えていく必要があると思う。

第Ⅱ部　生涯学習論

表 10‑1　生涯教育の領域

	学校教育	社会教育
成人	**②成人対象の学校教育** 放送大学，大学院への社会人入学 成人の専門学校参加 地域住民の学校運営参加	**④社会教育としての成人教育** 公民館の学級・講座 成人の図書館利用 保健所での健康教室
児童・青少年	**①伝統的学校教育** 小中学校，高等学校，大学 学校教育としての課外活動 （総合学習）	**③青少年への学校外教育** スポーツ少年団活動への参加 児童文化センターの利用 青少年の図書館利用

子ども—おとなの軸

学校－学校外の軸

　ここでいう領域面とは，伝統的な学校教育を軸としてみた場合，表10‑1に示した，4つの教育の形態が考えられるということである。これらをいかに統合していくかが今後の生涯学習のしくみづくりへの大きなポイントとなると思うからである。

① 伝統的学校教育　従来からの学校教育で，主に6歳から20代前半の層を対象とする。幼稚園から20代あたりの学生を有する大学院での教育までをさす。学校のクラブ活動や総合学習の授業の一環として，社会的機関を利用する場合もここに入る。

② 成人対象の学校教育　放送大学や大学院への社会人入学，学校の非伝統的学生の受け入れなど，成人学生が学校形態の学習場面に参加するものである。この場合，卒業証書などにつながる正規の学校に成人が行く場合と，資格取得や知識・技能習得などのために専門学校などに成人が行く場合とに分けられる。学年制をもった高齢者大学などへの参加の場合も，広い意味では，学校型の成人教育機会ということになろう。

③ 青少年への学校外教育　青少年のスポーツ少年団参加や児童文化センター利用など，青少年が学校外で学習する形態をさす。子ども会への参加，習い事や塾などの利用も，広い意味でここに分類されよう。

④ 社会教育としての成人教育　公民館や図書館や生涯学習センターなどで，学校卒業後の成人が学習をする形態である。喫茶店での勉強会，企業内教育，

保健施設での健康教育，地域づくり活動といった，教育行政が管轄しない活動であっても，教育が成立しているとみなされるかぎりにおいてここに入る。

今日では，放送大学の普及に象徴されるように，上記の②の教育形態が普及してきている。インターネットなどを介した遠隔教育の形態も普及してきている。その意味では，ラングランが唱えた「硬化した」学校教育形態は，より柔軟になってきているといえる。またこれらは，伝統的学校教育や社会教育の枠組みからは説明しにくい教育形態であり，それゆえ生涯学習の呼称から説明されていったともいえよう。

しかし問題は，教育の制度的な形態面というよりは，むしろその理念面なのである。つまり，従来からの「先生が教室で教科書を用いて授業と試験をする」という形態の「学校型」学習をこえる学びのあり方は，理念的にいかに構想されるのかという点である（この場合，こうした形態や理念をもった学校教育の実践も成り立つ）。次章でふれるアンドラゴジー論もその一形態であるが，以下，学校型学習とは異なるいくつかの学習論の一部を示してみたい。

① 状況に埋め込まれた学習

1990年代に注目された新しいタイプの学習論のなかでまず注目したいのが，レイヴとウェンガー（Lave, J. & Wenger, E.）が提唱した，状況に埋め込まれた学習論あるいは状況的学習（situated learning）論である（レイヴとウェンガー，1993；ウェンガーら，2002）。この立場は，学習を教育とは独立したいとなみととらえたうえで，学習を社会的な実践の共同体（community of practice）への参加としてとらえる。学習とは社会的世界とのかかわり合いなのであり，ちょうど徒弟制のように，学びの共同体に参加することをとおして，われわれは学習を行なっていくのである。

この理論のキー概念は，「正統的周辺参加（legitimate peripheral participation）」である。これは，自分が正統だ，本物だと認めた実践の共同体の周辺的活動に，主体的に参加することを通じて学習が成立するという考え方である。ここでいう周辺性とは，やがて中心的活動へとつながっていくという意味できわめてポジティヴな概念である。素人（周辺性）と専門家（中心性）との共同体

第Ⅱ部　生涯学習論

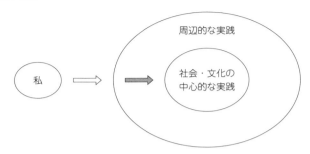

図10-1　正統的周辺参加の意味
（田中，2004，p.184をもとに作成）

という場のなかで，ほんとうの学びは成立するととらえられているのである。図10-1は，このあたりの関係性を図示したものであるが，そこには，共同体参加をとおして自分自身をつくり上げていくという学習観がある（田中，2004）。またこの考え方は，「サービス・ラーニング（service learning）」（＝地域・社会貢献型体験的学習活動）やボランティア活動の基本的考え方とも通底するといえる。

② 拡張的学習論と活動理論

　フィンランドの教育学者ユーリア・エンゲストローム（Engeström, Y.）は，その主たる紹介者である山住勝広とともに，拡張的学習（expansive learning）論という独自の学習論を提起した（エンゲストローム，1999，2018；山住・エンゲストローム，2008）。この理論はヴィゴツキーらのソヴィエト心理学に淵源をもち，学習を個人から社会的活動の集団とネットワークへの拡張として描くものである。発達の最近接領域を集団でヨコに旅するイメージをもつ。

　エンゲストロームの論を図示すると図10-2のようになるが，これには上半分の表層構造（主体，対象，ツール・記号）と下半分の深層構造（ルール，コミュニティ，分業）が含まれる。学習の出発点はこのうちの「対象」で，ここの内的矛盾を現実的に集団で乗り越えていくところに拡張的学習のポイントがある。ここでいう矛盾は，マルクス（Marx, K.）が掲げた使用価値（個人にとっての人格的意味）と交換価値（社会の生産システムにとっての価値）の間の葛藤を意味す

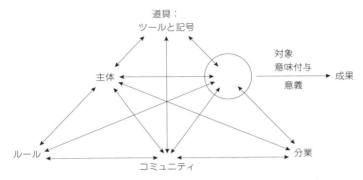

図10-2 拡張的学習論の一般的モデル（山住，2018，p. 46）

る（医者は患者の病を治すが患者がいなくなれば医者もいらなくなるという矛盾など）。主体である個人はこうした矛盾を乗り越えるために，一方で文化に媒介されたツール（言語，インターネットなど）を用い，他方で実践を共有するコミュニティを形成する。この実践集団は境界を超えて支援の探索を行い（＝境界横断），ゆるやかな結び目づくり（＝ノットワーキング）を展開していく。

　従来の学習論の多くが教授者からの隠された枠組みのなかで「自主的な」学習が進められてきたのに対し，ここでは指導や教授ではなく学習や活動それ自体によって方向づけられる。「いまだここにないものを学ぶ」ことになるのだ。

③ 学習する組織論

　企業などの組織体そのものを生涯学習の実践体としてとらえる動向も出てきている。ピーター・センゲ（Senge, P.）やワトキンスとマーシック（Watkins, K. & Marsic, V.）らは，こうした一連の実践・研究例を「学習する組織（learning organization）」とよんだ（センゲ，1995；ワトキンスとマーシック，1995）。学習する組織とは，学習を取り込み共有するシステムをもった組織であり，そこでは学習を通じての組織変革が目論まれている（立田，2004；高間，2005）。学習機能が埋め込まれた組織だということもできよう。最近では「学習する学校」という視点も示されている（センゲ，2014）。ワトキンスらによると，継続的な学習機会は，個人・チーム・組織・社会のレベルで創造されるものである。

第Ⅱ部　生涯学習論

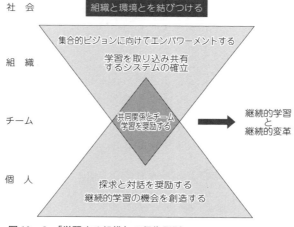

図10-3　「学習する組織」の行為原則
（ワトキンスとマーシック，1995, p.32 をもとに作成）

学習する組織では，個々のメンバーには探求と対話が促進され，グループにはチーム学習が奨励され，そして全体として学習を取り込み共有するシステムが確立される。このあたりの関係を図示したものが図10-3である。

④ アフォーダンス（affordance）

　生態心理学者，ジェームス・ギブソン（Gibson, J.）が唱えた論で，佐伯胖によると，もともとこの語は，動物が環境に働きかけることによって環境から提供される価値情報をさす。ここで重要な点は，知識が環境のなかにあるととらえられており，環境に身を委ねることによって知が開けてくるという視点である（佐伯他，1995；佐々木，2008）。「外界の事物が私たちに自ずから『語っている声』に耳をかたむけ，それを全身でうけとめることで，自然にからだが動き出すことに身をまかせるのである」（『学びへの誘い』p.181）。極端な比喩をいえば，われわれは，大地によって歩かされ，走らされているということになろうか。

⑤ 臨床の知

　中村雄二郎は，普遍性・論理性・客観性を兼備した近代科学の知に対して，

固有世界やローカルな知を重視し，事物の多義性を尊重し，身体性をそなえた「臨床の知」の重要性を提起した（中村，1992）。まるごとの生命活動と生活世界に根ざした知のあり方は，経験と自己のあり方の逆転につながる。つまり，われわれが経験をするのではなくて，経験の集積がわれわれを定義するのである。「ひとが〈経験によって学ぶ〉のは，ただなにかを体験するからではなく，むしろそこにおいて否応なしに被る〈受動〉や〈受苦〉によってである」（『臨床の知とは何か』p. 136）。中村は医学を念頭において「臨床の知」を論じたが，教育現場に即しても同様に，臨床現場での行為的直感をとおしての学びを構築していかねばならない。

⑥ 身体知と身体文化の技化

　斎藤孝は，その著作のなかで，身体に埋め込まれた身体知が生涯にわたる教養であり，中心感覚を保ちつつ歩く・座るといった身体文化の継承の重要性を指摘した（斎藤，2000）。斎藤は，こうした学習において，能動から受動へと意識を反転させること，あるいは積極的受動性という姿勢の重要性を指摘する。そこには「からだの外に中心を感じる」「空間に身体が拡がる」「意識を放つ」という感覚がある。

　状況からの学び，拡張による学び，組織における学び，環境のなかの学び，臨床での学び，身体による学び——学習のとらえ方にはこのような広がりがあるのである。これら 6 つの論に共通する点は，学習を状況や環境に埋め込まれたものとしてとらえ，人が状況に身を委ねることで開けてくる知のあり方を指摘したという点である。そして，このあたりに学校型知の形態をこえる生涯学習論の方向への示唆があるように思う。

　いうまでもないことではあるが，こうした論を示すことは，学校での伝統的な学習形態を軽視するものではない。ここで重要な点は，学習という概念をその原義にたちかえって把握したときに，伝統的な学習観とは異なった，新しい生涯学習へのすじみちがみえてくるという点である。

第11章

成人の特性を活かした学習援助論と
生涯学習方法論

　　本章では生涯学習の方法についてふれる。生涯学習の中核を担うのは成人であるという考えのもとに，まず成人の特性を活かした学習援助論であるアンドラゴジー論（成人教育学）および意識変容の学習論を概観する。そのあとで，成人教育を中心とする生涯学習の方法のタイポロジーを，討議形態の学習方法を中心に整理し，最後に成人の学習場面への参加に関連する問題に言及する。

1　成人を対象とした教育から
　　成人の特性を活かした学習援助へ

　生涯学習を進めていくうえで，その主要な担い手となるのは，学校教育修了後の成人であろう。こうした大人の人たちの教育のことを成人教育というが，ここではこの成人教育を，成人を対象とした教育というよりは，むしろ成人の特性を活かした教育として理解していきたい。というのは，成人の特性をふまえた教育や学習を構想していかないと，学校教育あるいは子どもを対象とした教育の目標と方法をそのまま成人に適用してしまうことになりかねないからである。成人教育には，成人教育独自の体系が構想されるのではないか。この視点から話を進めていきたい。

　アメリカの成人教育学者マルカム・ノールズは，この成人の特性を活かした教育の学問体系をアンドラゴジー（andragogy）と名づけ，その体系化を図った（ノールズ，2002，2013；Knowles，1970）。彼によると，このアンドラゴジーという語は，ギリシャ語の aner（「成人」を意味する）と agogus（「指導」を意味する）の合成語だということである。そして，ノールズは，アンドラゴジーを，「成人の学習を援助する技術（art）と科学（science）」と定義している。

128

第11章　成人の特性を活かした学習援助論と生涯学習方法論

　ところで，教育学という意味の語としてペダゴジー（pedagogy）なる語があ
るが，これのもともとの語源は，やはりギリシャ語の paid（「子ども」の意味）
と agogus（「指導」の意味）の合成語であるということである。そうすると成人
に対する教育においては，ペダゴジーなる語を用いるのは奇妙なことになって
しまう。そこで，教育学を，子ども教育学としてのペダゴジーとおとな教育学
としてのアンドラゴジーとに分けて考えることが提唱され出したのである。

2　アンドラゴジー論のルーツ

　さて，このアンドラゴジー論の検討に入るまえに，すこしそのルーツをたど
っておこう。アンドラゴジーなる語は，19世紀にヨーロッパで最初に用いられ
たことばである。その後，アメリカにもこの考え方と実践が伝えられたが，ア
メリカにおけるアンドラゴジー論とヨーロッパのそれ（アンドラゴーギクとよば
れる）とはやや性格が異なっている。つまり，ヨーロッパのアンドラゴーギク
論が教育原論的なものであるのに対し，アメリカのアンドラゴジー論は，原論
から方法論，内容論まではば広く扱っているのである（池田，1987；堀，1989c；
井上，1990）。以下のところでは，これまでの議論と関連の深いアメリカのアン
ドラゴジー論に注目していく。

　さて，アメリカのアンドラゴジー論に大きな影響をあたえた思想として，先
にふれたジョン・デューイの経験主義教育論をあげることができる。今日では，
デューイを生涯教育論者としてとらえる動向も出てきているが，アメリカのア
ンドラゴジー論は，デューイの教育哲学を成人教育の原理として組み替えてい
った部分がその中核にあるといえる。

　すでにふれたようにデューイは，教育の本質を人間の経験の再構成，すなわ
ち人間の成長や生の更新につながるように経験を組織化していくことに求めた。
しかし人間の経験を教育の出発点と目標に据えるという考え方は，青少年や生
徒・学生よりは学校を出てからの成人のほうによりふさわしいといえる。成人
のほうが，質量ともにより多様でユニークな経験をもち，それを日々の生活に

129

第Ⅱ部　生涯学習論

活かしていると考えられるからである。では，経験の再構成の問題を成人教育の原理として組み替えてみるとどうなるのか，ここにアメリカのアンドラゴジー論の出発点があるといえる。

3　エデュアード・リンデマンのアンドラゴジー論

　デューイの教育論を成人教育論の下地にした構想を体系化したのは，エデュアード・リンデマン（1885-1953）であった。アンドラゴジーなる語をアメリカで最初に用いたのもリンデマンである（1926年）といわれているが，彼は，デューイの教育論にヨーロッパのアンドラゴーギク論などを統合させ，独自の成人教育論を示した。彼は，その著作のなかではアンドラゴジーなる語をほとんど使わなかったが，成人の特性を活かした教育としての成人教育の特徴・方法の研究と実践に精力を注いだ。青年期までの学校教育における，成人生活への準備としての教育に対し，彼は，学校卒業後の成人生活のなかに，それとは質的に異なる教育のあり方を構想したのであった（Brookfield, 1987）。

　彼は，主著『成人教育の意味』（1926年）のなかで，成人教育の特徴として次の４点をあげた（リンデマン，1996）。なお以下の４点で，リンデマンが成人教育の目的を「生活の意味の探求」に求めているという点はとくに注目される。成人教育や生涯学習の目的をこれほど簡潔に述べたものは少ないだけに。

① 教育は生活である（education is life）

　成人教育は，未知なる未来への準備としての教育ではない。生活のあるいは人生のすべての場が教育の場となる。成人教育の目的は，生活の意味の探求であり，生活に意味を注ぎ込むことにある。

② 成人教育は，非職業教育的な性格をもつ

　リンデマンは，この時代の産業界の専門分化や知識の専門化の進展が，成人の生活の意味の探求に対する抵抗となるとみた。成人教育は，専門分化した職場での教育を超えるものでなければならないということであり，それゆえ「成人教育は職業教育の終了から始まる」とさえ述べている。

第11章　成人の特性を活かした学習援助論と生涯学習方法論

アメリカで職業教育を含む成人に対するあらゆる教育を成人教育と呼んでいるのに対し，イギリスではこれは成人に対する教育（education of adults）と呼ばれ，成人教育（adult education）には伝統的に，「成人に対するリベラルな教育」「労働と教養の結合」という理念が内包されていた。リンデマンはデンマークの国民高等学校の実践を範としており，それゆえこの点の理念に関してはヨーロッパ的だといえる（矢口悦子，1998）。

③　成人教育は状況を経由するものであって，教科を経由するものではない

伝統的な学校教育では，生徒が学校のカリキュラムに自分を適応させる必要があったが，成人教育では，逆にカリキュラムのほうが学習者のニーズや関心に適応させられることになる。いかなる成人も適応が迫られる独自の状況をもっているが，この状況こそが成人教育の出発点なのである。教材や教師は，二次的な意味で重要となる。

④　成人教育の資源は学習者の経験に求められる

リンデマンは，成人の経験こそが成人教育の生きたテキストブックであると指摘した。子どもの教育においては，代理的なあるいは想像による経験も大事かもしれないが，成人教育では，考えることとなすことの近接性が求められるのである。

4　小集団ディスカッション法の重要性

リンデマンは，成人教育の特徴を以上の4点に求めたが，彼は同時に，これらの特徴をもつ成人教育独自の方法の重要性をもあわせて指摘した。というのは，成人教育の実践者がいくらすぐれた目標や内容をもっていたとしても，これらを行為に結びつける方法が欠如していたのでは失敗に終わりやすいからである。

彼は，学校教育における教科主義との対比のなかで成人教育独自の方法を考えた。本来は人間の生活経験から引き出されるはずの知識が，教科に分類されて，単位や学位の名のもとに学習者に提供される。そこでは教師は，教科とい

第Ⅱ部　生涯学習論

図11-1　小集団ディスカッション法の目標
（リンデマン，1996より作成）

う知識を提供する専門家となる。

　では，学校や教科からはなれた成人はいかにして学習に参加するのか？　そこでは，成人の生活経験とそれを取り巻く状況からいかに学んでいくのかという方法が問われるのである。リンデマンは状況と向かい合い，そこに人びとの思考と感情をくぐらせつつ状況を討議することで，教育的経験が芽生えると説いた。すなわち生活経験を交流させあう成人の小集団ディスカッション法こそが，成人教育独自の方法だと考えたのである。

　ディスカッションは，教育的機能の乏しい単なる話し合い（talking）とも，結論を先取りしてから勝敗を決めるディベートとも異なる。前者は焦点が不明確であり，後者は議論の焦点が絞られすぎている。

　ここでいうディスカッションは，議長やリーダーを有する，組織化された話し合いを意味する。ディスカッションは，問題を解決する手立てになるというよりは，むしろ未来の行為を方向づけるものになるとみなされている。そして，ディスカッションによって外的事実と内的感情を統合させることにより，ものごとに対する洞察が生まれると考えられる。これらを図で示すならば図11-1のようになるかと思う。

5　マルカム・ノールズのアンドラゴジー論

　さて，リンデマンが用いたアンドラゴジーなる語が再びアメリカの成人教育の文献に登場するのは，1968年である。ノールズは，この年にアンドラゴジー概念のリバイバルを提起し，1970年には主著『成人教育の現代的実践』にて，

第11章　成人の特性を活かした学習援助論と生涯学習方法論

それまでアイディアの域にあったアンドラゴジー概念を，成人教育プログラム開発の理論的根拠に位置づけていく（ノールズ，2002）。ここにおいて，アンドラゴジー論は，成人学習援助の指導原理となるのである。ただノールズのアンドラゴジー論は，職業教育をも射程に入れたものであり，心理学的・個人的次元を重視したものであった。この点でリンデマンのそれとは少し内容のちがったものになっている。

　では，ノールズは，彼のアンドラゴジー論の柱をどのようなところに求めているのか。彼は，以下の5点に注目した。

① 学習者の自己概念の変化

　ノールズは，人間が成熟するにつれて，その自己概念は，依存的なものから自己主導的（self-directing）なものに変化していくとみた。子どもの場合は，まだ他者から面倒をみられる必要もあり，その自己概念も依存的・受動的であることが多い。しかし，自己アイデンティティ確立後の成人にとっては，むしろその自発性や自律性が自己概念の重要な位置を占めることになる。したがって，こうした成人の心理的特性を尊重した学習援助観が求められてくることになる。ノールズは，こうした成人の自発性を尊重した学習形態を「セルフ・ディレクティド・ラーニング（self-directed learning）」とよんだ。この学習形態こそが成人の特性を活かした学習形態なのである。

　成人の多くは，その生活の多くの次元で自律的な生活をいとなんでいる。ただ教育や学習の場面となると内面化された学校時代のイメージが想起され，「先生教えてくれ」となることが多い。しかしじつはこの場合，自己主導的でありたいという成人の心の奥底のニーズと葛藤を生んでいることも多いのであり，学習支援者はその次元まで目配せをすべきなのだ。

② 学習者の経験の役割

　成人の蓄積した経験は学習の貴重な資源となる。これが，ノールズのアンドラゴジー論の第二の柱である。子どもの場合は，経験は学習の出発点として利用されることもあるが，実際に多く利用されているのは，教科書執筆者や教師の経験である。成人の場合はその経験が人格化されている場合が多く，この経

133

第Ⅱ部　生涯学習論

験が行使できなかったり見下されたりしたときには，成人は，その人格そのものが拒絶されているものと思ってしまうことが多い。したがって，成人教育では，成人の経験をうまく開発する方法を探っていく必要がある。

③　学習へのレディネス

　成人の学習へのレディネス（準備状態）は，社会的役割あるいは社会的発達課題を遂行しようとするところから生じることが多い。したがって，成人教育の援助を行なっていく場合は，学習者がどのような社会的役割を達成すべき時期にいるのかを自覚している必要があろう。一方，子ども教育の場合は，心身の発達段階や社会・学校からの圧力によって学習へのレディネスが生じることが多いといえる。

④　学習への方向づけ

　成人は，子どもとはちがった時間感覚をもっており，これが子どもとはちがった学習への接し方を生むことになる。子どもの場合は，学習は，将来の生活の糧であったり，場合によっては上級学校への進学に役立つものであったりすることがある。したがって，すぐ次の日からその応用が求められるものではないだけに，教科中心的にカリキュラムが組まれることが多い。これに対して，成人の場合は，学習への方向づけはより即時的である。成人の学習が現在の生活状況やそれにともなう困難さを軽視できないものである以上，生活していく力（competence）を開発するという側面が重要になってくる。いつかは役立つであろうという学習だけでは，十分に成人を魅きつけるわけにはいかない。その意味では，問題解決的なカリキュラムや生活に根ざした教材がより好ましいといえる。

⑤　学習への動機づけ

　成人の学習への動機づけは，もちろん外的なもの（昇進，より良い給与など）も多いが，より重要な動機づけの要因は内面的なもの（自尊心，自己実現など）である。したがって，成人学習の援助者は，こうしたより潜在的な動機の側面をも十分考慮する必要がある。

　ノールズは，以上の５つの視点を，実際の学習の計画・実行・評価のサイク

ルのなかに組み込んでいった。彼のみた成人学習のサイクルは次のとおりである。①教育的な雰囲気づくり，②学習を（援助者と学習者が）共同で計画できるように準備をすること，③学習ニーズの診断，④学習の目標や方向性の設定，⑤学習プログラムの計画，⑥学習活動の実施，⑦学習プログラムの評価（ノールズ，2005）。これら一連のプロセスのなかに，アンドラゴジーの考え方が盛り込まれていくことになる。

　なおノールズは晩年に，アンドラゴジーの第六の柱を提示しつつあった。それは，「学習の必要性」の次元で，「成人は，学習を開始するまえに，なぜその学習をするのかを知る必要がある」というものであった（堀，2004）。成人学習の支援者は，したがって，学習者が「知る必要性」に気づけるようにしていく必要がある。

6　アンドラゴジーの方法

　ノールズもリンデマン同様，アンドラゴジーの方法として，小集団による学習方法を重視した。彼の場合は，ディスカッション法だけでなく，ロール・プレイやバズ・セッションなどの方法，教育的カウンセリングや契約学習といった独自の方法の提案，そして大規模な集団における討議法の紹介など，多岐にわたる成人教育の方法を検討している。ここでは，学習者の自発性を大規模な集会でどう組み込むかに注目した方法論を示してみたい。

　『成人教育の現代的実践』において，彼は，大規模な集会においては，登壇者や参加者の相互作用の量と質に注目すべきだと指摘する。彼は，この点に関して次のような段階を示している。

　図11-2のAは，相互作用が最も弱い場合である。登壇者が講演や映画などによる呈示のみをする場合である。Bは視覚媒体を用いた場合で，壇上の相互作用が少し増える。Cは，壇上で2人の対談やインタビューがなされる場合である。人間間の相互作用が発生する。Dは，2人以上の者を登壇させることで相互作用の量と質を向上させている。シンポジウム，パネル討議，実演など

第Ⅱ部 生涯学習論

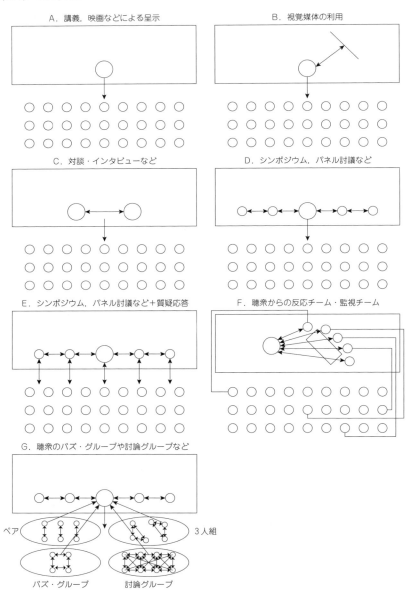

図11-2 大規模な集会における学習方法（ノールズ，2002，pp. 204-209 より作成）

がこうしたかたちで行われる。Eは，ここに聴衆からの質疑・意見などが入った場合である。よく見かける光景である。Fは，聴衆の代表を壇上に上げ，聴衆からの反応チーム・監視チームとして質疑や意見をぶつけていく。Gは，聴衆をさらに2～3人組やバズ・グループに分け，グループごとにいくつかの役割（明確化する点，反論する点など）を設け，それにそって発表を聞いたあとで，バズ・セッションを行い，グループの代表が討議の結果を登壇者に報告するというものである。ここでは大集団の聴衆を小集団に組み替えていくという方向が示されている。

7　アンドラゴジーとジェロゴジー

　こうしたユニークな学習方法論を盛り込んだノールズのアンドラゴジー論は，成人教育の理論と実践に大きな波紋を投げかけたが，その一方でいくつかの疑問や批判も出されてきた。そのうちのひとつが，青年期以降の人間を一括して成人とよび，かれらへの共通した教育原理を示していいのか，というものであ

表11‐1　ペダゴジー・アンドラゴジー・ジェロゴジーの原理の比較

論　点	ペダゴジー	アンドラゴジー	ジェロゴジー
学習者の自己概念	依存的。年齢が上がるにつれて，依存性は減少する。	自己主導的（self-directing）。	依存性の増大。
学習者の経験の役割	あまり重視されず。教師や教科書執筆者の経験が重視される。	学習への貴重な資源となる。	学習への貴重な資源となるが，一方で，活用に工夫が必要となる。
学習への準備状態	生物的発達段階と社会的プレッシャー。	社会的役割からの発達課題。	内在的報酬。エイジングへの適応。
学習の見通し	延期された応用。	応用の即時性。	応用の問題は二次的に。学習経験に内在する価値と人間関係の豊饒化が重要に。
学習への方向づけ	教科・教材中心。	問題解決中心。	興味をひく教科中心。人間的交流や社会参加など副次的要素が重要に。

第Ⅱ部　生涯学習論

った。ジャックス・レーベル（Lebel, J.）は，高齢者には高齢者独自の特性が
あり，これらは成人初期・中期の者の特性とは区別されるべきではないかとみ
た（Lebel, 1978；堀，2015）。そして，高齢者の特性を活かした教育学としてジェ
ロゴジー（gerogogy；高齢者教育学）なる体系を示した。この特徴を私なりに解
釈し直して，アンドラゴジー‐ペダゴジー論との対比のなかで示したのが表
11‐1である。この表をみると，ジェロゴジーの原理は，どちらかというとペ
ダゴジーの論理に近いものであるといえる。依存性の高まり，学習成果の応用
の間接性，生理的条件の重要性などは，質や形態のちがいはあるが，子どもと
高齢者に共通してみられる点であろう。また，この表ではふれられていないが，
高齢者や成人の特性として，成人の発達とエイジングの問題を組み込んでいく
ことも，アンドラゴジー論を発展させていく重要な方向であろう。

8　意識変容の学習論

　ノールズのアンドラゴジー論の提唱とそれへの批判をくぐり抜けるなかで，
成人学習者の世界観や価値観を批判的に問い返すという方向の成人学習論が注
目されるようになっていく。ジャック・メジロー（Mezirow, J.：1923-2014）は，
成人の経験をささえる信念や前提を批判的にふり返る意識変容の学習を提起し
た（メジロー，2012；常葉‐布施，2004）。そこで疑われるのは習慣化した準拠枠
や意味パースペクティヴであり，彼は，これらを他者との対話や討議（dis-
course）によって成人教育のプロセスと行動につなげようとした。
　パトリシア・クラントン（Cranton, P.）は，ノールズやメジローの論をふま
え，自己決定学習と教育者の役割の関連，および意識変容の学習の方法とそれ
にふさわしい学習場面の関連などを論じた（クラントン，1999，2004）。彼女は，
他者決定学習から自己決定学習を経て相互決定学習に向かう流れを述べつつ，
それぞれの段階における教育者の役割を論じた。図11‐3は，彼女のみる12個
の教育者役割と学習のタイプとの関連を示している。これによると，ファシリ
テーター役割と自己決定学習とは親和性がつよいといえそうである。

図11-3 教育者の役割と学習のタイプの関連
（クラントン，1999，p. 94より）

　また彼女は意識変容学習においても，これを促進するために支援者が一般的にたどるプロセスを示したが，そこでは，自分が墨守してきた価値観や前提が省察（reflection）と討議によって揺さぶられ，経験を意味づける枠組み（＝パースペクティヴ）の変容からそれにもとづく行動の変化へのすじみちが示されている。また，意識変容学習の各段階や学習場面に応じた，意識変容学習支援の方法があるとも指摘されている。ジャーナル・ライティング（日々の出来事の覚え書き），決定的事例法（critical incident method）（生活のなかで決定的に重要な事象の記述と分析）などである。重要な点は，これらの方法のなかに，日常生活の暗黙の前提を批判的に問い返す要素が盛り込まれているという点であろう。

9　生涯学習方法のタイポロジー

　このように成人教育論や成人学習論は，独自の学習観との絡みのなかで議論が展開してきた。以下のところでは，学習観から少しはなれ，その形態面から成人学習支援を中心とする，生涯学習（支援）方法のタイポロジーをみていきたい。

第Ⅱ部　生涯学習論

表11‑2　成人学習の方法の形態

個人学習	媒体利用	印刷媒体：書籍，雑誌，新聞
		録音・録画媒体：CD，DVD，ビデオ
		通信媒体：テレビ，ラジオ，インターネット
		社会通信教育
	施設利用	図書館，情報センター
		博物館
		その他の施設
集合学習	集会学習	講演会，鑑賞会
	集団学習	学級・講座，グループ・サークル

　生涯学習の方法をその形態のみでみるならば，まず個人学習と集合学習に分けることができる（表11‑2参照）。個人学習はさらに媒体利用と施設利用とに分けられ，さらに前者のなかには，本や雑誌などを利用する印刷媒体，CDやビデオなどを利用する録音・録画媒体，インターネットやテレビなどを利用する通信媒体，そして社会通信教育に分けることができる。後者では，図書館や博物館などの施設を利用することになる。

　集合学習の場合は，集会学習と集団学習に分けられるが，前者では，講演会や映画会など，人びとが自由に参加するが，あまり参加者同士の交流がねらわれていない場合が多い。一方，学級・講座や学習サークルなどでの集団学習の場合は，参加者の交流が前提となることが多い。すでにふれたように，集団学習が教育的機能をもちやすいのは，小集団学習や討議型学習である場合が多い。大集団での学習や講座型の学習の場合は，ともすれば集会型学習に近くなるので，学習支援者の側からの工夫が必要となることがある。

　図11‑4は，主な小集団型学習の方法を図示したものである。小集団学習はさらに，A．小集団での討議学習，B．フォーラム型の学習（大集団の場合あり），C．内容に工夫のある学習，D．参加型の学習といった下位タイプに分けることもできよう。以下，簡単にこれらを説明してみよう（矢口徹也，1998；廣瀬・澤田他，2000；関口・西岡他，2018）。

140

第11章　成人の特性を活かした学習援助論と生涯学習方法論

（1）小集団での討議法

① スピーチ　1人で集団の前に出て，3分なりの時間制限のなかで，与えられた（あるいは自分で選んだ）テーマの話をするというものである。実際に人前で要領よく話し，感触が得られる状況にもっていくのはむずかしいことだというのが体感できるのではなかろうか。スピーチの直前に話すテーマを示すという方法もある。

② ペア・トーク　2人ずつペアとなり，一定時間内にあるテーマにそった話をし，一定時間が過ぎれば次のメンバーと対話の相手をチェンジする。サークルなどでの古参者−新参者，男性−女性といったいくつかのペアの組み方が考えられる。重要な点は，2人なので必ず話をせざるをえないという点である。英会話の実習にも向いているだろう。

③ ラウンドテーブル・ディスカッション（円卓会議）　円卓または四角い机を囲んで，参加者が互いに顔を合わせつつ議論をする。参加者がみな平等な立場であることが大切で，進行係は，特定の人間がしゃべりすぎたり，黙っていたりすることがないようにサポートしていくことも必要となろう。またアジェンダ（agenda）というかたちで討議の柱を事前に設定しておくと，一定の流れにそった議論が期待できる。

④ バズ・セッション　ハチがぶんぶんいう（buzz）ところからきたもので，6−6会議ともいわれる。大集団を6人（〜8人）くらいの小集団に分け，6分（〜10分）を目安に，あるテーマのもとで話し合いを行い，のちに代表者が全体会で報告する。なおマジカルナンバー7ともいわれるように，司会者を入れて7名くらいが小集団として最適だといわれている。

⑤ フォーラム（座談会・談話会）　もともとは公衆の討議の場という意味で，3人以上の人間が集まって，司会進行のもとに行われる話し合い会をさす。次の(2)に示すように，これと他の手法とが組み合わされることも多い。

⑥ アフター・リーディング・ディスカッション　いわゆる読書会形式の討議で，事前にある資料や書物を読んできたうえで議論をすすめる。そこでの資料などが議論の軸となるため，議論がぶれにくくなるという利点もある。

第Ⅱ部 生涯学習論

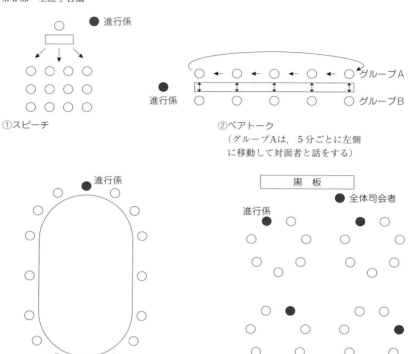

①スピーチ

②ペアトーク
（グループAは，5分ごとに左側に移動して対面者と話をする）

③ラウンド・テーブル・ディスカッション
（テーブルはなくても可，必要に応じて進行係の隣に記録係をおく）

④バズ・セッション

⑤フォーラム

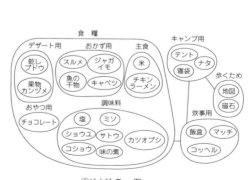

⑥KJ法の一例
（川喜田，1967，p.176より）

図11-4-1　主な小集団学習の方法（小集団での討議法）

第11章　成人の特性を活かした学習援助論と生涯学習方法論

⑦　ブレーン・ストーミングと KJ 法　リラックスした雰囲気のもとに，新し
いアイディアを多く出し合う。批判は厳禁で，他人のアイディアに便乗しても
よい。企業の新製品開発などに用いられることも多い。アイディアや意見など
をカードに写し，グループをつくり図解していくなかで新しい発想を生み出す
方法を KJ 法という（川喜田，1967）。

（2）フォーラム型の学習方法

①　レクチャー・フォーラム　講義とフォーラムが組み合わさったもので，一
定時間講師の話を聞いたあとで，参加者同士の話し合いをすすめていく。

②　フィルム・フォーラム　映画やビデオを観たあとで，その内容をふまえた
話し合い学習をすすめていく。

③　パネル・フォーラム　いくつかの異なった立場の人に壇上に上がって意見
を述べてもらい，その人たち同士で議論をしてもらう（＝パネル・ディスカッシ
ョン）。その後，フロアの人たちを巻き込んだ議論や意見交換を行う。

④　シンポジウム・フォーラム　壇上に数人の専門家や講師などが並び，それ
ぞれにあるテーマにそって意見を述べてもらう。参加者は，講師との質疑応答
や講師の意見をふまえた参加者同士の話し合いというかたちで議論に参加して
いく。壇上の講師間での討論がないところが，パネル・フォーラムと異なる点
である。

⑤　ディベート・フォーラム　ディベートでは，ある論点をめぐって賛成派と
反対派に分かれて議論を行い，双方の論理的説得力やチームワークなどを考慮
して，ジャッジが議論の勝敗を決定する。フォーラムの場合は，聴衆がジャッ
ジに参加する場合もある。

⑥　クイズ・フォーラム　ある領域の知識理解を図る場合，これをクイズ形式
にして，グループ間で解答をめぐる議論をするという方法である。

（3）内容に工夫のある学習方法

①　シミュレーション　例えば，高齢者や障害者の状況を疑似体験用具などを

第Ⅱ部　生涯学習論

⑦レクチャー・フォーラム
　（講師の講義→話し合い学習）

⑧フィルム・フォーラム
　（映画など→話し合い学習）

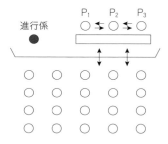

⑨パネル・フォーラム
　（パネラー同士の議論→フロアとの
　　やりとり）

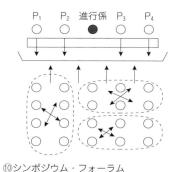

⑩シンポジウム・フォーラム
　（シンポジストの話→フロアとのやりとり
　　→フロアの小集団の討議）

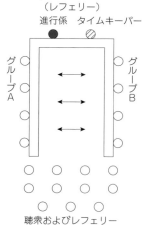

⑪ディベート・フォーラム
　（グループＡとグループＢの対決）

図11－4－2　主な小集団学習の方法（フォーラム型の学習形態（大集団の場合あり））

第11章　成人の特性を活かした学習援助論と生涯学習方法論

用いて設定し，そこから体験的に学ぶという方法である。用具を用いず仮想的
な状況を設定して，その状況から学ぶという方法もある。重要な点は，そうし
た方法を用いる意図（人権や偏見を考える，など）をきちんと説明し，フィード
バックを行うことである。

② 教育訓練ゲーム　例えば，雪山遭難や無人島漂着などの場面でどういう道
具が有効かといった点を，ゲーム形式でグループ別に議論しあい，その後正解
との照合を行う。新参者の集団などで，コミュニケーションを図るアイスブレ
イクとして用いることもできる。

③ アサーティブ（非攻撃型自己主張）「相手を傷つけずに自己主張する」とい
う相互尊重の考え方と方法をさす。日常生活での問題状況において，攻撃的に
ならず，かつ非主張的にならない方法を学習する（平木, 1993）。この手法は，
アンガー・コントロール（anger control；怒りをコントロールする手法）とも通じ
るものがある。

（4）参加型学習とワークショップ

　参加者の生活経験と参加者同士の交流を，生涯学習へのより積極的な資源と
して活用していこうとする方法を総称するものである。もともとワークショッ
プは，作業場や仕事場という意味を有していたが，今日では，研修会や体験・
参加型の学習会の意味をもつようになってきた（中野, 2001）。「学習者が積極
的に他の学習者の意見や発想から学ぶ手法」（廣瀬・澤田他, 2000, p.50）だと
もいえる。そこには，各人が他者に発信できる知識や経験を有しているという
前提のもとに，その相互交流を通じて互いに高めあい，集団として創造的な活
動につなげていくという考え方がある。薗田碩哉は，ワークショップ型の学習
の特徴として次の5点をあげている。①ワークショップに先生はいない，②
「お客さん」でいることはできない，③初めから決まった答えなどない，④頭
が動き，身体が動く，⑤交流と笑いがある（薗田, 1994）。

　またこうしたワークショップの指導者のことをファシリテーター（facilita-
tor）とよぶ（中野, 2003）。学習支援者という意味をもち，学習活動を側面から

第Ⅱ部　生涯学習論

支援し活性化させる人をさす。ワークショップ型学習が注目されるようになった背景には，知識伝達型の教育方法が必ずしもいつも有効だとはかぎらないこと——むしろ学習プロセスに学習者の体験的要素と自発性を組み込むことが重要だということが示されてきたことがあろう。

　なお最近では，アクティヴ・ラーニングや反転学習，協同学習，アンラーン（unlearn：学びほぐし）といった新しいタイプの参加型学習も出てきている（関口・西岡他，2018）。

10　成人の特性としての自己概念
　　　——フリー・ラーナーかアウトリーチか？

　最後に，成人の学習場面参加への要因についてふれておこう。かつてシリル・フール（Houle, C.）は，成人の学習場面への参加動機を次の3つに分けて示した。①目標志向，②活動志向，③学習志向（Houle, 1988）。モーステインとスマート（Morstain, B. & Smart, J.）は，さらに次の6つの志向性を示した。①友人関係，②外部からの期待や指示，③他者や社会への貢献，④キャリア志向，⑤気晴らしや新たな刺激，⑥知的好奇心（Morstain & Smart, 1974）。

　これに対して学習場面不参加の主な要因としては，時間的要因（時間がない／時間帯が合わない）と経済的要因があげられよう。しかし，参加への阻害要因（deterrent）をより一般的に語るならば，ダーケンワルドとメリアム（Darkenwald, G. & Merriam, S.）のいう，①制度的要因，②状況的要因，③情報的要因，④心理－社会的要因に分けることができる（Darkenwald & Merriam, 1982；メリアムとカファレラ，2005）。このうち最後の心理－社会的要因のなかには，成人の内面にある学習観・教育観・学校観との関係が大きいであろう。つまり，自分の受けてきた学校教育などによって培われた，学習や教育への構えとの関係ということである。

　一般的に青少年時代に学校や学習に対して，成績が良かったなどポジティヴなイメージを内面化した者ほど，成人教育場面への参加率が高いとされている。

したがって成人教育事業への参加者が高学歴者に偏りがちになることがよくあり，リチャード・ピーターソン（Peterson, R. E.）は，これを education more education の法則とよんだ（Peterson, 1979）。逆に，学校時代に学習や教育に対してネガティヴなイメージを形成した者にとっては，社会に出てから学習場面に参加することは，かなり抵抗のともなうことだといえる。

　成人教育や生涯学習の理念としては，先にふれた自発学習（self-directed learning）やフリー・ラーナー（自由な学習者）像があげられる。自由で主体的に展開される学習，各人の個性と自己実現が開かれる学習こそが成人教育の中核にあらねばならない。

　しかし他方で，単に成人教育の機会を提供するだけでは，むしろ学習機会の格差を広げてしまいかねないという懸念もある。その意味では，学習機会から遠ざけられてきた人たちに対するアウトリーチ（届ける学習）活動も必要なのである。教育機会（場合によっては教育結果）の平等という理念もまた，重要な生涯学習の理念なのである。図書館での団体貸出サービス，識字教室，高齢者に対するパソコン教室などが，この例としてあげられよう。

　両方の理念は，あるいは「自由」と「平等」の理念は，多くの場合共存しうるが，ときには相対立することもある。ちょうどフランスの国旗が，自由（青）と平等（白）の横に友愛（赤）を置く必然性があったように。したがって，とくに高等教育機会の拡充などにおいては，青少年期にネガティヴな学校観・教育観を内面化してきた成人に対して，学習に対する不安や抵抗を徐々に解凍していく作業が，一方で求められているのである。

第12章

生涯学習内容論と現代社会論

　　　　　本章では生涯学習や成人教育の内容論についてふれる。学校教育における
　　　　教科との対比のもとで，生涯学習領域の学習内容編成の問題を考えたのちに，
　　　　とくに「現代社会」を学習内容へとつなげていくすじみちを考える。ここで
　　　　はとくに，大衆社会論などが示してきたいくつかのキーワードを糸口にして
　　　　学習へのすじみちを考えていく。

1　生涯学習における学習プログラムと学習カリキュラム

　学習活動を遂行していく場合，どのような学習方法を用いるかとともに，ど
のような内容領域の学習をすすめていくのかもひとつの大きな課題となる。そ
こには，趣味や教養の領域もあれば，スポーツやフィールドワークの領域もあ
れば，市民性の涵養や人権意識の高揚といった領域もある。こうしたきわめて
多岐にわたる生涯学習の学習内容の領域をつらぬく視座のいくつかを検討して
みよう（日本社会教育学会，1989；堀，2003）。

　生涯学習の学習内容編成の問題を考える場合，学習プログラムをいかに編成
していくかが大きな課題となる（岡本，1992a）。学習プログラムの定義として
は，学習「活動をはじめからおわりまで，順序よく，流れやつながりを持って
ならべたしかけ」（廣瀬他，2000，p. 4），「学習者が学習を進めていくのを援助し
ていくため，学習援助者側が中心となって設定する援助計画の全過程を一定様
式に納めた予定表」（岡本，1992b，p. 370）といったものがある。そして学習プ
ログラムを構成する個々の単位のことを，アクティビティまたは学習活動とよ
ぶことが多い。

　学習内容を編成し学習プログラムを構築していくさいに重要となるのが，学

習の内容領域をどのていどの広がりと深さで編成していくのかという問題である。かつて元木健は、教育内容の編成原理と手続き論において重要となるのがスコープ（scope）とシーケンス（sequence）であるという指摘を行なった。そこでいうスコープとは、「人間のさまざまな活動や問題がそこに集中し社会生活における活動の統一的な中心となるような機能」であり、学習課題の集約点だともいえる（元木，1976）。例えばジェンダー問題の理解、老後生活の安定化、ICT化への対応といったものがこの例として考えられようか。

　一方シーケンスは、こうした学習内容を学習する順序性を意味し、教材の論理と学習者の心理的特性とが統合的に考慮されたうえで配列されたものだといえる。そこでは、教材の論理や文化遺産の伝達の論理を優先するのか、それとも学習者の興味・関心を優先するのかという問題が、学習内容編成をめぐるうえでの重要な論点となっている。

　ところで生涯学習の領域では、これまで学習プログラム編成の問題はしばしば議論されてきたが、生涯学習のカリキュラムという発想は、これまでほとんど示されていない。これらの議論は、じつは学校教育のカリキュラム編成をめぐる問題から端を発しているのである。カリキュラムという用語は、今日では、学校教育における教科内容の編成という意味で用いられているが、本来は、教育目的を達成するために教育内容を編成する手続き論という意味を有する（元木，1981）。学習プログラムを一定の理念のもとに編成していく原理こそが、生涯学習のカリキュラムなのであり、そうした生涯学習内容編成論こそがいま求められているように思う。

2　学校教育における教科と生涯学習における教科

　高等学校までの学校教育では、カリキュラム＝教育課程は、学校教育法施行規則と学習指導要領とをふまえて、各教科の学年別配列を軸に組まれる。教育学の領域では、教科は、その性格によりいくつかのタイプに分けられる。まず、国語、英語や数学のような学習内容領域は、「用具教科」とよばれている（麻

第Ⅱ部　生涯学習論

生，1981）。言語や数量など，他の学習を行なっていくうえでの用具となる教科で，あらゆる学習の基礎となるものである。小学校低学年で重視される教科であり，歴史的にみると最も古くから重視されてきた学習内容領域である。

　これに対して，理科や社会科（とくに地理・歴史）などの，自然現象や社会現象の内容を理解し，そこでの問題解決能力を養うことをねらいとする学習内容領域のことを「内容教科」とよぶ。歴史的には，産業革命や地理上の発見などによって学習内容が拡大されたこととも関連がある。

　芸術的表現活動や実用的製作活動などによる技能の発展をめざす教科は，「技能教科」とよばれる。例えば，図工や音楽などがこれに相当する。20世紀に入って学校における教科の統合運動が進むなかで，人びとの生活を軸とする「生活教科」も出てきた。生活科，家庭科，保健などがこの典型例である。（なお体育や保健を「健康教科」というくくりでとらえることもある。）歴史的にみるならば，学校教育における教科は，この順序，すなわち用具教科→内容教科→技能教科→生活教科の順序で発展してきたのである。

　ところで学習指導要領施行規則における，小中学校での教科別時間編成をみると一定の特徴がうかがわれる。それらは，①小学校低学年では国語と算数（用具教科）の比重が大きい，②しかし小学校中学年から社会科と理科（内容教科）の比重が増え，中学校では国語や数学と同じくらいの時間数となる，③小学校高学年から中学校・高校に進むにつれて，技術・家庭・保健などの教科が増え，高校ではそれらを専門とする学校が出てくる。つまり人間の発達段階にそって，用具教科→内容教科→生活教科という順序で教科の重要性の比重が変化していくのであり，人類の教科の歴史とパラレルなものになっているともいえよう。

　さてでは，生涯学習において教科という考え方は成り立つのであろうか？もちろん生涯学習や成人教育の領域には学習指導要領などのようなものは存在しないし，げんみつにいえば，こうした発想そのものが奇異に受け止められるであろう。しかし私は，生涯学習の学習内容編成においても，広い意味の「教科」のまとまりを考え，そこからカリキュラムを構想していくことは意義のあ

150

第12章　生涯学習内容論と現代社会論

表12‒1　生涯学習の教科論

教科名		内　　容	具　体　例
応用	実践教科	実践活動や生活経験との関わりのなかで展開される学習内容	地域づくり，職業，資格取得，フィールドワーク
	表現教科	芸術活動や制作活動などにより表現することをねらった学習内容	音楽，絵画，陶芸，書道，ダンス
	内容教科	その学習領域の内容の習得がねらいとなるもの	歴史，地理，法律，生物，化学，文学
基礎	枠組み教科	人間と社会のあり方をとらえる枠組みに関わる学習内容	社会学，心理学，人間学，哲学，思想
	用具的教科	他の学習を行なっていくうえでの道具的基礎となる学習内容	日本語（読み・書き・コミュニケーション），外国語，数学，統計学，情報処理

ることだと思う。そこで，表12‒1に示したような生涯学習の教科論の試案を
考えてみた。ここには次の5つの教科の領域がある。

① 用具教科　日本語，外国語，数学，統計学，情報処理など，われわれが
生涯学習活動を展開していくうえで，その道具的基盤となる学習内容。

② 枠組み教科　心理学，社会学，哲学，人間学など，人間と社会のあり方を
とらえる枠組みやパースペクティヴを習得する教科。この部分は高校までの学
習指導要領などで規定される範囲にはないが，人間と社会・生活とにかかわる
問題を学習していくうえでの指針や概念的基礎となるものである。

③ 内容教科　歴史，地理，化学，法律など，主に学習の内容の習得をねら
いとする教科。生涯学習においては，学校教育にくらべて多岐にわたる内容を
含むことになる。

④ 表現教科　コーラス，絵画，陶芸，ダンスなど，芸術活動や創作活動な
どをとおして何かを表現するもの。

⑤ 実践教科　地域づくり，介護，資格取得など，主として実践活動や生活
経験とのかかわりのなかで習得されていく教科。

　これらのうち①と②を基礎的教科，③と⑤を応用的教科といってもよいであ
ろう。もちろん実際の学習場面においては，このようにきちんと区分けされる
のではないが，あくまで概念的区分けとして理解されればと思う。重要な点は，

第Ⅱ部　生涯学習論

これらの教科の領域を行き来できるような学習のすじみちを形成し，ある内容領域の学習に対して，その基盤的学習から実践的・応用的学習へと展開できるカリキュラムやプログラムを水路づけていくことであろう。また実践的・内容的教科の基礎となる教科の学習を軽視した学習に終始した場合，学習の深化という点では限界が出てこよう。

3　実質陶冶と形式陶冶

　教育学の領域で古くから議論されてきた論点として，実質陶冶（substantial discipline）と形式陶冶（formal discipline）の問題がある。前者は，教材の内容を習得することを学習活動の目標としてとらえるものである。したがって例えば，数学の学習では数学の計算ができることが，英語の学習では外国語が話せることが学習活動の目標となるといえよう。

　これに対して，形式陶冶の立場からすると視点が変わってくる。学習活動の目標は，その教材の内容を習得することではなく，そうした学習を通じて人間の心的諸能力を涵養することがねらいとなるのである。したがって数学や英語の学習の目標は，例えば，論理的思考力や判断力の育成といったものとなる。こうした能力は，それ自体抽象的なものではある。しかしこうした能力は，他の同様の学習場面に転移（transfer）するものと考えられている（ブルーナー，1986）。国語の学習の得意な人は，おそらく英語の学習や古典の学習も得意であろう──なぜなら語学力という心的能力が磨かれているからである，という具合にである。したがってこうした転移性のうかがわれる学習こそが他の学習への基礎となるのである。生涯学習の領域においても，学習成果の転移性の問題を考えられてもいいのではなかろうか。

4　学習プログラム開発の新しい流れ

　生涯学習の領域では学習内容を編成するさいには，学習者のニーズや社会的

第12章　生涯学習内容論と現代社会論

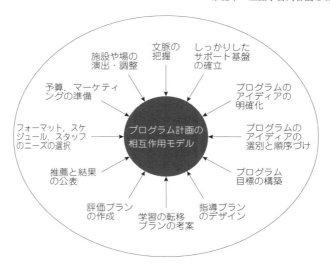

図12-1　プログラム計画の相互作用モデル
(Caffarella, 2002, p.21)

課題を配慮したプログラム開発が主流であった（ノールズ，2002など）。要求課題と必要課題の統合という論でもそうである。しかし最近では，このプログラム開発にいくつかの新しい視点も出てきている。例えばローズマリー・カファレラ（Caffarella, R.）は，プログラム提供者と学習参加者との相互作用を焦点化したプログラム計画論を提起した（Caffarella, 2002）。

図12-1は，カファレラの示した，プログラム計画の相互作用モデルである。このモデルの特徴は，プログラム計画を学習者や教育者，運営者らの交渉（negotiation）の場と位置づけたうえで，状況に応じてこれらの要素を組み合わせて用いる点にある。どこからでも始められ，どこででも終えられる。このモデルを用いるうえで，それが立脚している次の7つの仮説を理解しておく必要があろう。①その焦点は学習と変化にある。教育や学習の結果として，学習者や組織，それを取り巻く社会がどう変化したのかを理解する必要がある。②プログラム計画は直線的なものではない（nonsequential）。それゆえ，柔軟に対応していかねばならない。③計画は，関係者の権力関係など，文脈に依存する。

第Ⅱ部　生涯学習論

したがって最終プログラムは，交渉の産物となる。④十分な事前準備とともに，最後の瞬間まで変更の可能性を残すこと。⑤多様性や文化的差異を尊重し考慮すること。⑥オーケストラの指揮者のように，計画者には異なったパーツを調和的に統合する課題がある。そこには成功を保証する公式のようなものはない。⑦計画者もまた学習者であることを理解すること。

　一方で，成人教育のプログラムの政治学的な理解を図る論も出てきている。例えばセルベロとウィルソン（Cervero, R. M. & Wilson, A. L.）らは，成人教育実践を知識と権力の闘争の場だととらえ，成人教育の政治学的な権力分析を試みた。そして成人学習者にロマンスを抱く論に対して，実際に成人教育プログラムから「益を得ているのはだれか？（Who benefits?）」「だれの利益に与するべきなのか？（Who should benefit?）」と問いかける（Cervero & Wilson et al., 2001）。知識と権力の配分として成人教育プログラム策定をとらえるならば，それが社会のどの層に対する責任を果たすことにつながるのかをも，問われるべきだということになろう。

5　現代的課題からの学習内容論と生活経験の省察からの学習内容論

　さて成人教育の領域では，社会人学生の場合を除くならば，多くの場合「教科」を学ぶ機会は少ないであろう。そこでは「現代社会」「生活経験」そのものから学習内容が組み立てられることが重要となる。先にふれたようにリンデマンは，成人の生きる生活状況と生活経験から，教科に代わる成人教育の素材が芽生えると説き，小集団討議法による状況からの教育を提起した。では，今日の社会状況はいかにして学習内容につながりうるのであろうか。あくまで一般的なかたちで考えていきたい。

　かつて歴史学者上原専禄は，「生活現実の歴史化的認識」と「歴史的現実の課題化的認識」というかたちで，現代社会・生活現実と歴史・時代とをつなぐ意識形成に学習課題（生存・生活・自由と平等・進歩と繁栄・独立）を求めた（上

154

原，1963）。藤岡貞彦は上原の論を受け，具体的・現実的な課題を歴史の文脈で
とらえかえしたときに，生涯学習の内容編成が芽生えると説き，住民運動の教
育的側面などにも光をあてた（藤岡，1977）。一方で三輪建二は，現代的課題か
らの学習内容編成論には演繹的に学習内容を設定するという問題点がともない，
むしろ成人学習者と学習プロセスへの省察から学習内容を深めるというすじみ
ちを提起した（三輪，2004，2009）。

　かくして成人教育における学習内容編成においては，現代的課題や社会問題
から学習内容を組むというすじみちと，学習プロセスから社会的課題を開くと
いうすじみちとがあるということになる。どちらの場合も，生活経験と現代社
会とをつなぐという点では共通するものがあろう。

6　現代社会を学習内容としてとらえること
——大衆社会論の視点から

　多くの場合「教科」という測定の杖をもたない生涯学習にとっては，現代社
会のうねりを人びとの生活経験とつなげるすじみちが重要となってくる。とこ
ろで現代社会を大きくとらえるとらえ方としては，社会体制や社会構造の側面
を重視した社会体制論と，テクノロジーやメディアの発展と人びとの生活構造
の側面を重視した大衆社会論とに分けることができる。しかしグローバル化や
ネット社会化が進む今日においては，社会体制のちがいをこえた社会現象の側
から現代社会をとらえたほうがより現実的かと思えるので，以下，大衆社会論
に注目していくことにする。

　大衆社会論の草創期である1950年代後半において，アメリカの社会学者ウィ
リアム・コーンハウザー（Kornhauser, W.）は，大衆社会なるものを次のよう
に定義した（コーンハウザー，1961）。「エリートが非エリートの影響を受けやす
く，非エリートがエリートによる動員に操縦されやすい社会制度」（p. 41）。そ
こには「近づきやすいエリート（accessible elite）」と「操られやすい大衆
（available mass）」という2つの特徴がある。デモクラシーの発達によりエリー

第Ⅱ部　生涯学習論

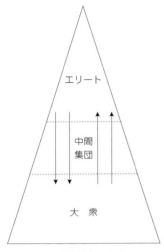

図12-2　大衆社会の構造
　　　　（コーンハウザー，1961
　　　　より作成）

トの隔離性が喪失したが，同時に，テクノロジーの発達により大衆がメディアなどで操られやすくなったということである。図12-2に示したとおり，エリートと大衆の間にあった，地域集団や近隣集団などの中間集団（intermediate group）が無力化した社会だということである。インターネットの普及に象徴される今日においてこそ，この議論はより現実的なものになっていると思える。

　ところで，大衆社会論は独自の人間像（とくに若者像）と社会現象論を提起した。この議論は，やはり1950年代の社会論に端を発しているが，じつはそれと同様の現象が様相を変えて今日でもうかがわれるようである。とくにさまざまなメディアの普及がこうした動向の顕在化を後押ししているといえる。以下，今日の社会を形容するいくつかの言説をキーワードとして取り上げてみたい。こうしたキーワードと人びとの生活経験をつなげるところから，現代社会を学習内容としてとらえるすじみちが芽生えると考えるからである。

7　キーワードからみる現代社会

　以下のところでは，いくつかのキーワードから現代社会を読み解く糸口を探ってみたい。ここでは「現代社会は＊＊社会だ」と説いた論，「現代社会に特徴的な人間（若者）像」「現代社会に特有の社会現象」の3つの視点から，いくつかの論を示してみる。もちろんこれらはあくまで断片的な一例にすぎないが，これらの多くに共通する点は，インターネット，スマホなどのメディアの普及が，独自の状況を生んでいるという点である。

第12章　生涯学習内容論と現代社会論

（1）大衆社会の構造

① 中間集団無力化社会

　コーンハウザーは，大衆社会においては，地域集団などの中間集団が無力化し，大衆が操られやすくかつエリートが隔離されにくくなると説いた（コーンハウザー，1961）。この論が，大衆社会の「構造」を論じた出発点であった。同時に，社会が管理社会に向かうことを示唆した出発点でもあったともいえる。

② 第一の近代から第二の近代へ

　従来の社会においては経済的発展や長寿は無条件的に好ましく，職業や家庭での生活は高齢期まで比較的安定していることが多かった。しかし1990年代以降，こうした単純な近代化（第一の近代）に再考が求められ（原発事故や高齢者医療費問題など），社会の自由度の拡大（職業や結婚の選択の自由など）とともに，リスクの分配をふまえつつ社会変化の方向を自ら修正しつつ進む社会（第二の近代）に変貌していった（非正規雇用や離婚，生涯未婚率の増加など）（友枝・山田，2013）。

③ 格差社会・リスク社会・液状化社会

　上記の第二の近代化は，現代社会の様相をいくつかのキーワードから説明することにつながる。例えば，格差社会という語から解きほぐす論としては，経済学の視点からの橘木俊詔の論や，その社会心理学的側面に注目した山田昌弘の論（＝希望格差社会）などが有名であるが，ワーキング・プアや雇用の二極化といった今日的問題につながっていった（橘木，2006；山田，2007）。またドイツの社会学者ウルリッヒ・ベック（Beck, U.）は，原子力発電所事故の例などをあげながら，現代社会は，富だけでなく危険やリスクをも分配する社会になったと説いた（ベック，1998）。自由度の増大と夢の追求は，同時に社会的リスクや不安の増大にもつながるのである。さらにポーランドの社会学者ジグムント・バウマン（Bauman, Z.）は，固形的な近代に対して流動的で液状化した様相として現代社会を描いた（バウマン，2001）。

④ 感情労働社会

　フライト・アテンダントの仕事や介護・看護労働職など，顧客に安定した精

第Ⅱ部　生涯学習論

神状態を築くことを職務とする労働を感情労働というが，これが社会の重要な位置を占めるようになった社会である。感情労働者には，自己の感情をコントロールすることが求められる。ホックシールド（Hochschild, A.）は，それゆえ，そこでは人格の深部にある自己の源泉の使い込みすら行われると説くが，「魂の労働」（渋谷望）だという言い方もできよう（ホックシールド，2000；渋谷，2003；天田，2004）。

⑤　Web2.0 社会

　従来の情報化社会では情報の送り手と受け手がかなり固定化していたが，今日では一般ユーザー参加型のウェブ（Web2.0）社会へと急激に変化してきている。Twitter や Facebook などの SNS の普及や Youtube による動画配信，Wikipedia，ネット上の掲示板など，一般市民が情報を発信し交流しあうことが生活の中心となってきた社会である。テレビなどの従来のマスメディアよりも影響力が大きい場合も出てきている。

（2）大衆社会における人間像

① 他人志向型人間

　1950年代の大衆社会における人間像のなかで最も注目されたのは，デビッド・リースマン（Riesman, D.）が説いた他人志向型（other-directed type）人間像であろう。このタイプの人間は，他者からの好みや期待に敏感であることで同調性が保証される。個人を方向づけるのは友人やマスメディアの主人公などであり，伝統志向型人間（伝統にしたがうことが指針），内部志向型人間（自己の内部に指針をもつ）との対比で語られた（リースマン，1964）。

② ナルシシズム型人間

　クリストファ・ラッシュ（Rush, C.）は，1970年代以降の消費社会化の流れのなかで，現代社会の若者は，他人志向型ではなく，ナルシシズム（＝自己愛）型の人間が主流だと説いた（ラッシュ，1981）。このタイプの人間は，人間関係をふるい分けしたあとで，仲間うちのなかでは，他者を手段として自己が個性的で輝くようにふるまおうとする。今日の流行との関連では，カラオケボック

スや SNS などの場が想起されよう。他人志向型人間がレーダーだとすれば，この型の人間が有するのはバリアーだということになる。「仲間以外はみな風景」（宮台真司）というメンタリティと共通するのかもしれない。

③ 仮想的有能感をもつ人間

　心理学者速水敏彦は，現代の若者を「悲しみにくく」「喜びにくく」「怒りやすい」と形容した（速水，2006）。その背後にはしばしば，他人を低く見積もることで自己を高く評価する「仮想的有能感（assumed competence）」がある。インターネット上で人格が豹変する若者像が想起されよう。このメンタリティは，ICT メディアによる自己の肥大化と他者の縮小化と関連があろう。「オレ様化する子どもたち」（諏訪，2005）とも同根の発想があるかと思う。

（3）大衆社会に特有の現象

① 疑似イベントの氾濫

　もともと大衆社会論の視点は，テクノロジーの発展を契機に形成されてきており，それゆえ大衆社会に特有の現象の多くは，メディアの普及という契機から芽生えたのである。その嚆矢となったのは，1962年に刊行されたダニエル・ブーアスティン（Boorstin, D.）の『幻影の時代』であろう（ブーアスティン，1964）。そこでは，テレビ文化の普及を軸に，「報道されやすいようにつくられたイベント」，すなわち疑似イベント（pseudo-events）が氾濫したと述べられた。現代社会では，生き生きとしたイメージのほうが青ざめた現実を圧倒するのだ（p. 23）。われわれは，現実によってイメージを確かめるのではなくて，イメージによって現実を確かめるのである（p. 127）。この時代にあっては，英雄（何かをなしとげた人）は有名人（よく知られた人）に，民衆（自己を表現する声）は大衆（情報を受容する耳と的）に置き換えられる。ブーアスティンの抱いた疑似イベント氾濫への危惧は，ウェブ社会の今日においてこそ，より現実味を増したものになってきている。

② 差異と記号としてのモノ，ウィルスとしての悪

　フランスの社会学者ジャン・ボードリヤール（Baudrillard, J.）は，社会の消

第Ⅱ部　生涯学習論

費社会化が進むなかで，モノの生産よりも記号や差異の生産が重要な時代になったと説いた（ボードリヤール，1979）。ブランドものなどといわれるように，使用価値としてのモノは平等であっても，記号的価値という点では平等ではない。モノの記号化は「悪」というものにも通じていく。今日では「悪」は具体的実体というよりは，ネット犯罪やコンピュータ・ウィルスに象徴されるように，記号やウィルスのようになっているのである（ボードリヤール，1991）。われわれは，記号と差異，ウィルスによって管理されているのである。

③　ノスタルジアによる人間管理

　フレッド・デーヴィス（Davis, F.）は，『ノスタルジアの社会学』のなかで，現代社会が人間の過去を管理する社会となり，現代の嘆きに打ち勝つものとして過去の賛美（＝ノスタルジア）が語られると説いた（デーヴィス，1990）。「ノスタルジアの風潮は，…未来のみえない現代の社会にあって，生きられた過去のなかにアイデンティティを見いだし，いまを生きようとする時代感覚の反映にほかならない」（p. 208）。一方でノスタルジアは，マスメディアによって，人びとの記憶の象徴的制御のためにも活用されている。『となりのトトロ』（1958年；埼玉県所沢市），『ちびまる子ちゃん』（1974年；静岡市清水区）のような作品をとおして，過去の風景もまた現代社会に参入することが可能となってきている。

　ともあれ，疑似イベントにせよ，記号と差異にせよ，ノスタルジアにせよ，われわれは，メディアを媒介としてゆるやかにかつ主体的に管理されているのだといえよう。

8　現代社会のイッシューを学習につなげること

　現代社会のかかえるイッシューを，構造・人間・現象の3つの視角から，主に大衆社会論が示したキーワードとともにとらえる糸口を模索してみた。1950年代の先進国の社会像に端を発するこれらの論は，人びとが多くの場合，ゆるやかにかつ主体的に管理社会（managerial society）の網の目にからみ取られて

いく光景を分析したものであった。今日では，社会のグローバル化やウェブ社会化などにより，この趨勢はよりいっそう現実味を帯びるものになってきている。

　もちろん高齢化，国際化，情報化といった流布されたキーワードで学習内容を組み立てることもできるし，福祉や人権，ジェンダーといった市民的課題を軸に組み立てることもできる。ただこれらは多くの場で行われているだけに，ここではあえて大衆社会論などの領域のキーワードに注目してみた。

　では，こうしたキーワードを学習内容へと転化させていくすじみちとはどのようなものか。先にリンデマンは，小集団ディスカッション法にて現代社会の断片を議論することに成人教育の方向を示した。同様に上記のキーワードに則すならば，例えば，感情労働とよばれる職業の人たちに共通する現代的課題を明らかにするという方向の議論が考えられる。看護師，介護士，フライト・アテンダント，接客業，飲食業，集金人などのこうした職業の人たちがかかえる共有的課題を，講義や議論，資料分析，事例分析，職場観察などをとおして整理し，そこから現代社会の一側面を学ぶという方法が考えられる。リスク社会やノスタルジアについても多くの事例を収集することができよう。つまり，こうしたキーワードは社会の諸側面を横断的につなげる媒介物となりうるのである。異なった領域や現象も，ある概念をくぐらせることで「つながって」いく。そのつながりを可視化することが成人教育のひとつの重要な内容なのではなかろうか。

第13章

生涯学習のリーダーと指導者

　　ここでは生涯学習のリーダー／指導者の問題にふれる。社会心理学領域の
リーダーシップ論を援用しつつすぐれたリーダーの機能的特性を考えたあと
で，生涯学習場面で求められるリーダーの資質を考え，最終的に生涯学習指
導者を，5つのタイプに分ける試みを示していく。

1　集団・組織におけるリーダーの問題

　生涯学習の領域では，学習内容と学習方法を組織化して，それらを学習目的
に近づける学習指導者や学習支援者の役割が重要となる。すでにみたワークシ
ョップのファシリテーターや社会教育行政における社会教育主事の役割の特徴
は，人びとの学習ニーズに応えるような学習支援と学習の条件整備にある。こ
の人たちは必ずしも，学校教育における教師のように教科を教えるというタイ
プの指導者ではない。またこれらとは別に，学習サークルやグループにおいて
は，その集団をまとめあげ活動を学習目標に結びつけるリーダーの役割が重要
となる。本章では，主に学習集団や組織におけるリーダーという点を軸に，生
涯学習指導者のあり方を考えていく。

　この点を考えるうえでの前提的議論として，まず集団（group）と組織（or-
ganization）のちがいについて考えておきたい。集団とは，いうまでもなく人び
との集まりをさす。これに対して組織は，人びとの集団にポジション（地位・
役割など）や制度（目的・計画など）が合わさった集合体である。したがってあ
る講演会に来た人びと（集団）が，その講師を交えた継続的な学習会を開こう
として，その会の会則やリーダーを決めたときから，その集団は組織となる。
しかし組織における役割やポジションは，取り替えが可能である。それゆえ，

162

そこから組織における人間管理やリーダーシップという問題が派生してくることになる。

　組織における人間管理論は，フレデリック・テイラー（Taylor, F.）の科学的管理法に代表される，時間と動作の無駄を省く能率向上論から始まったが，やがてエルトン・メイヨー（Mayo, G. E.）のホーソン実験などから，組織におけるインフォーマル・グループの存在の重要性が指摘され，人間関係論アプローチに移行する。前者が仕事中心のリーダーのイメージがあるのに対し，後者は人間関係中心のリーダーのイメージがある。しかし最終的には両者を統合するリーダー論が中心となっていく（羽田，1980）。

2　リーダーの人格特性対機能特性

　組織におけるリーダー論は，一方で戦国時代の武将や政財界のリーダー，スポーツの世界の監督像などをとおして，比喩的に語られることも多い。例えば織田信長型（鳴かざれば殺してしまおうホトトギス）・豊臣秀吉型（鳴かざれば鳴かせてみせようホトトギス）・徳川家康型（鳴かざれば鳴くまで待とうホトトギス）といった分類は有名である。古典的な社会学の領域では，マックス・ウェーバー（Weber, M.）の支配の類型論が興味深い。すなわち伝統的支配（伝統の正当性による支配）・カリスマ的支配（ある人物の人格的特性による支配）・合法的支配（官僚制など制度化された秩序による支配）の3つである。心理学者のクルト・レヴィン（Lewin, K.）は，専制型・自由放任型・民主型リーダーのもとで作業を行なったところ，民主的リーダーのもとでの業績が最も高かったと報告した。しかしこれらの区分には，社会的影響力の大きい人物の人格的特性や類型の名称のなかの価値判断が混入されており，良きリーダーにはどのような機能的特性が求められるのかという視点はあまりない（三隅，1978）。

　したがって，良きリーダーの機能的特性を探るために，組織におけるリーダーシップ論という社会心理学の研究が深められていったのである。そこでのリーダーシップの問題は，その指示や伝達を受けるフォロアーとの関係性が重

要となる。つまり，リーダーシップとは，リーダー－フォロアー間の双方向的なコミュニケーション行為なのである。かつてデール・カーネギー（Carnegie, D.）は『人を動かす』のなかで，人を動かすには「みずから動き出したくなるような気持ちを起こさせること」が必要だと説いたが，フォロアーからの共感や理解なしに良きリーダーを語ることはできないであろう（カーネギー，1999）。

3　リーダーシップの理論(1)
――目標達成と集団維持の機能論

　良きリーダーの機能的特性という場合，それは，目標達成への配慮機能と人間関係への配慮機能の合成物であると説くリーダーシップ論がある。古くはベイルズ（Bales, R.）が，討議集団において，課題中心リーダーと情緒中心リーダーの区分を行なった。そこには仕事中心リーダーと人間関係中心リーダーの区分があった。これを受けてカートライトとザンダー（Cartwright, D. & Zander, A.）や三隅二不二らは，目標達成機能と集団維持機能の双方に貢献するリーダーを良きリーダーだととらえた。三隅はこれを PM 理論と名づけ，すぐれたリーダーは，P（Performance；目標達成）と M（Maintenance；集団維持）に貢献するリーダーだという論を，図13-1のような4つの類型化（PM 型・Pm 型・pM 型・pm 型）とともに，学校や企業，スポーツ集団などの多くの場で実証していった（三隅，1976，1984）。そこには，集団や組織の形態をこえて，構成員の人間関係の調和を図りつつ，集団・組織の目標達成に寄与する集団づくりこ

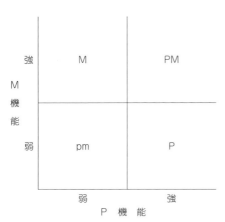

図13-1　PM 理論における4類型
（三隅，1976，p.104）

第13章　生涯学習のリーダーと指導者

そが，良きリーダーの機能であるという視点があった。

4　リーダーシップの理論(2)
──状況呼応型理論

　PM理論が良きリーダーを一般化したのに対し，状況に応じて良きリーダーの特性は変わると説くリーダーシップ論が，その後普及していく。フィードラー（Fiedler, F. E.）は，コンティンジェンシー理論のなかで，課題志向型リーダーが良い状況（←リーダーがかなり有利もしくは不利な状況にいる場合）と人間関係型リーダーが良い状況（←リーダーが中間的状況にいる場合）とがあるととらえ，リーダーシップは普遍的ではないととらえた（フィードラー，1970）。

　ハーシィとブランチャード（Hersey, P. & Blanchard, K. H.）は，さらにフォロアーの成熟度を考慮した「状況呼応型」リーダーシップ（situational leadership）論を提起した（ハーシィとブランチャード，1978；ハーシィ，ブランチャードとジョンソン，2000）。彼らはリーダーの行動を大きく指示的（＝仕事志向）行動（task behavior）と協労的（＝人間関係志向）行動（relationship behavior）とに分けてとらえ，そのうえで第三の次元として状況適合（＝効果性）の要因を入れた。この状況要因は，フォロアーの成熟度によるところが大きいと考えられるがゆえに，①目標・仕事達成，②人間関係への志向性，③成熟度（高い目標を設定する姿勢，責任負担の意志・能力，教育・訓練の程度）の組み合わせから，効果的なリーダーシップのスタイルが，フォロアーの成熟度の度合いに応じて，次の4つに区分されると説いた（図13-2）。

① 教示的（telling）リーダー（高指示・低協労）　フォロアーの成熟度が低い場合，細かい指示を一方的に教えるというタイプのリーダーが好ましいとされる。生涯学習の場面でいえば，コンピュータや外国語の初心者に対する場合，基礎を「教える」ことが重要となろう。

② 説得的（selling）リーダー（高指示・高協労）　フォロアーの成熟度が少し上がってくると，リーダーは，仕事内容の指示だけでなく心理的サポートや情報

165

第Ⅱ部　生涯学習論

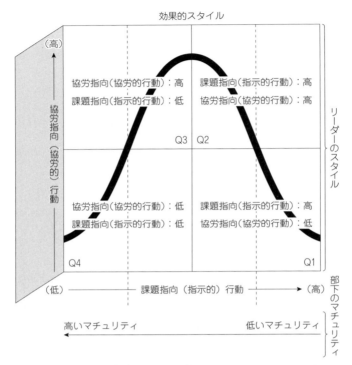

図13-2　SL理論（ハーシィとブランチャード，1978，p.225）
（Qは象限を示す）

交換の機会をも提供することが必要となってくる。生涯学習との関連では，実習やグループワークなども取り込み，リーダーの指示のもとに集団をまとめていく学習が重要となろう。なお先のPM理論との関連では，PM型リーダーはここに位置する。最も一般的なリーダーのイメージだともいえよう。

③ 参加的（participating）リーダー（低指示・高協労）　さらにフォロアーの成熟度が高まっていくと，指示よりも人間関係の調整や情報交換などの作用のほうが重要となってくる。職業場面では，部下はすでに仕事に必要な知識や技能を有しているので，これらをうまく活用できるように，促進・奨励的な働きかけをするほうがより効果的となる。生涯学習との関連では，修了レポートの作成

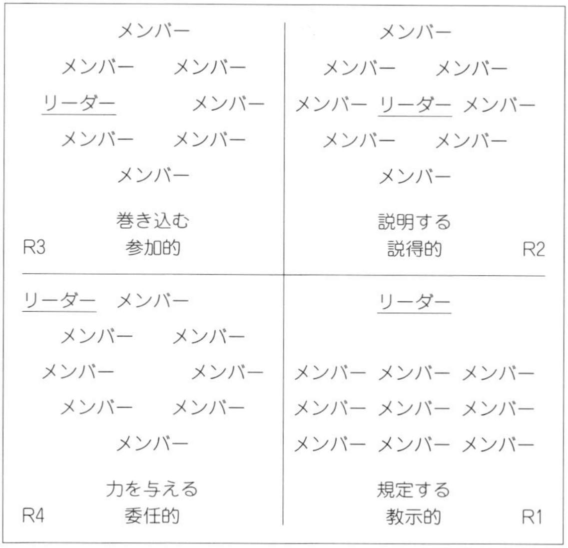

第13章　生涯学習のリーダーと指導者

メンバー メンバー　　メンバー <u>リーダー</u>　　　メンバー メンバー　　メンバー メンバー 巻き込む R3　　　参加的	メンバー メンバー　　メンバー メンバー <u>リーダー</u> メンバー メンバー　　メンバー メンバー 説明する 説得的　　　R2
<u>リーダー</u>　メンバー メンバー　　メンバー メンバー　　　　メンバー メンバー　　メンバー メンバー 力を与える R4　　　委任的	<u>リーダー</u> メンバー　メンバー　メンバー メンバー　メンバー　メンバー メンバー　メンバー　メンバー 規定する 教示的　　　R1

図 13 - 3　リーダーの状況対応的役割
（ハーシィら，2000，p. 340 より作成）
（R はレディネス・レベルを示す）

や卒業論文の指導などのように，学習者の温めている課題を尊重する指導が重要となろう。

④　委任的（delegating）リーダー（低指示・低協労）　フォロアーの成熟度はかなり高い状態にある。この場合は，フォロアーの思い通りに仕事をさせ，権限を委譲させ，指示や心理的サポートも大まかなものとなる。生涯学習との関連では，博士論文の指導や研究者へのアドバイスなどがこの例に入るであろう。

　この論によると，効果的なリーダーシップは，フォロアーや部下の成熟度の高まりに応じて，①から④へとリーダーシップのスタイルを変えていくとよいということになる。さらにハーシィらは，4 つのタイプのリーダーの集団内での位置を図に示している（図13- 3）。これによると，教示的リーダーは学校の先生が講義をするような位置，説得的リーダーは円の中心の位置，参加的リーダーはメンバーの一員のような位置，委任的リーダーは集団から一歩離れた位

167

第Ⅱ部　生涯学習論

置にいることが多いということになる。なおこれらの位置の変化にともない，メンバー間の関係性もまた変容していくのである。

5　リーダーシップの理論(3)
——変革的リーダーとサーバント・リーダー

　1990年代以降になると，リーダーシップの理論のなかには，ある意味反対方向をもつ2つの潮流が出てくる。ひとつが変革的（transformational）リーダーシップ論，すなわち変革を実現するためにはどのようなリーダー特性が求められるのかといった論である。例えばコッター（Kotter, J. P.）は，変革のビジョンを掲げる力を重視し，対人態度と高いエネルギー・レベルの重要性を指摘した（コッター，1999，2002）。ティシー（Tichy, N. M.）は，それにくわえて，組織に次のリーダーを生み出す仕組みを組み込むことの重要性を指摘した（ティシー，2004）。またナナス（Nanus, B.）は，ビジョナリー・リーダーシップ論において，現状把握をふまえつつ将来のビジョンを描く力の重要性を強調した（Nanus, 1992）。

　一方で，ミッションのもとにフォロアーに仕えるのがリーダーの役割だと説く，サーバント・リーダーシップ（servant leadership）論も普及してきている（池田・金井，2007；グリーンリーフ，2008；堀，2012b）。そこには，リーダーはまずフォロアーに奉仕・支援し，そのうえで人を導くという発想がある。またフォロアーのエンパワメントを生み出したり，かれらをリーダーに育てていったりするリーダーの役割も重視される。

　カナダのサンドラ・キューサック（Cusack, S. A.）らは，高齢者のエンパワメントのためのリーダーシップのあり方を，独自のメンタル・フィットネス・プログラムの開発を手がけつつ考察した。彼女らは，老荘思想をふまえ，高齢者のエンパワメントにふさわしいリーダーシップ・スタイルを「共有された（shared）サーバント・リーダーシップ」だと説いた（Cusack & Thompson, 1999, 2003）。そこには責任の共有とともに，高齢者メンバーに仕えるリーダーとい

第13章　生涯学習のリーダーと指導者

う一見パラドクシカルな像がある。高齢者がリーダーになることを願いつつ他者に仕えるリーダーなのである。フォロアーのニーズを入念に嗅ぎ分け，それを導きの糸として行動するリーダーでもある。

6　ポジション・パワーとパーソナル・パワー

　かつてアメリカの社会学者アミタイ・エチオーニ（Etzioni, A.）は，組織内で人が他者におよぼす影響力をポジション・パワーとパーソナル・パワー（またはパーソナル・インフルエンス）に分けた。前者は組織における地位によって他者を動かす力で，後者はフォロアーからの支持やリーダーの個人的誘因によって人を動かす力をさす（ハーシィとブランチャード，1978）。前者には報償や強制力，懲罰といったものがともなう場合がある。地位や役割がなくなれば，影響力もなくなったり低減したりする。前者は組織から付与されたもの（granted）であるのに対し，後者は獲得されたもの（earned）またはフォロアーから付与されたものである。リーダーシップは本来は後者，つまりフォロアーからの支持と好意と信頼から芽生えるものであるが，これは，不安定な足場のうえにある場合もある（リーダーの失態にともなう変化など）。

　また利潤追求をめざす企業でのリーダーと生涯学習の場でのリーダーも，パワーという点からみても異なることが多いであろう。生涯学習リーダーでは，パワーが小さな者をリーダーとして置き，みながその人間をささえるというリーダーシップも可能なのである。また社会教育のリーダー論では，「だれがリーダーなのかわからないのが良いリーダー」だともいわれていた。例えば，「白鳥蘆花に入る」（白い白鳥が白い芦のなかにいて，風が吹いて初めて白鳥の存在に気づく：『次郎物語』）や「善行轍迹なし」（善い行いがだれがやったかわからないかたちで行われる：『老子』），「煙仲間」（『葉隠』）などの語に象徴されるように，結果としてしぜんに活動が展開されるということが，ある理想を示しているという論もある（永杉，1982）。企業経営においてはリーダーのパワーは不可欠なのかもしれないが，生涯学習の領域では，リーダーシップにパワー以外の要素が

169

第Ⅱ部　生涯学習論

ともなうことも多いのである。

7　望ましい生涯学習リーダーの条件は？

これまでのところで，好ましいリーダーの条件はあるていどの一般化された特性として示されるが，他方で，状況に応じて異なる部分もあるということを述べてきた。では生涯学習という場面に即した，好ましいリーダーや指導者の条件となるとどうであろうか。

第11章での議論と関連づけて整理すると，生涯学習領域の指導者（リーダー）には，大別して図13-4に示した5つのタイプがあるといえる。

A「教える」指導者：従来の学校での教師の役割のように，教育内容（知識・技能）を学習者に順序よく教えるというタイプの指導者像で，一般的にイメージされやすいものである。指導者の主たる役割は，「教えること（instruction, teaching）」「伝達すること」にある。

B「支援する」指導者：ファシリテーター論やアンドラゴジー論などでイメージされる指導者像で，学習者のニーズや関心，問題意識を掘り起こし，それを学習目標や学習内容に結びつけることを行う。そこでの主な役割は，「支援すること，援助すること（facilitate, advise）」である。指導者は自身で知識や技能とのかかわりをもつが，この知識を「教え込む」のではなく，学習者自身の興味・関心とつなげていき，学習者自身が主体的な探求者になることを求めるのである。

C「参加する」指導者：すでにふれた「状況に埋め込まれた学習」論と関連するが，ここでの指導者は，学習者が参加する実践共同体を設営し，そこに学習が生起しやすいように工夫をこらすことになる。間接的な支援という側面をもつ。指導者は積極的にその共同体に参加するが，学習者は指導者からよりは，むしろその共同体から学ぶのである。

このタイプの発展型として，「学習者が指導者を支援することによって学ぶ」という形態が指摘できよう。指導者自身がその目標に向かっている姿勢と方法

170

第13章　生涯学習のリーダーと指導者

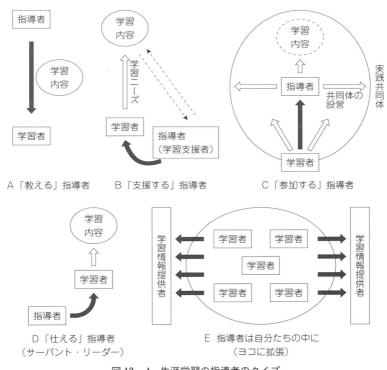

図13-4　生涯学習の指導者のタイプ

を，その手助けをするなかで身近に学んでいくというもので，徒弟制の良き側面とも重なり合おう。例えば社会調査の方法を学ぶ場合，その専門家の調査の手伝いをしつつ調査のプロセスを学んでいくのである。

D「仕える」指導者：先にふれたサーバント・リーダーがこれに相当する。「上から」教える，「横から」支援するに対して「下から」仕える指導者である。例えば高齢者学習支援の場のように，学習者の多くが支援者よりも年長である場合など，学習目標のもとに仕える，下からささえるというポジションを保ちつつ，結果として人びとを学習目標と学習内容に近づけていくのである。この場合ミッションに対して仕えるのであって，人びとのあらゆる要望に奉仕するという意味ではない。

171

第Ⅱ部　生涯学習論

E　指導者は学習者のなかに：先にふれた拡張的学習論に通じるものであるが，例えばインターネット上のコミュニティや振り込み詐欺の集団など，だれがリーダーかがわからなくても作業が遂行される場合がある。ネット社会化が進んだ今日において，対面集団という形態をとらなくても指導者の役割が発揮されることが増えている。アメリカでのハリケーン災害救助活動において一般市民が自己組織的にリーダーシップを発揮した例など，自発的なネットワーク構造のなかにもリーダーシップは存在する（ウィートリー，2009）。

　これらのタイプの指導者論でとくに留意したいのが，当事者性という問題である。ピア・サポート・グループやセルフ・ヘルプ・グループでの活動のように，（薬物依存症の人びとや自死した子をもつ親の集団など，）とくに修復が困難な苦しみをかかえる当事者集団が，支え合いながら学んでいく形態をさす（久保，2004；伊藤，2013）。

　この図で重要な点は，いうまでもないが，これらを状況に応じて使い分けるという点であろう。従来の教育学では，教える教育と学習支援の教育，アンドラゴジーとペダゴジーという二分法で指導者論が述べられることが多かったが，両者ともに指導者が場をリードするという共通点がある。指導者と参加者とで学習の場を共同構築するという点に留意するならば，さらに別のタイプの指導者像を描くことも可能となる。とくに生涯学習においては，指導者役割は固定されるものではなくだれもが所属集団のリーダーになりうるだけに，リーダーとフォロワーの交換可能性や双方向性，あるいは学習者の学び合いを重視した指導者論が重要となるだろう（牛尾他，2011）。

172

第14章

生涯学習の評価

　　　本章では，これまであまり深められてこなかった生涯学習の評価の問題を
　　　扱う。学校教育での評価論で示された知見を形態・教育観・機能の面から整
　　　理したのちに，生涯学習領域固有の評価論のあり方を考える。ここでは，学
　　　習契約法と高齢者教育の評価の問題にふれる。

1　生涯学習における評価の問題

　生涯学習や社会教育の領域では，これまで評価の問題はほとんど議論の中心
におかれてこなかった。学校教育においては進路選択や卒業判定などがともな
う関係上，つねに何らかの「評価」が求められてきたし，企業内教育において
も，従業員が企業の発展にいかに貢献しているのかを評価することが多かった。
しかし人びとの自発的な学習を軸にすえている生涯学習の領域においては，こ
れらと同様なかたちで評価の問題を考えていくことはむずかしいだろう。また
生涯学習領域の学習形態の多様性や学習への強制力がつよくないこと，生活経
験とのつながりがつよいことなども「評価」をむずかしくさせている要因だと
いえる。しかし，評価の原義を理解するならば，生涯学習の領域においても評
価は非常に重要な機能だということがわかってくるように思う。

2　測定と評価

　ではそもそも評価をするというのはどういうことなのか？　評価とよく似た
語に「測定（measurement）」があるが，これは，ある対象のある特性に対して，
一定の尺度（ものさし）を適用させることをさす。多くの場合その特性は数値

173

第Ⅱ部　生涯学習論

化される。

　これに対して評価（evaluation）とは，「目標の観点から実態を見てとり，何らかの判断を下すこと」「一定の価値規準に照らして判定すること」をさす。つまりある目標や価値判断との関連のなかで実態を理解する行為だということである（梶田，2002）。したがって，学生を身長の順に並べることは「測定」であるが，この順序を考慮してバスケットボールの選手起用を行なった場合，「評価」がなされたことになる。

　そうすると次に問題になるのが，この目標や価値規準が何なのかということである。生涯学習の領域で重要となるのは，「学習による発達・変化」の視点であろう。つまり「生涯学習活動をとおして，学習者がいかに発達した，あるいはポジティヴな方向に変化していったのか」が，評価のさいの価値規準となるということである。またこうした変化がひいては，学習者を取り巻く他者や社会をいかに高めていくのかという点も，重要な評価のポイントとなろう。

　ところで，教育や学習によって生じた学習者の変化や発達をとらえようとするいとなみのことを「教育評価（educational evaluation）」とよぶ。そこにはその活動に参加する者の成長や発達へのねらいがある。逆に，教育機関で行われていても，そうした意図がともなわない活動は「行事（event）」とよばれる。教育評価ではない一般的な評価は，学習による変化や発達以外の価値観のもとになされる。企業の売り上げやスポーツ・チームの優勝への貢献の評価などが，この例としてあげられよう。なおラルフ・タイラー（Tyler, R.）は，学校教育カリキュラム編成においては，「教育目標の設定→学習経験の選択→学習経験の組織化→教育評価」というタイラー原理を提唱したが，そこには教育目標設定と教育評価が連動していることが示されている（タイラー，1978）。

　ところで日本語で評価という場合，これが英語のエヴァリュエーションとアセスメント（assessment）に相当する場合がある。後者は査定や診断と訳されることもある。両者のちがいを端的に述べるならば，エヴァリュエーションは過去の評価であるのに対し，アセスメントは未来の評価だということになろう。学習ニーズのアセスメントという場合，学習者がどのような潜在的ニーズを有

しているのかを診断するということになる。本章では，主にエヴァリュエーションとしての評価を扱っていく。

　教育評価はさらに，学校教育評価と生涯学習・社会教育領域の評価とに分けることができるが，現実には，多くの議論は学校教育評価をめぐって展開されている。しかし，生涯学習における評価の問題を考えるうえでも，学校教育評価の領域から学べるものはできるだけ摂取・応用しつつ，一方で生涯学習領域における評価の独自性を示していくことが大事かと思う。以下，この両面から検討をくわえていきたい。

3　学校教育における教育評価論から

　学校教育の領域における教育評価論も多くあるが，ここでは，梶田叡一が『教育評価』のなかで論じた評価の形態・教育観・機能を参照しつつ考えていきたい（梶田，2002，2007）。

（1）教育評価の形態

　教育評価の形態としては絶対評価（absolute evaluation）と相対評価（relative evaluation）の区分が有名であるが，このうちの絶対評価は，さらに認定評価と到達度評価（evaluation of educational achievement）とに分けることができる。これらを出現時期の順序から述べるならば，次のようになろう。

① 認定評価としての絶対評価　何らかの目標や規準（criterion）にもとづいた評価が絶対評価であるが，このうちの認定評価は，評価者の暗黙のイメージとしての目標や主観的な規準から評価が下される。学校教育における評価はもともと認定評価から始まっているが，この場合，教師の好き嫌いや思い込みが混入すること，規準そのものが不安定だという問題が残る。しかし大学や大学院などでは，この形態で評価されることも多い。

② 相 対 評 価　同じ条件をもつ人たちの間での相対的位置関係による評価である。集団内の他の人が基準（standard）となるため，評価者の主観はかなり

第Ⅱ部　生涯学習論

排除される。その背後には，児童・生徒の能力や成績は正規分布するという論理がある。そこから5段階評価などが生まれるわけであるが，クラスの一定割合の者にしかある成績をつけることができないという問題が出てくる。ともすれば生徒の努力が報われないという問題にもつながる。

③　到達度評価としての絶対評価　外的・客観的な規準を設け，それとの関連のなかで評価を行うというものである。梶田は，達成目標・向上目標・体験目標という目標の分類を行なった。しかし外的な規準の作成しやすい領域とそうでない領域があるのは事実であろう。

④　自己評価　評価は最終的には学習者に帰されるものであるがゆえ，模範解答との比較などをして，自己の向上の度合いを各人が診断するという評価法が採られることもある。個人内評価だということもできる。

　梶田は上記のうちの到達度評価を重視していたが，生涯学習の領域では複眼的な観点から評価が求められることになろう。生涯学習の領域では，学習指導要領や卒業要件といったものがないだけに，客観的な到達度といったものを設定することはむずかしい。それだけに，評価の目標設定から検討していくことが重要となるのである。

　また田中耕治は，「目標に準拠した評価と個人内評価の内在的な結合」（田中，2008，pp. 44-45）を今後の評価の方向性としている。評価では目標に準拠した評価だけでなく，目標にとらわれず学習者の創発性を重視する評価も重要であろう。また生涯学習の領域では，到達度や客観的目標の設定がむずかしい場合が多いだけに，個人内評価や自己評価の視点を目標達成と組み合わせる方策は，きわめて有効だといえよう。

（2）教育評価における教育観の問題

　梶田は前記の著書のなかで，履修主義的教育観から修得主義的教育観への移行を提起した。前者は教科書や授業時間数をこなすというものであるが，後者は，すべての生徒や児童に「最低限これだけは」を保障する教育観である。教育成果に対して責任をもつという教育観（accountability）で，結果の平等を志

向する教育観だといえる。この考え方はブルーム（Bloom, B. S.）らが提唱した
マスタリー・ラーニング（完全習得学習）の考え方につながる（ブルーム他，
1983；梶田，1986）。そこでは，指導時間と指導方法の変更により，すべての
（あるいは95％以上の）子どもに最低到達水準以上の学力を形成することがねら
われる。

（3）教育評価の機能の変化

　教育評価は，いつだれが評価を行うかで大きく次の4つに区分できよう。

① 事前的（診断的）評価（diagnostic evaluation）　学習活動の開始以前に，その
学習をうまく進行させるために行う評価。コンピュータ利用法の教育で受講者
のレベルを事前に探ることなどがこの例である。

② 形成的評価（formative evaluation）　学習活動の途上で，その活動をより効
果的にするように軌道修正するための評価。

③ 総括的評価（summative evaluation）　試験や総合判断などにより，学習活動
の成果を把握するための評価。成績表などで示されることも多い。

④ 外在的評価（external evaluation）　学習活動のあり方を客観的に探るため，
活動の外部者の視点から提供される評価。音楽の演奏などで，その領域の専門
家に評価を委ねる場合などが例としてあげられよう。

　いうまでもなく学校教育における評価は，上記の総括的評価を中心に考えら
れてきた。しかしこの評価が進路選択などに使われることもあり，子どもが評
価を敬遠する遠因にもつながったともいえる。梶田は，生涯教育の観点に立て
ば，総括的評価はほとんど存在せず，すべてが形成的評価でなければならない
と述べ，総括的評価から形成的評価への評価の重心の移行を提起した。この点
は，生涯発達の視点から評価をとらえても同様だといえよう。

（4）新しい教育評価論

　今日学校教育現場では，アクティヴ・ラーニングの推進やICT教材の活用
などの動向とも相まって，以下のような新たな教育評価論が出てきている（西

第Ⅱ部　生涯学習論

岡・石井・田中，2015）。

① パフォーマンス評価　知識や技能を活用することを求める課題（パフォーマンス課題）への取り組みを評価する方法で，作品制作やレポート作成，実演などの成果報告が求められる。

② ポートフォリオ評価　ポートフォリオとは書類などを入れるファイルを意味するが，学習プロセスの証拠となる資料を収集しそれを評価するというものである。そこでは資料の選択と編集および学習者自身の自己評価が重要となる。

③ 反転学習の評価　自宅でタブレットなどを介して講義を聴き，学校などでそれをふまえた討議や実習を行う形態の学習で，従来の学習のあり方を反転させたという特徴がある。予習をして学習の場に臨むという点で，従来の評価のあり方を変えることにもつながろう。

④ 参加型評価　評価対象の多様な関係者を評価活動に巻き込み，協働で評価を行うものである（源，2016）。そこでは多様な評価関係者による対話やコミュニケーションにより，組織変容や関係者のエンパワメントを生むことがめざされる。

4　生涯学習における評価の特徴

　学校教育における評価論にくらべると，生涯学習や社会教育の領域における評価論は非常に少なく，体系的な著書はほとんど出ていない。その理由の一端は，次にふれるような生涯学習領域における評価の特徴と関係があるかと思う。

　生涯学習領域における評価の特徴の第一は，「行政評価の位置づけが大きい」ということである。教育評価は元来，学習成果に対する評価（学習評価）が中心であるはずであるが，生涯学習の領域では，その支援・整備を図るうえの条件面の評価（行政評価）の比重が大きい。社会教育法第3条の環境醸成としての社会教育の役割や第9条3の助言的指導者としての社会教育主事の役割とも関連があろう。指定管理者や財団運営などによる効率化の評価の影響もあろう。

　そして第二に，評価の多様性と人数主義の普及があろう。行政効率とつなが

第14章　生涯学習の評価

表 14 - 1　生涯学習領域の評価の多様性（学習講座の場合）

単純
　　事実…単に講座を実施したという事実
　　参加人数…講座に参加した人数
　　観察…講座のそばで参加者の態度などを観察する
　　実感…参加者が「良かった」「学んだ」と実感すること
　　成長自覚度…参加者が「成長した」と実感すること
　　満足度（項目別）…内容・講師・方法などさまざまな角度から評価を求める
　　客観的テスト…受講後に内容に関するテストを行う（語学など）
　　実践度…受講者の居住地域などで学んだことを実践する（料理，地域づくりなど）
　　第三者への依頼…その領域の専門家などに評価を依頼する（演奏など）
複雑

った場合，学習評価では受講者数や登録者数などが重要となる。この点は民間のカルチャーセンターなどでも同様であろう。簡単なアンケート調査などが行われることはあっても，成績や単位，変化の指標化を示す実践事例は多くはないだろう。

　評価の多様性というのは，評価の形態が表14-1に示したように，単純なものから複雑なものまでの連続体のなかから選択できるということである。しかし多くの場合，あまり複雑な評価は実施されていない。

　一方で第三に，生涯学習領域では，自己評価や実感に根ざした評価が重要となるという特徴もある。学校教育では教師による評価の影響力は大きいが，学校の外での教育の場合，学習によって以前の自己から現在の自己にどう変わったかが重要となる。ノールズは，現在の自己と望ましい自己との間のギャップから教育的ニーズ（学習ニーズ）が生まれるととらえたが，このギャップを狭めるところから評価がとらえられるともいえよう（ノールズ，2002）。つまり図14-1に示したように，学習の目標（望ましい自己）と実態（現在の自己）との間に，学習の結果（学習によって変化した自己）を置き，自己が学習によっていかに変化したかを診断するのである。ノールズは学習の一般的な目標として，学習者の成熟と自己決定性をあげているが，「学習によって自己が高まったことを確かめる」ところに，生涯学習領域の評価の根幹があるかと思う。

　また学習による喜びの感覚（フロー経験）や人間関係の豊饒化は，新たな学

179

第Ⅱ部 生涯学習論

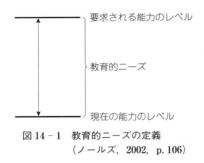

図14-1 教育的ニーズの定義
（ノールズ，2002, p.106）

習への引き金となりうる。その意味でも，内在的報酬（intrinsic rewards）や内発的動機づけは，生涯学習における評価の重要な位置にあるだろう。

第四に，自分自身観や学習観に根ざした評価という特徴もある。学校教育時代に築いてきた学習観や評価観は，成人期の学習に尾を引くことが多い。とくに他者との比較や他者から成績をつけられる行為への抵抗がつよい人も多い。学習における脅威度を解凍し，一方で評価の本来の意味をふまえることが重要となろう。したがって生涯学習領域の評価においては，表14-2に示したように，学習場面における不安や脅威度に注目し，「自己学習→他者が内容決定を行う学習→集団のなかの学習→他者評価がともなう学習→他者との競争がともなう学習」という具合に，脅威度を徐々に解凍できるように段階的に慣れていくことも重要となろう。

表14-2 学習形態と学習脅威度との関連

要素 学習形態	他者による内容決定	集団の中の学習	他者からの評価	他者との競争	学習への脅威度	学習参加者の自信
自　己　学　習	×	×	×	×	↑小　　　↓大	↑小　　　↓大
放　送　学　習	○	×	×	×		
単位のない成人教育	○	○	×	×		
能力・技能に基づく教育	○	○	○	×		
単位制の講座	○	○	○	○		

第14章　生涯学習の評価

5　生涯学習独自の評価のあり方

　教育評価や学習評価の理論や方法の多くは，学校教育における評価をもとに
したものである。では，学校外の成人教育の領域から生まれた独自の評価法と
いうのはあるのだろうか？　以下，この例として，学習契約法（learning con-
tracts）と高齢者教育の評価の問題を示しておきたい。

（1）成人教育評価法としての学習契約法

　第11章でふれたノールズのアンドラゴジー論では，その最終段階が「評価」
の段階に設定されていた。ノールズは成人教育独自の学習評価方法として，学
習契約法（＝ラーニング・コントラクト）を提唱した（ノールズ，2002；堀，1991；
Knowles, 1986）。これは，成人学習者と学習支援者とが学習のプロセスにおい
ていわゆる契約関係を結び，その契約関係を継続的に発展させつつ，ある学習
目標の達成やある学習内容の習得をめざすものである。教育期間と教育目標が
明確に定められている学校教育においては，教師と生徒との間で学習を契約的
に進めるというのはまずむずかしいであろう。

　学習契約法の最大の特長は，社会的背景や個人的属性，関心，経験，学習観
などが異なる成人学習者に対して有効だという点にある。成人の特性が多様性
（diversity）にあるにもかかわらず，同一の内容と方法を強要する教育や完全な
個人学習に任せる教育もけっして少なくない。学習契約法は，図14-2に示し
たように，異なった背景をもつ学習者が，各自に見合った学習方法を用いて，
支援者との相談のもとに，同一の学習内容に到達するという特徴をもつ。学習
の構造を保持しつつ学習者に自由の感覚と学習の所有感を提供するのである。

　学習契約法は，次のようなステップをふむ。

① 学習ニーズの診断　ノールズは学習ニーズを，「現在の段階・能力」と「そ
うありたい段階・能力」の差ととらえる。まずこの部分を診断するのである。

② 学習目標の設定　学習ニーズは学習目標のかたちに書き換えられる。ここ

181

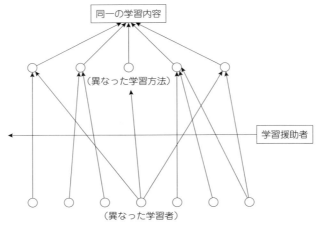

図14-2　学習契約法のモデル

では自分が何を学ぶのかを，自分のことばで書くのである。
③ 学習資源と学習方法の明確化　学習を達成していくために，どのような学習資源を用いるのか，それを活用するためにどんな道具や方策があるのかを具体的に記述する。学習者は，この段階でしばしば，自分を取り巻く多くのものが学習資源になることに驚くという。
④ 目標達成の証拠物の提示　学習目標がどのていど達成されたのかを示す証拠（evidence）を明らかにしておく必要がある。エヴィデンスにもとづく学習評価だともいえる。
⑤ 学習成果の評価法の明確化　学習成果を評価する基準と評価の方法（評定尺度，専門家による診断など）を決定する。④と⑤は困難な段階ではあるが，支援者が勝手に描くのではなく，相談のもとでの学習者の自己決定を尊重することが大事である。
⑥ 支援者との間での契約の再確認　ここでは，第三者からの意見を聞くなどして，学習契約の最終確認を行う。
⑦ 学習契約の実行　あとは学習契約を実践するだけである。途中で軌道修正をすることもある。

第14章　生涯学習の評価

⑧　学習の評価　学習契約終了後，当初の目標がどのていど達成されたのかを確認するのである。

（2）高齢者教育の評価

　成人教育の評価が多様性への評価ということであったが，この点は，高齢者教育でより顕著となる。しかし高齢者教育の評価論は，成人教育評価論よりもさらに少ない。この理由は，教育目標や学習目標の設定がよりむずかしいことと関連があろう。こうしたなかで，先にふれたカナダのサンドラ・キューサックらは，高齢者の精神的健康（mental fitness）プログラムを提唱し，そこに内在する以下の7つのステップを提示した（Cusack & Thompson, 1998, 2003）。このプログラムには，目標・思考・創造性・態度・記憶・会話・生活という7つの段階から，高齢者の精神的健康を組み立てているという特徴がある。順次説明してみよう。

ステップ1　目標設定：自分自身の目的と情熱を見つけ出すこと

　目標の設定は，方向性の感覚や自尊心や新しいことにチャレンジする意欲を生む。われわれは，ともすれば高齢期を迎えると目標や夢をもつことを避けがちになるが，キューサックらは，目標を設定することこそが高齢期の健康に最も重要だと説く。目標設定の内容は，禁煙のような個人的なものから社会参加的なものまで，はば広い。以下，目標設定のワークショップにて掲げられた10個の段階を紹介しておく。①あなたがつよく求める目標を決めてそれに向かう。②それを書き留めてみる。③それを達成したときの利点をすべて書いてみる。④あなたの目標を測定可能なものにしてみる。⑤障害物を明らかにする。⑥必要な知識を明らかにする。⑦目標到達への手助けとなる人びとや集団を明らかにする。⑧活動プラン・日程・締め切りを決める。⑨目標を可視化できるようにしておく（具体的イメージなど）。⑩けっしてあきらめないこと。

ステップ2　パワー・シンキング：ことばの表現を超えること

　パワー・シンキング（power thinking）とは，ネガティヴな思考をエンパワメントにつながる思考へと代える思考形態をさす。この思考形態にはエイジズ

183

第Ⅱ部　生涯学習論

ムの克服や批判的思考なども含まれるが，これらの段階を超え，考え方と用いる言語を代えようとするところにパワー・シンキングの特徴がある。ここで重要なのは，制限的言語（limiting language）を用いることから，可能性の言語（language of possibility）を用いることに移行することである。例えば「kill time（時間を潰す）」と言わずに「make time（時間をつくる）」と言い換えたり，「wish（希望する）」を「make dream come true（実現させる）」と言い換えたりすることなど。

ステップ3　創造性：箱から出して高らかに掲げる

著者は，創造性を外的・内的経験を掛け合わせたものだととらえ，ゆえに高齢者は日常生活のなかで創造的でありうると述べる。場合によっては，50代以降が最も創造的な時期だとさえ言う。この資質は学ばれ，高められることが可能な技能である。

ステップ4　ポジティヴな精神的態度

ポジティヴな精神的態度は，楽観的な態度でもあり，これは生活態度となる。フランクルが強制収容所生活を乗り越えられたのも，前向きの姿勢があったからだといえる（第9章参照）。ポジティヴな態度は，逆境すらも人生の教師に仕立て上げる。またポジティヴな姿勢は，日頃からポジティヴな単語を用いることとも関連するし，逆に，ペシミズムも日常生活によって学習される。例えば，「問題だ」「むずかしい」「関係ない」ではなくて，「解決してみよう」「試みよう」「手助けできないか」と考えてみたり，そうしたことばを使ったりするのである。

ステップ5　記憶と学習

記憶と学習は不可分の関係にある。それゆえ著者は，日常生活で記憶しておかねばならない重要なこと（人の名前や日付など）を覚える工夫についてふれている。また，それまで学んできたものとはまったく異なるものを高齢期に学ぶことが，脳の活性化につながるともいう。ここでは，記憶－学習－ライフスタイルをひとつの流れへとつなげていくことが重要となる。

第14章　生涯学習の評価

ステップ6　思っていることを話すこと

　著者は今日のネット社会化された時代においてこそ，会話や話すことの重要性があると指摘する。自分にとって意味深いことを表現することは，精神の健康につながる。権威者の話を聞くという学習スタイルからはなれ，自己の経験を放つ学習の重要性を知ることも大事である。今日ディベート教育はなされているが，会話や対話の能力の涵養の教育はあまりなされていない。しかし重要なのはディベートではなくて，理解の共有を生む対話なのであり，聴く能力の涵養なのである。こうした方面の実践の場としては，「哲学者のカフェ（The Philosopher's Café）」がある。そこでは，政治や宗教を含む生活の意味を語るカフェとして，欧米各地で創設されている。

ステップ7　生活のなかの精神の健康

　ここでは，いくつかのプログラムを日・週・月・年単位でまとめる作業が重要となる。クロスワード・パズルを解くことから大学の授業に参加することまで，個人ベースから組織や機関ベースのものまで，各自で調整してプログラムを組み上げるのである。

　キューサックらの提唱した論は，げんみつにいうならば評価論ではないのかもしれない。しかし高齢者の学習や社会参加活動に対して，目標や規準とそこでの診断のポイントを示したという意味では評価の本質をふまえているといえよう。

第15章

生涯学習の場
——生涯学習関連施設の問題を中心に

　　　　　　　最終章では，生涯学習の場の問題を，とくに生涯学習関連施設の問題を軸
　　　　　　に述べていく。ここでは生涯学習の場を，①狭義の生涯学習施設，②学校形
　　　　　　態のもの，③一般行政が管轄する生涯学習関連施設，④民間などの施設の区
　　　　　　分から概説していく。とりわけ①の教育行政系列の生涯学習施設に関しては，
　　　　　　公民館・生涯学習センター・図書館・博物館の問題が重要となるが，これら
　　　　　　は，巻末資料の社会教育法・生涯学習振興法・図書館法・博物館法に対応箇
　　　　　　所を有する。また本章では，行政や政策，法的背景，実践などにも少しふれ
　　　　　　る。

1　生涯学習の場
——生涯学習関連施設の分類

　本書の最後に，生涯学習関連施設の問題を軸にした学習の場について考えて
いきたい。生涯学習活動が行われる施設は，大きく４つに分けることができる。
すなわち，①狭義の生涯学習施設（文部科学省・教育委員会系列），②学校形態の
もの，③教育行政以外の一般行政が管轄する生涯学習関連施設，④民間などの
施設の４つである。この場合，①は社会教育法の，②は学校教育法の規定を受
けることが多いが，③と④では社会教育法第２条に相応する活動（学校外で行
われる組織的・継続的な教育活動で，体育・レクリエーションを含む）を行う場を，
ここでは生涯学習関連施設ととらえる。そうすると表15-１のような全体像が
できあがるかと思う。この表を参照しつつ，以下，①から④の順序で簡単に説
明をくわえていこう。

第15章　生涯学習の場

表 15 - 1　生涯学習が行われる場（生涯学習関連施設を中心に）

生涯学習の場／施設のタイプ	例
1．教育委員会系列の生涯学習施設	公民館，生涯学習センター，図書館，博物館，社会体育施設，青少年教育施設，女性センター，児童文化センター
2．一般行政関連の生涯学習関連施設	
A．教育行政以外の系列の施設	文化センター，県民会館，コミュニティ・センター，ユースホステル，高齢者福祉センター，児童館，勤労青少年ホーム
B．首長部局管轄の施設や場	首長部局の管轄する施設や場，生涯学習都市宣言にもとづくもの
3．学校形態の生涯学習施設	
A．初等・中等学校の開放	生涯学習ルーム，学校開放
B．高等教育の開放	大学開放，社会人大学院，シニア大学部
C．新しいタイプの学校の創設	放送大学，ネット大学
D．各種学校・専門学校など	専門学校への社会人参加
4．民間の生涯学習の場	企業の社会貢献事業，カルチャーセンター，企業博物館
5．団体による学習の場	NPO 法人，青年団や老人クラブ，YMCA／YWCA などが提供する学習の場
6．その他	個人の運営するサークル，喫茶店での学習サロン，インターネット上のコミュニティ

2　教育行政系列の生涯学習施設

　文部科学省－都道府県・市町村教育委員会系列の生涯学習（教育）施設あるいは社会教育施設のなかには，公民館，図書館，博物館，生涯学習センター，社会体育施設（体育館など）とグラウンド，女性センター，青年の家，少年自然の家，青少年交流の家，児童文化センターなどが含まれる。最近ではこれらの施設の多くが教育委員会以外の管轄であったり指定管理者などへの外部委託であったりすることが多いが，法的には教育基本法のもとに社会教育法（場合によっては生涯学習振興法も）の理念を受けて運営がなされる。さらに図書館には図書館法，博物館には博物館法が準拠法としてあり，体育関連施設の場合にはスポーツ基本法との関連で運営がなされる。図書館には司書，博物館には

第Ⅱ部　生涯学習論

学芸員が，それぞれ専門職員として置かれるのに対し，公民館の公民館主事は
必ずしも必置でなく，また資格のための要件も不明確である。生涯学習セン
ターの職員にいたってはその専門職員の名称もなく，公民館とともに社会教育
主事資格保持者が専門職員として働く場合も多い。しかし社会教育主事は，教
育委員会事務局に置かれる行政職職員であり，教育職ではないという点には留
意がいるだろう。社会教育主事の職務は，社会教育を行う者への専門的・技術
的な助言と指導であって，命令や監督をすることは禁じられている（社会教育
法第9条3）。表15-2は，こうした点をふまえ，公民館・図書館・博物館・社
会教育主事の機能などの整理を行なったものである。

　最近では，従来教育委員会系列の生涯学習施設だと考えられていた施設が他
部局に移管されるようになり，教育行政系列の施設の範囲設定もむずかしくな
ってきている。多くの施設の運営などをNPOや民間財団，あるいは指定管理
者に委ねるケースも増えてきており，公的な生涯学習施設の範囲はより不明確
になってきている。しかし社会教育法の精神との関連では，例えば以下のよう
な施設が教育行政系列の生涯学習施設だといえよう（小林，1977；鈴木・守井，
2003；赤尾，2012）。

（1）公 民 館

　公民館は，社会教育法第20条から同第42条までに準拠する，日本独自の社会
教育／生涯学習施設である。「実際生活に即する教育，学術及び文化に関する
各種の事業を行い，もって住民の教養の向上，健康の増進，情操の純化を図り，
生活文化の振興，社会福祉の増進に寄与すること」（同第20条）を目的とする施
設で，生活に即した学習機会提供をその主たる目的とするため，市町村のみが
設置する（都道府県立は存在しない）。また居住圏での学習がねらわれているた
め，大都市の中心部や職域にはあまり設置されていない（東京23区や大阪市，京
都市などには公民館はない）。また戦後の日本の郷土復興の中核施設として考え
られていたこともあり，図書館法などよりも上位に位置づく，社会教育法その
もののなかで規定されている。そのため公民館法なるものは存在しない。また

第15章　生涯学習の場

表 15‒2　主な生涯学習施設および社会教育主事の比較

	公 民 館	図 書 館	博 物 館	社会教育主事
準 拠 法	社会教育法（第20条～第42条）	図書館法	博物館法	社会教育法（第9条2～第9条6）
専門職員（館長以外）	公民館主事，社会教育主事兼務多し	司書（補）	学芸員（補）	社会教育主事（補）
専門職員の設置	館長　必置 公民館主事　任意	館長　必置 司書　任意（図書館法第13条では「専門的職員を置く」に）	館長　必置 学芸員　必置	必置（教育委員会事務局）
運営審議会設置	公民館運営審議会（任意）	図書館協議会（任意）	博物館協議会（任意）	（社会教育主事会）
対価徴収	禁止規定なし 営利事業の禁止（社会教育法第23条）	禁止（図書館法第17条）	一応禁止（博物館法第23条）	－
資格取得	研修規定のみ（社会教育法第9条6準用）	大学 司書講習	大学 文部科学大臣が認めた者など	大学 社会教育主事講習など
資格のための単位数	－	24	19	24
資格取得における実習の重視	－	レファレンス・サービス演習など	必修（博物館実習）	演習・実習・課題研究のどれか
設置母体	市町村（都道府県立なし）	地方自治体（公立）	地方自治体（公立）	－
類似施設	公民館類似施設	図書館同種施設	博物館相当施設・博物館類似施設 cf. 登録博物館（博物館法第10条～第17条）	－
その他の留意点	• 生涯学習センターとの関連 • 大都市部や職域にないことが多い	• 大学図書館・学校図書館・専門図書館・国会図書館などとの関連 • インターネット情報の扱い	• 類似する施設が多い • 入館料高いところあり	• 専門・技術的指導・助言中心で命令・監督は禁止

注）　2020年度より社会教育主事資格取得要件の改正があり，社会教育士の資格が誕生している。

教育施設であるため，同法第23条で営利・政治・宗教活動を禁止している。この点で，県民会館や文化会館などの集会施設とは機能が異なる。

　公民館には館長を置かねばならないが，その専門職員とされる公民館主事は「置くことができる」（＝置かなくてもよい）（同第27条）となっており，その結果，専任専門職員の設置が1館あたり0.3人となっている（『平成20年度社会教育調査報告書』より）。社会教育主事の資格を代用するところもあるが，社会教育主事は行政職員であり，公民館主事とは身分上は異なる。公民館の事業を審議するのは公民館運営審議会であるが，これも「置くことができる」（同第29条）のである。

　公民館の元来の理念は，1946年の文部次官通牒「公民館の設置運営について」と寺中作雄『公民館の建設』に示されている（寺中，1995）。同通牒では，「公民館は全国の各市町村に設置せられ，此処に常時に町村民が打ち集まって談論し読書し，生活産業上の指導を受けお互いの交友を深める場所である」と述べられ，日本の郷土復興の拠点となることがめざされた。寺中の論でも同様に，住民主体で活動中心の総合的な地域施設が構想された。

　しかし1960年代ごろから，学級・講座・施設などを軸とする，いわゆる都市型公民館像が模索されだし，東京の三多摩地区や兵庫県西宮市などで新しいタイプの公民館活動が進められてきた。1980年代ごろからは，今度は人びとの学習活動を軸とする生涯学習センターが各地で設置されるようになり，また最近では市町村合併や公民館のコミュニティセンター化の動向もあり，公民館の数は微減してきている。

（2）生涯学習（教育）センターと県民カレッジ

　人びとの学習活動の支援を軸とする生涯学習施設で，公民館とは異なり，都道府県立や大都市の職域にあるものも存在する。ただ必ずしも教育行政内に位置づけられずに，文化行政などの一環として事業展開がなされることもある。人びとの学習ニーズの多様化や高度化に対しても，市町村の枠をこえて柔軟に支援や対応ができるという特徴を有する。一方で，同センターは生涯学習振興

法や政府答申には関連するものの，明確な準拠法が存在しないところに大きな問題があるといえる。したがって専門職員や事業内容などに，条例など以外では，法的な縛りがほとんどないことになる。

　一方でその柔軟さゆえに独自の展開を示す可能性をも有している。生涯学習センターの機能としては，浅井経子は次の6点をあげている（浅井，1992）。①生涯学習情報の提供，学習相談体制の整備，②学習需要の把握，学習プログラムの開発，③関係機関との連携・協力および事業の委託，④生涯学習のための指導者・助言者の養成・研修，⑤生涯学習成果に対する評価，⑥市民を対象とする講座などの実施。また生涯学習センターは大学に設置されることも多く，大学開放事業の拠点として，あるいは放送大学との連携の拠点としても機能している。

　生涯学習センターの柔軟性を象徴する事業が，そこを拠点に展開される県民カレッジである。これは多くの場合，都道府県立の生涯学習センターによって進められている，単位制の機能としての生涯学習大学である。つまり主催事業およびそれ以外の多くの学習事業（共催事業，大学開放事業，保健所の健康教室など他部局で提供される教育機会，場合によっては市町村が提供する学習機会なども含む）をモジュール化して，それらを単位として組み合わせることで学習成果として認定するというシステムである。とくに大都市部にくらべて学習機会が相対的に少ない地方都市で展開されることが多い。

（3）図 書 館

　（公共）図書館は，図書館法に準拠する生涯学習施設で，同法第2条では図書館を，「図書，記録その他必要な資料を収集し，整理し，保存して，一般公衆の利用に供し，その教養，調査研究，レクリエーション等に資すること」を目的としている。また公共図書館運営の指針ともいえる『市民の図書館』（1970年）では，公共図書館の基本的機能を，「資料を求めるあらゆる人々に，資料を提供することである」（日本図書館協会，1976，p.10）と述べている。つまり，今日の公共図書館の根幹的な機能は資料提供にあるとされるが，戦前の図

第Ⅱ部　生涯学習論

書館が，むしろ資料の保存・管理機能を主としていたのとは対照的である。最近ではインターネットの普及により，電子図書館やCD-ROM利用などの新しい問題が出てきている。

　生涯学習施設としての図書館の大きな特徴は，第一に，多くの場合司書（補）という専門職員が置かれるところにある。司書資格取得のためには，大学などで，多くの必修・実習科目を擁する資格科目の単位取得をする必要がある。第二の大きな特徴は「対価徴収の禁止」の原則で，図書館法第17条では，「公立図書館は，入館料その他図書館資料の利用に対するいかなる対価をも徴収してはならない」と規定されている（なお戦前の図書館令では，入館料などの使用料を徴収していた）。

　公共図書館の活動は本・雑誌を中心とする資料の提供のみでなく，人びとの学習・交流活動の拠点となることもある。例えば，地域・家庭文庫の連絡調整や子どもへの読み聞かせ会などのイベントの開催などをとおして，交流的な学習の場の提供をも行なっている。

（4）博 物 館

　博物館は博物館法に準拠して，資料を収集・保管し，教育的配慮のもとにこれらを一般市民に公開・展示し，あわせてこうした資料の調査研究を行う，生涯学習施設である。とくにオリジナルな実物による教育を行うという点で，他の施設と異なる利点がある（伊藤，1993）。博物館には，文部科学省告示によると，①総合博物館，②人文系博物館（歴史資料館，美術館など），③自然系博物館（自然博物館，科学博物館，動物園，植物園，水族館など）に分類される。

　博物館には，他の施設と異なる次の2つの大きな特徴がある。その第一は，専門職員である学芸員が館長とともに必置になっている点である（博物館法第4条）。その資格は，主に大学での資格単位（実習を含む）を取得することで得られるが，研究機能をももつため大学院レベルの能力を求められることもある。

　第二は，博物館を設置する場合，都道府県教育委員会に登録する（博物館法第10条）という点である。この場合，年間150日以上の開館や学芸員必置とい

192

第15章　生涯学習の場

った条件がともなう。この条件にやや満たない博物館を博物館相当施設，博物館のようではあるがそれとは異なる施設を博物館類似施設とよぶ。

（5）青少年教育施設

　青少年教育施設は，青年の家および少年自然の家とよばれたが，2006年度より国立のものは青少年交流の家・青少年自然の家とよばれている。青年の家は，皇太子ご成婚記念事業としての中央青年の家建設（静岡県御殿場市，1959年）や，国立オリンピック記念青少年総合センター建設（東京オリンピック選手村跡地，1965年）あたりを出発点として，青年の団体宿泊研修の場や都市青年の交流の場として活動を展開してきた。国立の青少年交流の家は全国に13か所あるが，公立のものは青年の家や青少年会館，青少年センターとよばれるものが多く，宿泊型のものと非宿泊型のものとがある。

　少年自然の家は，1976年に国立室戸少年自然の家が設置されたのを皮切りに，現在国立の青少年自然の家が14か所設置されている。かつての林間学校や臨海学校の系列をなすもので，少年を自然に親しませつつ，団体研修を行う場だといえる。公立のものの多くは少年自然の家の名称で運営されている。これら以外にも，少年に対して科学や芸術文化などへの理解を深めることをめざす児童文化センターなどもある。

（6）体育館・グラウンド・スポーツ施設

　社会教育法第2条の規定にもあるように，スポーツや体育，レクリエーション活動も生涯学習活動の一部である。社会体育施設は教育委員会以外で運営されることが多いが，生涯スポーツの普及にともない，体育館などのスポーツ施設を生涯学習や地域づくりの場として位置づけることが重要だといえる。今日では，種目と年齢層と技術レベルの多様性を組み込んだ，総合型地域スポーツクラブ事業（1995年度からの国の育成事業）が地域づくりと生涯スポーツをつなぐ事業として注目されている（鈴木・守井，2003）。また，高齢者スポーツやニュースポーツ（インディアカ，ペタンクなど）など，競技性よりは交流を重視す

第Ⅱ部　生涯学習論

るタイプのスポーツも普及しつつある。

（7）女性センター・男女共同参画センター

　婦人会館とよばれることがあったが，今日では女性センターあるいは男女共同参画センターという語が一般化してきた。国際婦人年（1975年）とその後の国連婦人の十年，男女雇用機会均等法制定（1985年），男女共同参画社会基本法制定（1999年）という女性をめぐる政策動向のなかで，ジェンダー問題の理解や女性のエンパワメントと社会参加，男女共同参画を軸にした学習の拠点として女性センターが存在する（鈴木・守井，2003；下村・辻・内藤・矢口，2005）。国レベルでは国立女性教育会館（埼玉県嵐山町，1977年〜）があり，女性問題に関する，講座・研修・交流・指導者養成事業の開催，女性情報提供と調査研究，国際貢献事業などを行なっている。女性センターは，都道府県と政令指定都市のほとんどと市町村のいくつかに設置されており，より地域に根ざした，女性問題に関する学習機会の提供，啓発・相談事業，情報収集と公開，交流活動などを行なっている。

3　一般行政系列の生涯学習関連施設

　生涯学習推進施策や学習社会論が提起した問題は，公的な生涯学習の場を文部科学省－教育委員会系列の場に限定せず，人びとの学習が実際に行われている場を積極的に活用するというものであったかと思う。また生涯学習推進体制の本部を首長部局に設けることで，タテ割り行政の垣根を払うという含みもあっただろう。その結果，次の3つの方向の生涯学習推進の方向が示されたといえよう。

（1）首長部局の生涯学習推進体制づくり

　知事部局や首長部局などに近いところに生涯学習推進の拠点を置くことで，その自治体の生涯学習推進体制がより包括的なものになりうる。この方向は

さらに次のような形態に整理できよう。

① 生涯学習センター機能を首長部局に置くこと：1972年秋田県で知事部局に生涯教育推進本部を置き，そこに生涯教育推進委員会と生涯教育センターを設置するというしくみがつくられた（小畑，1980）。これにより，生涯学習センターの機能を行政全体に浸透させることにつながっていった。

② 生涯学習都市宣言：1979年4月には静岡県掛川市において，市政25周年を記念して，市長が音頭取りをするなかでの地域づくりと生涯学習の連携をねらった「生涯学習都市」宣言が出された（榛村，1987）。同年には岩手県金ヶ崎町で生涯学習の町宣言が，1981年には北海道真狩村で「生涯学習の村」宣言が出される。その後亀岡市，茨木市，高崎市，防府市，韮崎市など100か所以上の自治体で生涯学習都市宣言が出されていく。

（2） 一般行政における生涯学習関連施設の学習面の強調と統合

ここでいう一般行政関連施設は，教育委員会系列以外の行政管轄の施設をさす。例えば福祉行政における高齢者福祉センターなどに設置される高齢者大学や保健所での健康教室，児童館での子どもの交流促進事業，労働行政における勤労青少年ホームでの青少年の居場所づくり，運輸行政におけるユースホステルでの旅と交流を通じた学習会，自治行政におけるコミュニティ・センターや地域集会所における学級・講座などは，一般行政における生涯学習の例としてあげられよう。こうした施設における学習的側面を自覚的に強調し，人びとの生活に根ざした学習像へと統合していくことが重要であろう。

4　学校形態の生涯学習施設

学校外における生涯学習の機会の開放とともに，学校形態の生涯学習機会の開放も進んできている。この場合正規の学校（学校教育法第1条校）とそれ以外の学校の開放に分けることもできよう。前者はさらに，①初等・中等学校の開放，②高等教育機会の開放，③新たな学校の創設などに分類でき，それに④各

第Ⅱ部　生涯学習論

種学校・専門学校などの開放といったものが重なる。簡単に主な動向を述べる。

① 初等・中等学校の開放

　この部分では，これまで主に体育館やグラウンドなどを地域に開放するいわゆる学校開放事業が盛んであった。しかし大阪市では，少子化などによって空いた小中学校の教室を成人の学習のために開放する生涯学習ルームの制度を開設している。夜間中学のように，中学校で，外国人居住者などへの成人向け識字教室，不登校などによる義務教育形式卒業者に学習機会を開く事例もある（小尾，2006；学びリンク編集部，2014）。

② 高等教育機会の開放

　1987年に文部省に大学審議会が設置され多くの答申（1991年「大学教育の改善について」，1998年「21世紀の大学像と今後の改革方策について」など）が出されるなかで，1991年の大学設置基準改正，2002年の大学院等設置基準改正などにより，大学・大学院設置形態の弾力化が進んでいった。とくに社会人を大学や大学院に迎えることが制度的に行いやすくなり，夜間大学院，昼夜開講制，単位互換制度，大学コンソーシアム（連合体）の導入，専門職大学院，シニア大学などにより，成人が大学に戻って学習を続ける機会が普及していった。

③ 新たな生涯学習のための学校の創設

　この代表例は1985年に開学した放送大学であろう。1998年度より「全国化」され，2002年度より大学院が開学した。18歳以上ならだれでも学歴に関係なく入学できる。学部は教養学部のみで，生活と福祉・心理と教育・社会と産業・人間と文化・情報・自然と環境の6コースから成っている。2018年度現在，学部に約8万2,000名，大学院に約5,000名が在学している。また八洲学園大学（横浜市）やサイバー大学（福岡市）などのインターネット上のみの大学も開設されているし，立教セカンドステージ大学や園田学園女子大学などの，シニア層を対象としたシニア大学（院）を既存の大学に設置している大学も増えてきている。

④ 専門学校・各種学校による生涯学習支援

　学校教育法第134条における各種学校などでも生涯学習支援が行われている。

同124条以下の専修学校は，各種学校と大学などとの間に位置するものであるが，職業人養成などを軸に人びとの生涯学習支援を行なっている。また生涯学習センターや生涯学習部をもつ専門学校もある。

5　民間などの生涯学習施設

　国や自治体が管轄する生涯学習施設とともに，民間の生涯学習施設も多く存在する。この典型例が，新聞社や百貨店が経営するカルチャーセンター，文化教室といったものであろう。企業が運営する博物館やコンサート・ホールなどもある。この場合，経営面で収支を重視する場合と地域貢献や文化貢献の面を重視する場合とがある。

　またNPO法人としての非営利団体が，学習の場を提供する事例も増えてきている。子育てネットワーク，自立支援ネットなど，地縁をこえた新たなネットワークからの学習機会も創出されてきている。自治体や企業，NPOなどの網の目とははなれた位置にあって独自のグループ活動やサークル活動を展開する事例もある。この場合，個人の自宅から喫茶店，お寺，公園などを拠点として学習活動を進める場合もある。また教会などの宗教施設での学習も存在するし，シニアネットなどの，インターネット上で交流や学びの可能性を育む場も多く誕生してきている。

6　学習の場の相互連関性とそこからの発達可能性

　このように今日では，多様な学習の場がわれわれの前に開かれている。インターネット上の学習の場やNPOを通じた学習といった形態は，少し前には存在さえしなかった領域である。逆に青年学級などのように，活発でなくなってきている学習の場もある。重要な点は，これらの場での学習を相互関連させ，学習をとおしての人びとの発達を拓いていくという視点であろう。

　例えば，「幼稚園と高齢者施設」（キューブラー・ロスの指摘）や「スーパー

第Ⅱ部　生涯学習論

マーケットと図書館」の組み合わせが，相互活性化につながったという事例が
あるように，一見かけはなれたように見える学習の場のモジュールが，じつは
学習を相互活性化する可能性を秘めているように思う。中学校や高等学校での
成人学校，図書館と体育施設，あるいは喫茶店での哲学的討議やお寺での英語
学習といった組み合わせなどもそうかもしれない。各々の社会的な施設や場の
利点を最大限に活かしつつ，新たな学習の場の可能性を考えていくことも重要
であろう。

おわりに

　エーリッヒ・フロムの『夢の精神分析：忘れられた言語』のなかに次のよう
なエピソードが載っている。「テーベの町でスフィンクスという怪物が町の若
者を食い殺していたが，怪物の出すなぞなぞが解ければ，そうしたことはなく
なるという。その謎かけとは，『最初は四つ足，次が二足，最後に三つ足で歩
くものは何か？』というものである。エディプスは，そのなぞなぞに対して
『それは人間だ』と答える。赤ん坊のときは四つんばいで，おとなになれば二
本足，老人になれば三本足（杖を含めて）だからである。スフィンクスは海に
身を投げ，町は災いから救われ，エディプスは王となり，母ヨカスタと結婚す
る」。

　このスフィンクスの謎かけの話は有名である。しかしフロムは，この謎が本
当に意味するものは，より先にあると言う。次のように問うとどうだろうか？
「なぜ，このていどの謎を解くだけで，町の救済王になれるほどの大きな地位
が約束されるのだろうか」と。そう，謎の平易さと報酬の大きさとが不釣り合
いなのである。

　神話や夢の内容では，最も重要なことは，しばしば一見些細なあるいは意味
のないこととして現れる部分のなかにうかがわれる。逆に，主要なものとして
強調されているものは，しばしば実際には些細なものにすぎないことが多い。
ちょうどうまく構成されたミステリのトリックや伏線がそうであるかのように。

　この点をスフィンクス神話に当てはめるならば，強調されていた部分，すな
わち謎自身は重要ではないことになる。重要なのはその答え，つまり人間のほ
うなのだ。「直面している最も困難な問題に人間があたえることのできる最も
重要な解答が人間自身であるということを知っている者は，人間を救うことが
できる」（p.218）ということである。謎そのものは，その奥に潜む意味＝人間

の重要さを覆うヴェールの役割を果たしているだけなのだ。

　人間や自然以外の外的な何かが目的となったときから，疎外や抑圧が始まる。そして疎外や抑圧に抗う声は，「忘れられた声」のなかにこそある。

　この点を生涯学習の問題と重ねてみよう。なぜ学習をするのか？　「進学や就職のため」「資格や昇進のため」「親や先生が喜ぶから」…。人間という解答からはなれていっていないだろうか？　生涯学習論が提唱されたとき，生涯学習の目的は，「人間的であるため」だと言われた。ハンナ・アレントは，「活動的生活」こそに人間の条件を見出した。

　今日，「人間であること」のための生涯学習を説く論はあまり多くない。高齢者の学習においても「介護予防活動」の一環が謳われ，「キャリア・サポート」「婚活支援」といった名称は散見されても，「人間」であることへの学習を標榜するものは非常に少ない。

　ここで私の体験したことを少し書かせていただきたい。数年前，とある大手電機メーカーの企業研修所の見学会に，学生とともに行った。研修担当の方は言われた。「企業の研修は利潤や生産性などが絡みきびしいのです。大学とはちがうのですよ」。それからしばらくして，その方から葉書をいただいた。リストラに遭われたようで，そこにはその方が奥さんと散策をされている姿があった。

　別の機会に教育実習にかかわったとき，担当の学校の先生に私の専門を訊かれ，生涯教育や高齢者教育の話をしたところ，その（やや年配の）先生は少し固まってしまわれた。教育とは生徒や実習生を教えることと等価だとずっと思ってこられたため，自分自身に向けた教育のことが脳裏をかすめたためだったのではないかと推測する。

　これら2つの光景からうかがえるのは，多くの成人にとっては，職業生活が生活の中心にあり，若者を教えることこそが教育なのだということである。そしてそれらこそが「強調されてきた声」なのだ。しかし「忘れられた声」は，

おわりに

何かの拍子にふと頭をもたげてくることがある。

　もし，真実なるものが声高に喧伝される部分のなかには乏しく，逆に素朴に囁かれるもののなかにこそ宿りうるのだとしたら，われわれの生涯と発達と学習を見る目もまたちがってくるのではなかろうか。いわゆる一流とされる学校や職場を渡り歩き，著名な学校での授業を受けることとは対比的に，そうしたみちすじとは異なる質実なる生活とそのなかでの学び。そこにこそ真実が宿るとまでは言い切る自信はないが，しかし，その芽はしばしば散見できる。

　たしかに，スローガンを別にするならば，学校教育にくらべると，学校を出てからの成人の学習や教育を語る人の声は小さい。子どもがおとなに向かっていくプロセスを語る声にくらべれば，おとなの発達を本気で語る人の声も小さい。しかしその小さいと思われている部分にこそ，人間にとって本質的な何かが潜んでいるのかもしれない。生涯発達と生涯学習にこだわるというのは，じつは，そうした部分のなかの「正しさ」を，勇断とロマンをもって追い求めることではなかろうか。そう信じたく思う。

　本書の作成にあたり，山田正行・高鍬裕樹両氏をはじめとする大阪教育大学生涯教育計画論研究室の方々や大学の授業を聴いていただいた学生の皆さん，および（故）麻生誠（元）放送大学副学長，岩永雅也放送大学副学長，放送にご協力いただいた三輪建二・上杉孝實の両氏，および放送大学と同教育振興会のスタッフの方々と放送大学学生の皆さんに記して感謝の意を表したい。また，ミネルヴァ書房編集部の浅井久仁人さんにも，本書刊行にお世話をいただいたことに感謝の意を示したい。

　　2018年10月

　　　　　　　　　　　　　　　　　　　　堀　　薫　夫

資料　関連法規等

社会教育法（抄）

（昭和24・6・10　法律第207号）

〔最終改正〕　平成29法5

第1章　総　則

（この法律の目的）

第1条　この法律は，教育基本法（平成18年法律第120号）の精神に則り，社会教育に関する国及び地方公共団体の任務を明らかにすることを目的とする。

（社会教育の定義）

第2条　この法律で「社会教育」とは，学校教育法（昭和22年法律第26号）…に基づき，学校の教育課程として行われる教育活動を除き，主として青少年及び成人に対して行われる組織的な教育活動（体育及びレクリエーションの活動を含む。）をいう。

（国及び地方公共団体の任務）

第3条　国及び地方公共団体は，この法律及び他の法令の定めるところにより，社会教育の奨励に必要な施設の設置及び運営，集会の開催，資料の作製，頒布その他の方法により，すべての国民があらゆる機会，あらゆる場所を利用して，自ら実際生活に即する文化的教養を高め得るような環境を醸成するように努めなければならない。

2　国及び地方公共団体は，前項の任務を行うに当たっては，国民の学習に対する多様な需要を踏まえ，これに適切に対応するために必要な学習の機会の提供及びその奨励を行うことにより，生涯学習の振興に寄与すること

となるよう努めるものとする。

3　国及び地方公共団体は，第1項の任務を行うに当たっては，社会教育が学校教育及び家庭教育との密接な関連性を有することにかんがみ，学校教育との連携の確保に努め，及び家庭教育の向上に資することとなるよう必要な配慮をするとともに，学校，家庭及び地域住民その他の関係者相互間の連携及び協力の促進に資することとなるよう努めるものとする。

（国の地方公共団体に対する援助）

第4条　前条第1項の任務を達成するために，国は，この法律及び他の法令の定めるところにより，地方公共団体に対し，予算の範囲内において，財政的援助並びに物資の提供及びそのあっせんを行う。

（市町村の教育委員会の事務）

第5条　市（特別区を含む。以下同じ。）町村の教育委員会は，社会教育に関し，当該地方の必要に応じ，予算の範囲内において，次の事務を行う。

一．社会教育に必要な援助を行うこと。

二．社会教育委員の委嘱に関すること。

三．公民館の設置及び管理に関すること。

四．所管に属する図書館，博物館，青年の家その他の社会教育施設の設置及び管理に関すること。

五．所管に属する学校の行う社会教育のための講座の開設及びその奨励に関すること。

六．講座の開設及び討論会，講習会，講演会，展示会その他の集会の開催並びにこれらの奨

励に関すること。

七．家庭教育に関する学習の機会を提供するための講座の開設及び集会の開催並びに家庭教育に関する情報の提供並びにこれらの奨励に関すること。

八．職業教育及び産業に関する科学技術指導のための集会の開催並びにその奨励に関すること。

九．生活の科学化の指導のための集会の開催及びその奨励に関すること。

十．情報化の進展に対応して情報の収集及び利用を円滑かつ適正に行うために必要な知識又は技能に関する学習の機会を提供するための講座の開設及び集会の開催並びにこれらの奨励に関すること。

十一．運動会，競技会その他体育指導のための集会の開催及びその奨励に関すること。

十二．音楽，演劇，美術その他芸術の発表会等の開催及びその奨励に関すること。

十三．主として学齢児童及び学齢生徒（それぞれ学校教育法第18条に規定する学齢児童及び学齢生徒をいう。）に対し，学校の授業の終了後又は休業日において学校，社会教育施設その他適切な施設を利用して行う学習その他の活動の機会を提供する事業の実施並びにその奨励に関すること。

十四．青少年に対しボランティア活動など社会奉仕体験活動，自然体験活動その他の体験活動の機会を提供する事業の実施及びその奨励に関すること。

十五．社会教育における学習の機会を利用して行った学習の成果を活用して学校，社会教育施設その他地域において行う教育活動その他の活動の機会を提供する事業の実施及びその

の奨励に関すること。

十六．社会教育に関する情報の収集，整理及び提供に関すること。

十七．視聴覚教育，体育及びレクリエーションに必要な設備，器材及び資料の提供に関すること。

十八．情報の交換及び調査研究に関すること。

十九．その他第３条第１項の任務を達成するために必要な事務

（都道府県の教育委員会の事務）

第６条　都道府県の教育委員会は，社会教育に関し，当該地方の必要に応じ，予算の範囲内において，前条各号の事務（第３号の事務を除く。）を行うほか，次の事務を行う。

一．公民館及び図書館の設置及び管理に関し，必要な指導及び調査を行うこと。

二．社会教育を行う者の研修に必要な施設の設置及び運営，講習会の開催，資料の配布等に関すること。

三．社会教育施設の設置及び運営に必要な物資の提供及びそのあっせんに関すること。

四．市町村の教育委員会との連絡に関すること。

五．その他法令によりその職務権限に属する事項

（図書館及び博物館）

第９条　図書館及び博物館は，社会教育のための機関とする。

２　図書館及び博物館に関し必要な事項は，別に法律をもって定める。

第２章　社会教育主事及び社会教育主事補

（社会教育主事及び社会教育主事補の設置）

第９条の２　都道府県及び市町村の教育委員会の事務局に，社会教育主事を置く。

2　都道府県及び市町村の教育委員会の事務局に，社会教育主事補を置くことができる。

（社会教育主事及び社会教育主事補の職務）

第9条の3　社会教育主事は，社会教育を行う者に専門的技術的な助言と指導を与える。ただし，命令及び監督をしてはならない。

2　社会教育主事は，学校が社会教育関係団体，地域住民その他の関係者の協力を得て教育活動を行う場合には，その求めに応じて，必要な助言を行うことができる。

3　社会教育主事補は，社会教育主事の職務を助ける。

（社会教育主事の資格）

第9条の4　次の各号のいずれかに該当する者は，社会教育主事となる資格を有する。

　一．大学に2年以上在学して62単位以上を修得し，又は高等専門学校を卒業し，かつ，次に掲げる期間を通算した期間が3年以上になる者で，次条の規定による社会教育主事の講習を修了したもの

　　イ　社会教育主事補の職にあった期間

　　ロ　官公署，学校，社会教育施設又は社会教育関係団体における職で司書，学芸員その他の社会教育主事補の職と同等以上の職として文部科学大臣の指定するものにあった期間

　　ハ　官公署，学校，社会教育施設又は社会教育関係団体が実施する社会教育に関係のある事業における業務であって，社会教育主事として必要な知識又は技能の習得に資するものとして文部科学大臣が指定するものに従事した期間（イ又はロに掲げる期間に該当する期間を除く。）

　二．教育職員の普通免許状を有し，かつ，5年以上文部科学大臣の指定する教育に関す

る職にあった者で，次条の規定による社会教育主事の講習を修了したもの

　三．大学に2年以上在学して，62単位以上を修得し，かつ，大学において文部科学省令で定める社会教育に関する科目の単位を修得した者で，第1号イからハまでに掲げる期間を通算した期間が1年以上になるもの

　四．次条の規定による社会教育主事の講習を修了した者（第1号及び第2号に掲げる者を除く。）で，社会教育に関する専門的事項について前3号に掲げる者に相当する教養と経験があると都道府県の教育委員会が認定したもの

（社会教育主事の講習）

第9条の5　社会教育主事の講習は，文部科学大臣の委嘱を受けた大学その他の教育機関が行う。

2　受講資格その他社会教育主事の講習に関し必要な事項は，文部科学省令で定める。

（社会教育主事及び社会教育主事補の研修）

第9条の6　社会教育主事及び社会教育主事補の研修は，任命権者が行うもののほか，文部科学大臣及び都道府県が行う。

（地域学校協働活動推進員）

第9条の7　教育委員会は，地域学校協働活動の円滑かつ効果的な実施を図るため，社会的信望があり，かつ，地域学校協働活動の推進に熱意と識見を有する者のうちから，地域学校協働活動推進員を委嘱することができる。

2　地域学校協働活動推進員は，地域学校協働活動に関する事項につき，教育委員会の施策に協力して，地域住民等と学校との間の情報の共有を図るとともに，地域学校協働活動を行う地域住民等に対する助言その他の援助

資料　関連法規等

を行う。

第3章　社会教育関係団体

（社会教育関係団体の定義）

第10条　この法律で「社会教育関係団体」とは，法人であると否とを問わず，公の支配に属しない団体で社会教育に関する事業を行うことを主たる目的とするものをいう。

（国及び地方公共団体との関係）

第12条　国及び地方公共団体は，社会教育関係団体に対し，いかなる方法によっても，不当に統制的支配を及ぼし，又はその事業に干渉を加えてはならない。

（審議会等への諮問）

第13条　国又は地方公共団体が社会教育関係団体に対し補助金を交付しようとする場合には，あらかじめ，国にあっては文部科学大臣が審議会等（国家行政組織法…）で政令で定めるものの，地方公共団体にあっては教育委員会が社会教育委員の会議（社会教育委員が置かれていない場合には，条例で定めるところにより社会教育に係る補助金の交付に関する事項を調査審議する審議会その他の合議制の機関）の意見を聴いて行わなければならない。

第4章　社会教育委員

（社会教育委員の構成）

第15条　都道府県及び市町村に社会教育委員を置くことができる。

2　社会教育委員は，教育委員会が委嘱する。

（社会教育委員の職務）

第17条　社会教育委員は，社会教育に関し教育長を経て教育委員会に助言するため，次の職務を行う。

一　社会教育に関する諸計画を立案すること。

二　定時又は臨時に会議を開き，教育委員会の諮問に応じ，これに対して，意見を述べること。

三　前2号の職務を行うために必要な研究調査を行うこと。

2　社会教育委員は，教育委員会の会議に出席して社会教育に関し意見を述べることができる。

3　市町村の社会教育委員は，当該市町村の教育委員会から委嘱を受けた青少年教育に関する特定の事項について，社会教育関係団体，社会教育指導者その他関係者に対し，助言と指導を与えることができる。

第5章　公民館

（目的）

第20条　公民館は，市町村その他一定区域内の住民のために，実際生活に即する教育，学術及び文化に関する各種の事業を行い，もって住民の教養の向上，健康の増進，情操の純化を図り，生活文化の振興，社会福祉の増進に寄与することを目的とする。

（公民館の設置者）

第21条　公民館は，市町村が設置する。

2　前項の場合を除くほか，公民館は，公民館の設置を目的とする一般社団法人又は一般財団法人（以下この章において「法人」という。）でなければ設置することができない。

3　公民館の事業の運営上必要があるときは，公民館に分館を設けることができる。

（公民館の事業）

第22条　公民館は，第20条の目的達成のために，おおむね，左の事業を行う。但し，この法律及び他の法令によって禁じられたものは，この限りでない。

205

一．定期講座を開設すること。

二．討論会，講習会，講演会，実習会，展示会等を開催すること。

三．図書，記録，模型，資料等を備え，その利用を図ること。

四．体育，レクリエーション等に関する集会を開催すること。

五．各種の団体，機関等の連絡を図ること。

六．その施設を住民の集会その他の公共的利用に供すること。

（公民館の運営方針）

第23条　公民館は，次の行為を行ってはならない。

一．もっぱら営利を目的として事業を行い，特定の営利事業に公民館の名称を利用させその他営利事業を援助すること。

二．特定の政党の利害に関する事業を行い，又は公私の選挙に関し，特定の候補者を支持すること。

2　市町村の設置する公民館は，特定の宗教を支持し，又は特定の教派，宗派若しくは教団を支援してはならない。

（公民館の基準）

第23条の2　文部科学大臣は，公民館の健全な発達を図るために，公民館の設置及び運営上必要な基準を定めるものとする。

2　文部科学大臣及び都道府県の教育委員会は，市町村の認証する公民館が前項の基準に従って設置され及び運営されるように，当該市町村に対し，指導，助言その他の援助に努めるものとする。

（公民館の設置）

第24条　市町村が公民館を設置しようとするときは，条例で，公民館の設置及び管理に関する事項を定めなければならない。

（公民館の職員）

第27条　公民館に館長を置き，主事その他必要な職員を置くことができる。

2　館長は，公民館の行う各種の事業の企画実施その他必要な事務を行い，所属職員を監督する。

3　主事は，館長の命を受け，公民館の事業の実施にあたる。

第28条　市町村の設置する公民館の館長，主事その他必要な職員は，教育長の推薦により，当該市町村の教育委員会が任命する。

（公民館の職員の研修）

第28条の2　第9条の6の規定は，公民館の職員の研修について準用する。

（公民館運営審議会）

第29条　公民館に公民館運営審議会を置くことができる。

2　公民館運営審議会は，館長の諮問に応じ，公民館における各種の事業の企画実施につき調査審議するものとする。

第30条　市町村の設置する公民館にあっては，公民館運営審議会の委員は，当該市町村の教育委員会が委嘱する。

（運営の状況に関する評価等）

第32条　公民館は，当該公民館の運営の状況について評価を行うとともに，その結果に基づき公民館の運営の改善を図るため必要な措置を講ずるよう努めなければならない。

第6章　学校施設の利用

（学校施設の利用）

第44条　学校（国立学校又は公立学校をいう。以下この章において同じ。）の管理機関は，学校教育上支障がないと認める限り，その管

理する学校の施設を社会教育のために利用に供するように努めなければならない。

（学校施設利用の許可）

第45条 社会教育のために学校の施設を利用しようとする者は，当該学校の管理機関の許可を受けなければならない。

2 前項の規定により，学校の管理機関が学校施設の利用を許可しようとするときは，あらかじめ，学校の長の意見を聞かなければならない。

（社会教育の講座）

第48条 文部科学大臣は国立学校に対し，地方公共団体の長は当該地方公共団体が設置する大学又は当該地方公共団体が設立する公立大学法人が設置する大学若しくは高等専門学校に対し，地方公共団体に設置されている教育委員会は当該地方公共団体が設置する大学以外の公立学校に対し，その教育組織及び学校の施設の状況に応じ，文化講座，専門講座，夏期講座，社会学級講座等学校施設の利用による社会教育のための講座の開設を求めることができる。

2 文化講座は，成人の一般的教養に関し，専門講座は，成人の専門的学術知識に関し，夏期講座は，夏期休暇中，成人の一般的教養又は専門的学術知識に関し，それぞれ大学，高等専門学校又は高等学校において開設する。

3 社会学級講座は，成人の一般的教養に関し，小学校又は中学校において開設する。

第7章　通信教育

生涯学習の振興のための施策の推進体制等の整備に関する法律（抄）

（平成2・6・29　法律第71号）

〔最終改正〕　平成14法15

（目的）

第1条 この法律は，国民が生涯にわたって学習する機会があまねく求められている状況にかんがみ，生涯学習の振興に資するための都道府県の事業に関しその推進体制の整備その他の必要な事項を定め，及び特定の地区において生涯学習に係る機会の総合的な提供を促進するための措置について定めるとともに，都道府県生涯学習審議会の事務について定める等の措置を講ずることにより，生涯学習の振興のための施策の推進体制及び地域における生涯学習に係る機会の整備を図り，もって生涯学習の振興に寄与することを目的とする。

（施策における配慮等）

第2条 国及び地方公共団体は，この法律に規定する生涯学習の振興のための施策を実施するに当たっては，学習に関する国民の自発的意思を尊重するよう配慮するとともに，職業能力の開発及び向上，社会福祉等に関し生涯学習に資するための別に講じられる施策と相まって，効果的にこれを行うよう努めるものとする。

（生涯学習の振興に資するための都道府県の事業）

第3条 都道府県の教育委員会は，生涯学習の振興に資するため，おおむね次の各号に掲げる事業について，これらを相互に連携させつつ推進するために必要な体制の整備を図りつつ，これらを一体的かつ効果的に実施する

よう努めるものとする。

一．学校教育及び社会教育に係る学習（体育に係るものを含む。以下この項において「学習」という。）並びに文化活動の機会に関する情報を収集し，整理し，及び提供すること。

二．住民の学習に対する需要及び学習の成果の評価に関し，調査研究を行うこと。

三．地域の実情に即した学習の方法の開発を行うこと。

四．住民の学習に関する指導者及び助言者に対する研修を行うこと。

五．地域における学校教育，社会教育及び文化に関する機関及び団体に対し，これらの機関及び団体相互の連携に関し，照会及び相談に応じ，並びに助言その他の援助を行うこと。

六．前各号に掲げるもののほか，社会教育のための講座の開設その他の住民の学習の機会の提供に関し必要な事業を行うこと。

2　都道府県の教育委員会は，前項に規定する事業を行うに当たっては，社会教育関係団体その他の地域において生涯学習に資する事業を行う機関及び団体との連携に努めるものとする。

（都道府県の事業の推進体制の整備に関する基準）

第4条　文部科学大臣は，生涯学習の振興に資するため，都道府県の教育委員会が行う前条第1項に規定する体制の整備に関し望ましい基準を定めるものとする。

2　文部科学大臣は，前項の基準を定めようとするときは，あらかじめ，審議会等（…）で政令で定めるものの意見を聴かなければならない。これを変更しようとするときも，同様とする。

（地域生涯学習振興基本構想）

第5条　都道府県は，当該都道府県内の特定の地区において，当該地区及びその周辺の相当程度広範囲の地域における住民の生涯学習の振興に資するため，社会教育に係る学習（体育に係るものを含む。）及び文化活動その他の生涯学習に資する諸活動の多様な機会の総合的な提供を民間事業者の能力を活用しつつ行うことに関する基本的な構想（以下「基本構想」という。）を作成することができる。

2　基本構想においては，次に掲げる事項について定めるものとする。

一．前項に規定する多様な機会（以下「生涯学習に係る機会」という。）の総合的な提供の方針に関する事項

二．前項に規定する地区の区域に関する事項

三．総合的な提供を行うべき生涯学習に係る機会（民間事業者により提供されるものを含む。）の種類及び内容に関する基本的な事項

四．前号に規定する民間事業者に対する資金の融通の円滑化その他の前項に規定する地区において行われる生涯学習に係る機会の総合的な提供に必要な業務であって政令で定めるものを行う者及び当該業務の運営に関する事項

五．その他生涯学習に係る機会の総合的な提供に関する重要事項

3　都道府県は，基本構想を作成しようとするときは，あらかじめ，関係市町村に協議しなければならない。

4　都道府県は，基本構想を作成しようとするときは，前項の規定による協議を経た後，文部科学大臣及び経済産業大臣に協議することができる。

資料　関連法規等

5　文部科学大臣及び経済産業大臣は，前項の規定による協議を受けたときは，都道府県が作成しようとする基本構想が次の各号に該当するものであるかどうかについて判断するものとする。

一　当該基本構想に係る地区が，生涯学習に係る機会の提供の程度が著しく高い地域であって政令で定めるもの以外の地域のうち，交通条件及び社会的自然的条件からみて生涯学習に係る機会の総合的な提供を行うことが相当と認められる地区であること。

二　当該基本構想に係る生涯学習に係る機会の総合的な提供が当該基本構想に係る地区及びその周辺の相当程度広範囲の地域における住民の生涯学習に係る機会に対する要請に適切にこたえるものであること。

三　その他文部科学大臣及び経済産業大臣が判断に当たっての基準として次条の規定により定める事項（以下「判断基準」という。）に適合するものであること。

6　文部科学大臣及び経済産業大臣は，基本構想につき前項の判断をするに当たっては，あらかじめ，関係行政機関の長に協議するとともに，文部科学大臣にあっては前条第2項の政令で定める審議会等の意見を，経済産業大臣にあっては産業構造審議会の意見をそれぞれ聴くものとし，前項各号に該当するものであると判断するに至ったときは，速やかにその旨を当該都道府県に通知するものとする。

7　都道府県は，基本構想を作成したときは，遅滞なく，これを公表しなければならない。

（判断基準）

第6条　判断基準においては，次に掲げる事項を定めるものとする。

一　生涯学習に係る機会の総合的な提供に関する基本的な事項

二　前条第1項に規定する地区の設定に関する基本的な事項

三　総合的な提供を行うべき生涯学習に係る機会（民間事業者により提供されるものを含む。）の種類及び内容に関する基本的な事項

四　生涯学習に係る機会の総合的な提供に必要な事業に関する基本的な事項

五　生涯学習に係る機会の総合的な提供に際し配慮すべき重要事項

2　文部科学大臣及び経済産業大臣は，承認基準を定めるに当たっては，あらかじめ，総務大臣その他関係行政機関の長に協議するとともに，文部科学大臣にあっては第4条第2項の政令で定める審議会等の意見を，経済産業大臣にあっては産業構造審議会の意見をそれぞれ聴かなければならない。

（基本構想の実施等）

第8条　都道府県は，関係民間事業者の能力を活用しつつ，生涯学習に係る機会の総合的な提供を基本構想に基づいて計画的に行うよう努めなければならない。

（都道府県生涯学習審議会）

第10条　都道府県に，都道府県生涯学習審議会（以下「都道府県審議会」という。）を置くことができる。

2　都道府県審議会は，都道府県の教育委員会又は知事の諮問に応じ，当該都道府県の処理する事務に関し，生涯学習に資するための施策の総合的な推進に関する重要事項を調査審議する。

3　都道府県審議会は，前項に規定する事項に関し必要と認める事項を当該都道府県の教

209

育委員会又は知事に建議することができる。

（市町村の連携協力体制）

第11条　市町村（特別区を含む。）は，生涯学習の振興に資するため，関係機関及び関係団体等との連携協力体制の整備に努めるものとする。

図書館法（抄）

（昭和25年4月30日　法律第118号）

〔最終改正〕　平成23法105

第1章　総　則

（この法律の目的）

第1条　この法律は，社会教育法（昭和24年法律第207号）の精神に基き，図書館の設置及び運営に関して必要な事項を定め，その健全な発達を図り，もって国民の教育と文化の発展に寄与することを目的とする。

（定義）

第2条　この法律において「図書館」とは，図書，記録その他必要な資料を収集し，整理し，保有して，一般公衆の利用に供し，その教養，調査研究，レクリエーション等に資することを目的とする施設で，地方公共団体，日本赤十字社又は一般社団法人若しくは一般財団法人が設置するもの（学校に附属する図書館又は図書室を除く。）をいう。

2　前項の図書館のうち，地方公共団体の設置する図書館を公立図書館といい，日本赤十字社又は一般社団法人若しくは一般財団法人の設置する図書館を私立図書館という。

（図書館奉仕）

第3条　図書館は，図書館奉仕のため，土地の事情及び一般公衆の希望に沿い，更に学校教育を援助し，及び家庭教育の向上に資する

 こととなるように留意し，おおむね次に掲げる事項の実施に努めなければならない。

一　郷土資料，地方行政資料，美術品，レコード及びフィルムの収集にも十分留意して，図書，記録，視聴覚教育の資料その他必要な資料（電磁的記録（電子的方式，磁気的方式その他人の知覚によっては認識することができない方式で作られた記録をいう。）を含む。以下「図書館資料」という。）を収集し，一般公衆の利用に供すること。

二　図書館資料の分類排列を適切にし，及びその目録を整備すること。

三　図書館の職員が図書館資料について十分な知識を持ち，その利用のための相談に応ずるようにすること。

四　他の図書館，国立国会図書館，地方公共団体の議会に附置する図書室及び学校に附属する図書館又は図書室と緊密に連絡し，協力し，図書館資料の相互貸借を行うこと。

五　分館，閲覧所，配本所等を設置し，及び自動車文庫，貸出文庫の巡回を行うこと。

六　読書会，研究会，鑑賞会，映写会，資料展示会等を主催し，及びこれらの開催を奨励すること。

七　時事に関する情報及び参考資料を紹介し，及び提供すること。

八　社会教育における学習の機会を利用して行った学習の成果を活用して行う教育活動その他の活動の機会を提供し，及びその提供を奨励すること。

九　学校，博物館，公民館，研究所等と緊密に連絡し，協力すること。

（司書及び司書補）

第4条　図書館に置かれる専門的職員を司書

資料　関連法規等

及び司書補と称する。

2　司書は，図書館の専門的事務に従事する。

3　司書補は，司書の職務を助ける。

（司書及び司書補の資格）

第5条　次の各号のいずれかに該当する者は，司書となる資格を有する。

一．大学又は高等専門学校を卒業した者で次条の規定による司書の講習を修了したもの

二．大学を卒業した者で大学において図書館に関する科目を履修したもの

三．次に掲げる職にあった期間が通算して3年以上になる者で次条の規定による司書の講習を修了したもの

イ　司書補の職

ロ　国立国会図書館又は大学若しくは高等専門学校の附属図書館における職で司書補の職に相当するもの

ハ　ロに掲げるもののほか，官公署，学校又は社会教育施設における職で社会教育主事，学芸員その他の司書補の職と同等以上の職として文部科学大臣が指定するもの

2　次の各号のいずれかに該当する者は，司書補となる資格を有する。

一．司書の資格を有する者

二．学校教育法〔昭和22年法律第26号〕第90条第1項の規定により大学に入学することのできる者で次条の規定による司書補の講習を修了したもの

（司書及び司書補の講習）

第6条　司書及び司書補の講習は，大学が，文部科学大臣の委嘱を受けて行う。

2　司書及び司書補の講習に関し，履修すべき科目，単位その他必要な事項は，文部科学省令で定める。ただし，その履修すべき単位

数は，15単位を下ることができない。

（司書及び司書補の研修）

第7条　文部科学大臣及び都道府県の教育委員会は，司書及び司書補に対し，その資質の向上のために必要な研修を行うよう努めるものとする。

（設置及び運営上望ましい基準）

第7条の2　文部科学大臣は，図書館の健全な発達を図るために，図書館の設置及び運営上望ましい基準を定め，これを公表するものとする。

（運営の状況に関する評価等）

第7条の3　図書館は，当該図書館の運営の状況について評価を行うとともに，その結果に基づき図書館の運営の改善を図るため必要な措置を講ずるよう努めなければならない。

（運営の状況に関する情報の提供）

第7条の4　図書館は，当該図書館の図書館奉仕に関する地域住民その他の関係者の理解を深めるとともに，これらの者との連携及び協力の推進に資するため，当該図書館の運営の状況に関する情報を積極的に提供するよう努めなければならない。

第2章　公立図書館

（設置）

第10条　公立図書館の設置に関する事項は，当該図書館を設置する地方公共団体の条例で定めなければならない。

（職員）

第13条　公立図書館に館長並びに当該図書館を設置する地方公共団体の教育委員会が必要と認める専門的職員，事務職員及び技術職員を置く。

2　館長は，館務を掌理し，所属職員を監督

して，図書館奉仕の機能の達成に努めなければならない。

（図書館協議会）

第14条　公立図書館に図書館協議会を置くことができる。

2　図書館協議会は，図書館の運営に関し館長の諮問に応ずるとともに，図書館の行う図書館奉仕につき，館長に対して意見を述べる機関とする。

第15条　図書館協議会の委員は，当該図書館を設置する教育委員会が任命する。

第16条　図書館協議会の設置，その委員の任命の基準，定数及び任期その他図書館協議会に関し必要な事項については，当該図書館を設置する地方公共団体の条例で定めなければならない。（…）

（入館料等）

第17条　公立図書館は，入館料その他図書館資料の利用に対するいかなる対価をも徴収してはならない。

（図書館の補助）

第20条　国は，図書館を設置する地方公共団体に対し，予算の範囲内において，図書館の施設，設備に要する経費その他必要な経費の一部を補助することができる。

2　前項の補助金の交付に関し必要な事項は，政令で定める。

> **博物館法**（抄）
> （昭和26年12月1日　法律第285号）
> 〔最終改正〕　平成26法51

第1章　総　則

（この法律の目的）

第1条　この法律は，社会教育法（昭和24年法律第207号）の精神に基き，博物館の設定及び運営に関して必要な事項を定め，その健全な発達を図り，もって国民の教育，学術及び文化の発展に寄与することを目的とする。

（定義）

第2条　この法律において「博物館」とは，歴史，芸術，民俗，産業，自然科学等に関する資料を収集し，保管（育成を含む。以下同じ。）し，展示して教育的配慮の下に一般公衆の利用に供し，その教養，調査研究，レクリエーション等に資するために必要な事業を行い，あわせてこれらの資料に関する調査研究をすることを目的とする機関（社会教育法による公民館及び図書館法（昭和25年法律第118号）による図書館を除く。）のうち，地方公共団体，一般社団法人若しくは一般財団法人，宗教法人又は政令で定めるその他の法人（独立行政法人（…）を除く。）が設置するもので次章の規定による登録を受けたものをいう。

2　この法律において，「公立博物館」とは，地方公共団体の設置する博物館をいい，「私立博物館」とは，一般社団法人若しくは一般財団法人，宗教法人又は前項の政令で定める法人の設置する博物館をいう。

3　この法律において「博物館資料」とは，博物館が収集し，保管し，又は展示する資料

資料　関連法規等

（電磁的記録（電子的方式，磁気的方式その他人の知覚によっては認識することができない方式で作られた記録をいう。）を含む。）をいう。

（博物館の事業）

第3条　博物館は，前条第1項に規定する目的を達成するため，おおむね次に掲げる事業を行う。

一．実物，標本，模写，模型，文献，図表，写真，フィルム，レコード等の博物館資料を豊富に収集し，保管し，及び展示すること。

二．分館を設置し，又は博物館資料を当該博物館外で展示すること。

三．一般公衆に対して，博物館資料の利用に関し必要な説明，助言，指導等を行い，又は研究室，実験室，工作室，図書室等を設置してこれを利用させること。

四．博物館資料に関する専門的，技術的な調査研究を行うこと。

五．博物館資料の保管及び展示等に関する技術的研究を行うこと。

六．博物館資料に関する案内書，解説書，目録，図録，年報，調査研究の報告書等を作成し，及び頒布すること。

七．博物館資料に関する講演会，講習会，映写会，研究会等を主催し，及びその開催を援助すること。

八．当該博物館の所在地又はその周辺にある文化財保護法（昭和25年法律第214号）の適用を受ける文化財について，解説書又は目録を作成する等一般公衆の当該文化財の利用の便を図ること。

九．社会教育における学習の機会を利用して行った学習の成果を活用して行う教育活動その他の活動の機会を提供し，及びその提供を奨励すること。

十．他の博物館，博物館と同一の目的を有する国の施設等と緊密に連絡し，協力し，刊行物及び情報の交換，博物館資料の相互貸借等を行うこと。

十一．学校，図書館，研究所，公民館等の教育，学術又は文化に関する諸施設と協力し，その活動を援助すること。

2　博物館は，その事業を行うに当っては，土地の事情を考慮し，国民の実生活の向上に資し，更に学校教育を援助し得るようにも留意しなければならない。

（館長，学芸員その他の職員）

第4条　博物館に，館長を置く。

2　館長は，館務を掌理し，所属職員を監督して，博物館の任務の達成に努める。

3　博物館に，専門的職員として学芸員を置く。

4　学芸員は，博物館資料の収集，保管，展示及び調査研究その他これと関連する事業についての専門的事項をつかさどる。

5　博物館に，館長及び学芸員のほか，学芸員補その他の職員を置くことができる。

6　学芸員補は，学芸員の職務を助ける。

（学芸員の資格）

第5条　次の各号のいずれかに該当する者は，学芸員となる資格を有する。

一．学士の学位を有する者で，大学において文部科学省令で定める博物館に関する科目の単位を修得したもの

二．大学に2年以上在学し，前号の博物館に関する科目の単位を含めて62単位以上を修得した者で，3年以上学芸員補の職にあったも

213

の

三．文部科学大臣が，文部科学省令で定める
ところにより，前2号に掲げる者と同等以上
の学力及び経験を有する者と認めた者

2　前項第2号の学芸員補の職には，官公署，
学校又は社会教育施設（博物館の事業に類す
る事業を行う施設を含む。）における職で，
社会教育主事，司書その他の学芸員補の職と
同等以上の職として文部科学大臣が指定する
ものを含むものとする。

（学芸員補の資格）

第6条　学校教育法（昭和22年法律第26号）
第90条第1項の規定により大学に入学するこ
とのできる者は，学芸員補となる資格を有す
る。

（学芸員及び学芸員補の研修）

第7条　文部科学大臣及び都道府県の教育委
員会は，学芸員及び学芸員補に対し，その資
質の向上のために必要な研修を行うよう努め
るものとする。

（設置及び運営上望ましい基準）

第8条　文部科学大臣は，博物館の健全な発
達を図るために，博物館の設置及び運営上望
ましい基準を定め，これを公表するものとす
る。

（運営の状況に関する評価等）

第9条　博物館は，当該博物館の運営の状況
について評価を行うとともに，その結果に基
づき博物館の運営の改善を図るため必要な措
置を講ずるよう努めなければならない。

第2章　登　録

（登録）

第10条　博物館を設置しようとする者は，当
該博物館について，当該博物館の所在する都

道府県の教育委員会（…）に備える博物館登
録原簿に登録を受けるものとする。

（登録の申請）

第11条　前条の規定による登録を受けようと
する者は，設置しようとする博物館について，
左に掲げる事項を記載した登録申請書を都道
府県の教育委員会に提出しなければならない。

一．設置者の名称及び私立博物館にあっては
設置者の住所

二．名称

三．所在地

2　前項の登録申請書には，次に掲げる書類
を添付しなければならない。

一．公立博物館にあっては，設置条例の写し，
館則の写し，直接博物館の用に供する建物及
び土地の面積を記載した書面及びその図面，
当該年度における事業計画書及び予算の歳出
の見積りに関する書類，博物館資料の目録並
びに館長及び学芸員の氏名を記載した書面

二．私立博物館にあっては，…

（登録要件の審査）

第12条　都道府県の教育委員会は，前条の規
定による登録の申請があった場合においては，
当該申請に係る博物館が左に掲げる要件を備
えているかどうかを審査し，備えていると認
めたときは，同条第1項各号に掲げる事項及
び登録の年月日を博物館登録原簿に登録する
とともに登録した旨を当該登録申請者に通知
し，備えていないと認めたときは，登録しな
い旨をその理由を附記した書面で当該登録申
請者に通知しなければならない。

一．第2条第1項に規定する目的を達成する
ために必要な博物館資料があること。

二．第2条第1項に規定する目的を達成する

資料　関連法規等

ために必要な学芸員その他の職員を有すること。

三．第2条第1項に規定する目的を達成するために必要な建物及び土地があること。

四．1年を通じて150日以上開館すること。

（登録事項等の変更）

第13条　博物館の設置者は，第11条第1項各号に掲げる事項について変更があったとき，又は同条第2項に規定する添付書類の記載事項について重要な変更があったときは，その旨を都道府県の教育委員会に届け出なければならない。

2　都道府県の教育委員会は，第11条第1項各号に掲げる事項に変更があったことを知ったときは，当該博物館に係る登録事項の変更登録をしなければならない。

（登録の取消）

第14条　都道府県の教育委員会は，博物館が第12条各号に掲げる要件を欠くに至ったものと認めたとき，又は虚偽の申請に基いて登録した事実を発見したときは，当該博物館に係る登録を取り消さなければならない。但し，博物館が天災その他やむを得ない事由により要件を欠くに至った場合においては，その要件を欠くに至った日から2年間はこの限りでない。

2　都道府県の教育委員会は，前項の規定により登録の取消しをしたときは，当該博物館の設置者に対し，速やかにその旨を通知しなければならない。

第3章　公立博物館

（設置）

第18条　公立博物館の設置に関する事項は，当該博物館を設置する地方公共団体の条例で定めなければならない。

（所管）

第19条　公立博物館は，当該博物館を設置する地方公共団体の教育委員会の所管に属する。

（博物館協議会）

第20条　公立博物館に，博物館協議会を置くことができる。

2　博物館協議会は，博物館の運営に関し館長の諮問に応ずるとともに，館長に対して意見を述べる機関とする。

第21条　博物館協議会の委員は，当該博物館を設置する地方公共団体の教育委員会が任命する。

第22条　博物館協議会の設置，その委員の定数及び任期その他博物館協議会に関し必要な事項は，当該博物館を設置する地方公共団体の条例で定めなければならない。…

（入館料等）

第23条　公立博物館は，入館料その他博物館資料の利用に対する対価を徴収してはならない。但し，博物館の維持運営のためにやむを得ない事情のある場合は，必要な対価を徴収することができる。

（博物館の補助）

第24条　国は，博物館を設置する地方公共団体に対し，予算の範囲内において，博物館の施設，設備に要する経費その他必要な経費の一部を補助することができる。

2　前項の補助金の交付に関し必要な事項は，政令で定める。

第4章　私立博物館　…
第5章　雑　則

（博物館に相当する施設）

第29条　博物館の事業に類する事業を行う施

215

設で，国又は独立行政法人が設置する施設に
あっては文部科学大臣が，その他の施設にあ
っては当該施設の所在する都道府県の教育委
員会が，文部科学省令で定めるところにより，
博物館に相当する施設として指定したものに
ついては，第27条第2項の規定を準用する。

引用・参考文献（原則として副題は省略）

〔和文，アイウエオ順〕

赤尾勝己『新しい生涯学習概論』ミネルヴァ書房，2012年。

浅井経子「生涯学習センター（Ⅱ）」日本生涯教育学会編『生涯学習事典：増補版』東京書籍，1992年，pp. 319-321。

麻生誠「教育課程」清水義弘編『教育原理』光生館，1981年，pp. 76-122。

麻生誠「生涯学習の理念」麻生誠・堀薫夫『生涯学習と自己実現』放送大学教育振興会，2002年，pp. 11-24。

麻生誠・堀薫夫『生涯発達と生涯学習』放送大学教育振興会，1997年。

アッチェリー，ロバート／バルシュ，アマンダ『ジェロントロジー』（宮内康二監訳）きんざい，2005年。

天田城介「老衰の社会学」関東社会学会編『年報社会学論集』第12号，1999年，1-13。

天田城介「感情を社会学する」早坂裕子・広井良典編『みらいを拓く社会学』ミネルヴァ書房，2004年，pp. 119-139。

天田城介『〈老い衰えゆくこと〉の社会学（普及版）』多賀出版，2007年。

新井郁男編『ラーニング・ソサエティ』（『現代のエスプリ』No. 146）至文堂，1979年。

新井郁男『学習社会論』（教育学大全集 8）第一法規，1982年。

アレント，ハンナ『人間の条件』（志水速雄訳）筑摩書房，1994年。

池田秀男「成人教育学の原理」池田・三浦・山本・浅井『成人教育の理解』（生涯学習テキスト②）実務教育出版，1987年，pp. 3-39。

池田守男・金井壽宏『サーバント・リーダーシップ入門』かんき出版，2007年。

石井政之・石田かおり『「見た目」依存の時代』原書房，2005年。

石丸昌彦編『死生学入門』放送大学教育振興会，2014年。

市川昭午・潮木守一編『学習社会への道』（教育学講座21）学習研究社，1979年。

伊藤寿朗『市民のなかの博物館』吉川弘文館，1993年。

伊藤智樹編『ピア・サポートの社会学』晃洋書房，2013年。

井上豊久「F. ペゲラーのアンドラゴーギクの研究」『日本社会教育学会紀要』No. 26，1990年，32-43。

今津孝次郎『人生時間割の社会学』世界思想社，2008年。

イリイチ，イヴァン『シャドウ・ワーク』（玉野井芳郎・栗原彬訳）岩波書店，1990年。

イリッチ，イヴァン『脱学校の社会』（東 洋・小澤周三訳）東京創元社，1977年。

217

イリッチ，イヴァン他『脱学校化の可能性』（松崎巌訳）東京創元社，1979年。

ウィートリー，マーガレット『リーダーシップとニューサイエンス』（東出顕子訳）英治出版，2009年。

ウィルソン，コリン『至高経験』（由良君美・四方田剛己訳）河出書房新社，1979年。

ウェクスラ，デビッド『成人知能の測定と評価』（茂木茂八・安富利光・福原真知子訳）日本文化科学社，1972年。

上田吉一『人間の完成』誠信書房，1988年。

上原専禄「現代認識の問題性」『現代』（岩波講座）第1巻，1963年，pp. 13-56。

ウェンガー，E.／マクダーモット，R.／スナイダー，W.『コミュニティ・オブ・プラクティス』（野村恭彦監修・櫻井祐子訳）翔泳社，2002年。

魚津郁夫『デューイ』（世界の思想家20）平凡社，1978年。

牛尾奈緒美・石川公彦・志村光太郎『ラーニング・リーダーシップ入門』日本経済新聞出版社，2011年。

碓井正久編『社会教育』（教育学叢書16）第一法規，1970年。

碓井正久編『社会教育』（戦後日本の教育改革10）東京大学出版会，1971年。

エリクソン，エリク『洞察と責任』（鑪幹八郎訳）誠信書房，1971年。

エリクソン，エリク『幼児期と社会1』（仁科弥生訳）みすず書房，1977年。

エリクソン，エリク他『老年期』（朝長正徳・朝長梨枝子訳）みすず書房，1990年。

エルダー，グレン『新版 大恐慌の子どもたち』（本田・川浦・伊藤他訳）明石書店，1986年。

エンゲストローム，ユーリア『拡張による学習』（山住勝広・松下佳代他訳）新曜社，1999年。

エンゲストローム，ユーリア『拡張的学習の挑戦と可能性』（山住勝広監訳）新曜社，2018年。

OECD 教育調査団『日本の教育政策』（深代惇郎訳）朝日新聞社，1972年。

OECD 編『生涯教育政策：リカレント教育・代償教育政策』（森隆夫訳）ぎょうせい，1974年。

大井玄『痴呆の哲学』弘文堂，2004年。

大浦猛「人間の成長と教育の本質」『教育学』（系統看護学講座 基礎7）医学書院，1996年，pp. 1-21。

大阪教育大学生涯教育計画論研究室編『老人イメージに関する調査研究』1995年。

大阪教育大学生涯教育計画論研究室編『老いと死に関する調査研究』1996年。

大阪教育大学生涯教育計画論研究室編『老人大学修了者の老人大学への評価に関する調

引用・参考文献

　　査研究：大阪府老人大学を事例として』2006年。

大槻宏樹編『自己教育論の系譜と構造』早稲田大学出版部，1981年。

大西正倫「死を迎えるということ」岡田渥美編『老いと死』玉川大学出版部，1994年，
　　pp. 208-225。

岡本包治編『生涯学習プログラムの開発』（現代生涯学習全集4）ぎょうせい，1992年a。

岡本包治「学習プログラム」日本生涯教育学会編『生涯学習事典：増補版』東京書籍，
　　1992年b，pp. 370-375。

岡本祐子・深瀬裕子編『エピソードでつかむ生涯発達心理学』（シリーズ生涯発達心理
　　学1）ミネルヴァ書房，2013年。

小川利夫『社会教育と国民の学習権』勁草書房，1973年。

小川利夫編『現代社会教育の理論』（講座 現代社会教育Ⅰ）亜紀書房，1977年。

小田利勝『サクセスフル・エイジングの研究』学文社，2004年。

小畑勇二郎『秋田の生涯教育』全日本社会教育連合会，1980年。

小原信『ホスピス』筑摩書房，1999年。

回想法・ライフレヴュー研究会編『回想法ハンドブック』中央法規出版，2001年。

貝原益軒『養生訓』（伊藤友信訳）講談社，1982年。

カウフマン，シャロン『エイジレス・セルフ』（幾島幸子訳）筑摩書房，1988年。

梶田叡一『ブルーム理論に学ぶ』明治図書，1986年。

梶田叡一『教育評価』（補訂版）有斐閣，2002年。

梶田叡一『教育評価入門』協同出版，2007年。

柏木惠子『おとなが育つ条件』岩波書店，2013年。

柏木哲夫『生と死を支える』朝日新聞社，1987年。

柏木哲夫『死を学ぶ』有斐閣，1995年。

ガドッチ，モシアル『パウロ・フレイレを読む』（里見実・野元弘幸訳）亜紀書房，
　　1993年。

ガードナー，ハワード『MI：個性を生かす多重知能の理論』（松村暢隆訳）新曜社，
　　2001年。

金井壽宏・楠見孝編『実践知』有斐閣，2012年。

カーネギー，デール『人を動かす（新装版）』（山口博訳）創元社，1999年。

神谷美恵子『生きがいについて』みすず書房，1966年。

河合隼雄『無意識の構造』中央公論社，1977年。

河合隼雄『ユング心理学入門』（〈心理療法〉コレクション1）岩波書店，2009年（原著
　　1967年）。

川喜田二郎『発想法』中央公論社，1967年。

カーン，ロバート／アントヌッチ，トニー「生涯にわたる『コンボイ』」（遠藤利彦訳）東 洋・柏木惠子・高橋惠子編『生涯発達の心理学2 気質・自己・パーソナリティ』新曜社，1993年，pp. 33-70。

木下康仁『老いとケアの祝福』勁草書房，1997年。

キューブラー・ロス，エリザベス『死ぬ瞬間』（鈴木晶訳）中央公論新社，2001年。

キューブラー・ロス，エリザベス／ケスラー，デヴィッド『ライフ・レッスン』（上野圭一訳）角川書店，2005年。

久保紘章『セルフヘルプ・グループ』相川書房，2004年。

倉内史郎『社会教育の理論』（教育学大全集7）第一法規，1983年。

クラントン，パトリシア『おとなの学びを拓く』（入江直子・豊田千代子・三輪建二訳）鳳書房，1999年。

クラントン，パトリシア『おとなの学びを創る』（入江直子・三輪建二監訳）鳳書房，2004年。

グリーンリーフ，ロバート『サーバント・リーダーシップ』（金井壽宏・金井真弓訳）英治出版，2008年。

黒川由紀子『回想法：高齢者の心理療法』誠信書房，2005年。

黒川由紀子『認知症と回想法』金剛出版，2008年。

孔子『論語 改訂版』（金谷治訳）岩波書店，1999年。

児玉省・品川不二郎・印東太郎『WAIS成人知能診断検査法』日本文化科学社，1958年。

コッター，ジョン『リーダーシップ論』（黒川由貴子監訳）ダイヤモンド社，1999年。

コッター，ジョン『企業変革力』（梅津祐良訳）日経BP社，2002年。

小林文人編『公民館・図書館・博物館』（講座 現代社会教育Ⅵ）亜紀書房，1977年。

小林文人・末本誠編『社会教育基礎論』国土社，1991年。

小林・前川・山中他『日本版WAIS-Rの理論と臨床』日本文化科学社，1999年。

小尾二郎『夜間中学の理論と実践』明石書店，2006年。

ゴーブル，フランク『マズローの心理学』（小口忠彦監訳）産業能率大学出版部，1972年。

ゴールマン，ダニエル『EQ』（土屋京子訳）講談社，1996年。

コーンハウザー，ウィリアム『大衆社会の政治』（辻村明訳）東京創元社，1961年。

斉藤啓一『フランクルに学ぶ』日本教文社，2000年。

斎藤孝『身体感覚を取り戻す』日本放送協会出版，2000年。

斎藤孝『生き方のスタイルを磨く』日本放送協会出版，2004年。

引用・参考文献

佐伯胖・藤田英典・佐藤学編『学びへの誘い』（シリーズ学びと文化①）東京大学出版
　　会，1995年。

佐々木正人『アフォーダンス入門』講談社，2008年。

佐藤郁哉『暴走族のエスノグラフィー』新曜社，1984年。

佐藤一斎『言志四録（三）』（川上正光全訳注）講談社，1980年。

佐藤一子『現代社会教育学』東洋館出版，2006年。

佐藤眞一他『老いのこころ』有斐閣，2014年。

サントロック，ジョン『成人発達とエイジング』（今泉信人・南博文訳）北大路書房，
　　1992年。

ジェルピ，エットーレ『生涯教育』（前平泰志訳）東京創元社，1983年。

柴田義松『教育課程』有斐閣，2000年。

柴田義松『ヴィゴツキー入門』子どもの未来社，2006年。

シーヒィ，ゲイル『パッセージⅠ・Ⅱ』（深沢道子訳）プレジデント社，1978年。

シーヒィ，ゲイル『ニュー・パッセージ（上）（下）』（田口佐紀子訳）徳間書店，1997
　　年。

渋谷望『魂の労働』青土社，2003年。

島井哲志編『ポジティブ心理学』ナカニシヤ出版，2006年。

島薗進・竹内整一『死生学とは何か』（講座死生学１）東京大学出版部，2008年。

志村ゆず編『ライフレビューブック』弘文堂，2005年。

志村ゆず監修・熊谷元一写真／童画『ふるさと阿智村ものがたり』（DVD）長野県阿智
　　村，2006年。

志村ゆず・鈴木正典編『写真でみせる回想法』弘文堂，2004年。

霜月蒼『アガサ・クリスティー完全攻略（決定版）』早川書房，2018年。

下村・辻・内藤・矢口『女性センターを問う』新水社，2005年。

シャイエ，ウォーナー／ウィリス，シェリー『成人発達とエイジング』（岡林秀樹訳）
　　ブレーン出版，2005年。

社会教育推進全国協議会編『社会教育・生涯学習ハンドブック』（第９版）エイデル研
　　究所，2017年。

終活カウンセラー協会編『終活の教科書』辰巳出版，2013年。

ショーン，ドナルド『専門家の知恵』（佐藤学・秋田喜代美訳）ゆみる出版，2001年。

ショーン，ドナルド『省察的実践とは何か』（柳沢昌一・三輪建二監訳）鳳書房，2007
　　年。

榛村純一『生涯学習都市10年』清文社，1987年。

末本誠・松田武雄編『生涯学習と地域社会教育』春風社，2004年。

鈴木忠他『生涯発達心理学』有斐閣，2016年。

鈴木敏正『生涯学習の教育学』北樹出版，2004年。

鈴木眞理・守井典子編『生涯学習の計画・施設論』（シリーズ生涯学習社会における社会教育6）学文社，2003年。

スターンバーグ，R. J.『思考スタイル』（松村暢隆・比留間太白訳）新曜社，2000年。

ストー，アンソニー『ユング』（河合隼雄訳）岩波書店，1990年。

諏訪哲二『オレ様化する子どもたち』中央公論新社，2005年。

世阿弥『風姿花伝』（野上豊一郎・西尾実校訂）岩波書店，1958年。

関口・西岡・鈴木・堀・神部・柳田『新しい時代の生涯学習（第3版）』有斐閣，2018年。

センゲ，ピーター『最強組織の法則』（守部信之訳）徳間書店，1995年。

センゲ，ピーター『学習する学校』（リヒテルズ直子訳）英治出版，2014年。

薗田碩哉「ワークショップとは」『社会教育』全日本社会教育連合会，1994年10月号，p. 1。

タイラー，ラルフ『現代カリキュラム研究の基礎』（金子孫市監訳）日本経営協会，1978年。

高橋恵子・波多野誼余夫『生涯発達の心理学』岩波書店，1990年。

高間邦男『学習する組織』光文社，2005年。

多田富雄・今村仁司編『老いの様式』誠信書房，1987年。

橘覚勝『老年学』誠信書房，1971年。

橘覚勝『老いの探求』誠信書房，1975年。

橘木俊詔『格差社会』岩波書店，2006年。

立田慶裕「知識を創る学習」赤尾勝己編『生涯学習理論を学ぶ人のために』世界思想社，2004年，pp. 227-239。

田中俊也「状況に埋め込まれた学習」赤尾勝己編『生涯学習理論を学ぶ人のために』世界思想社，2004年，pp. 171-193。

田中耕治『教育評価』岩波書店，2008年。

田宮仁『「ビハーラ」の提唱と展開』（淑徳大学総合福祉学部研究叢書 25）学文社，2007年。

チクセントミハイ，ミハイ『フロー体験：喜びの現象学』（今村浩明訳）世界思想社，1996年。

チクセントミハイ，ミハイ『楽しみの社会学』（今村浩明訳），新思索社，2001年。

引用・参考文献

チクセントミハイ，ミハイ『クリエイティヴィティ』（浅川希洋志監訳）世界思想社，2016年。

ティシー，ノール『リーダーシップ・サイクル』（一條和生訳）東洋経済新報社，2004年。

ディヒトバルト，ケン『エイジ・ウェーブ』（田名部昭・田辺ナナ子訳）創知社，1992年。

デーケン，アルフォンス『死とどう向き合うか』日本放送教育出版協会，1996年。

デーケン，アルフォンス／飯塚眞之編『日本のホスピスと終末期医療』春秋社，1991年。

デーケン，アルフォンス／メヂカルフレンド社編集部編『死を教える』『死を看取る』『死を考える』（叢書 死への準備教育全3巻）メヂカルフレンド社，1986年。

デーヴィス，フレッド『ノスタルジアの社会学』（間場寿一・荻野美穂・細辻恵子訳）世界思想社，1990年。

デューイ，ジョン『学校と社会』（宮原誠一訳）岩波書店，1957年。

デューイ，ジョン『民主主義と教育（上）（下）』（松野安男訳）岩波書店，1975年。

デューイ，ジョン『経験と教育』（市村尚久訳）講談社，2004年。

寺中作雄『社会教育法解説／公民館の建設』（現代教育101選55）国土社，1995年。

常葉－布施美穂「変容的学習：J.メジローの理論をめぐって」赤尾勝己編『生涯学習理論を学ぶ人のために』世界思想社，2004年，pp.87-114。

友枝敏雄・山田真茂留編『Do! ソシオロジー（改訂版）』有斐閣，2013年。

友久久雄・吾勝常行・児玉龍治編『ビハーラ入門』本願寺出版社，2018年。

トーンスタム，ラーシュ『老年的超越』（冨澤公子・タカハシマサミ訳）晃洋書房，2017年。

中川威・増井幸恵他「超高齢者の語りにみる生（life）の意味」『老年社会科学』第32巻第4号，2011年，422-433。

永杉喜輔『社会教育の原点をさぐる』国土社，1982年。

中野民夫『ワークショップ』岩波書店，2001年。

中野民夫『ファシリテーション革命』岩波書店，2003年。

仲正昌樹『今こそ，アーレントを読み返す』講談社，2009年。

中村雄二郎『臨床の知とは何か』岩波書店，1992年。

西岡加名恵・石井英真・田中耕治『新しい教育評価入門』有斐閣，2015年。

西村純一『成人発達とエイジング』ナカニシヤ出版，2018年。

日本社会教育学会編『現代成人学習内容論』（日本の社会教育第33集）東洋館出版社，1989年。

日本社会教育学会編『高齢社会における社会教育の課題』（日本の社会教育第43集）東洋館出版社，1999年。

日本図書館協会編『市民の図書館 増補版』1976年。

日本版 WAIS-Ⅲ 刊行委員会編『WAIS-Ⅲ 成人知能検査法：実施・採点マニュアル』『同 理論マニュアル』日本文化科学社，2006年。

野村豊子『回想法とライフレヴュー』中央法規出版，1998年。

ノールズ，マルカム『成人教育の現代的実践』（堀薫夫・三輪建二監訳）鳳書房，2002年。

ノールズ，マルカム『学習者と教育者のための自己主導型学習ガイド』（渡邊洋子監訳・京都大学 SDL 研究会訳）明石書店，2005年。

ノールズ，マルカム『成人学習者とは何か』（堀薫夫・三輪建二監訳）鳳書房，2013年。

バウマン，ジグムント『リキッド・モダニティ』（森田典生訳）大月書店，2001年。

ハーシィ，ポール／ブランチャード，ケネス『行動科学の展開：人的資源の活用』（山本成二・水野基・成田攻訳）日本生産性本部，1978年。

ハーシィ，ポール／ブランチャード，ケネス／ジョンソン，デューイ『行動科学の展開：新版』（山本成二・山本あづさ訳）生産性出版，2000年。

波多野完治『生涯教育論』小学館，1972年。

波多野完治『続・生涯教育論』小学館，1985年。

羽田新「職場」秋元・石川・羽田・袖井『社会学入門（新版）』有斐閣，1990年，pp. 103-143。

ハヴィガースト，ロバート『人間の発達課題と教育』（荘司雅子監訳）玉川大学出版部，1995年。

ハヴィガースト，ロバート『ハヴィガーストの発達課題と教育』（児玉憲典・飯塚裕子訳）川島書店，1997年。

速水敏彦『他人を見下す若者たち』講談社，2006年。

バルテス，ポール「生涯発達心理学を構成する理論的諸観点」（鈴木忠訳）東洋・柏木恵子・高橋惠子編『生涯発達の心理学 1 認知・知能・知恵』新曜社，1993年，pp. 173-204。

ヴィゴツキー，レフ『新訳版・思考と言語』（柴田義松訳）新読書社，2001年。

日野原重明『老いに成熟する』春秋社，1997年。

日野原重明・山本俊一『死生学』（第 1 集）技術出版，1988年。

平木典子『アサーション・トレーニング』日本・精神技術研究所，1993年。

平沢薫『成人教育』岩崎書店，1955年。

引用・参考文献

平山正実「生と死の教育」樋口和彦・平山正実編『生と死の教育』創元社，1985年，pp. 144-170。

廣瀬・澤田・林・小野『生涯学習支援のための参加型学習のすすめ方』ぎょうせい，2000年。

ブーアスティン，ダニエル『幻影の時代』（星野郁美・後藤和彦訳）東京創元社，1964年。

フィードラー，フレッド『新しい管理者像の探究』（山田雄一訳）産業能率短期大学出版部，1970年。

フォール，エドガー他『未来の学習』（フォール報告書検討委員会訳）第一法規，1975年。

藤岡貞彦『社会教育実践と民衆意識』草土文化，1977年。

藤永保『発達の心理学』岩波書店，1982年。

藤原智美『暴走老人！』文藝春秋，2007年。

藤原瑞穂・堀薫夫「障害をもつ高齢者の学習ニーズと活動制限の関連」『老年社会科学』第24巻第1号，2002年，51-60。

ブライデン，クリスティーン『私は私になっていく』（馬籠久美子・桧垣陽子訳）クリエイツかもがわ，2004年。

フランクル，ヴィクトール『夜と霧』（霜山徳爾訳），みすず書房，1985年。

フランクル，ヴィクトール『それでも人生にイエスと言う』（山田邦男・松田美佳訳）春秋社，1993年。

フランクル，ヴィクトール『〈生きる意味〉を求めて』（諸富祥彦・上嶋洋一・松岡世利子訳）春秋社，1999年。

フランクル，ヴィクトール『意味への意志』（山田邦男訳）春秋社，2002年 a。

フランクル，ヴィクトール『夜と霧 新版』（池田香代子訳），みすず書房，2002年 b。

フリーダン，ベティ『老いの泉（上）（下）』（山本博子・寺澤恵美子訳）西村書店，1995年。

フルトン，ロバート『デス・エデュケーション』（斎藤武・若林一美訳）現代出版，1984年。

ブルーナー，ジェローム『教育の過程（新版）』（鈴木祥蔵・佐藤三郎訳）岩波書店，1986年。

ブルーム，ベンジャミン他『教育評価法ハンドブック』（梶田叡一・渋谷憲一・藤田恵璽訳）第一法規，1973年。

フレイレ，パウロ『被抑圧者の教育学』（小沢・楠原・柿沼・伊藤訳）亜紀書房，1979

225

年。

フレイレ，パウロ『伝達か対話か』（里見実・楠原彰・桧垣良子訳）亜紀書房，1982年。

フレイレ，パウロ『自由のための文化行動』（柿沼秀雄訳）亜紀書房，1984年。

フロイト，ジークムント『夢判断（上）（下）』（高橋義孝訳）新潮社，1969年。

フロイト，ジークムント『精神分析入門（上）（下）』（高橋義孝・下坂幸三訳）新潮社，1977年。

フロム，エーリッヒ『正気の社会』（加藤正明・佐瀬隆夫訳）社会思想社，1958年。

フロム，エーリッヒ『悪について』（鈴木重吉訳）紀伊国屋書店，1965年。

フロム，エーリッヒ『夢の精神分析』（外林大作訳）東京創元社，1971年。

フロム，エーリッヒ『人間における自由（改訳）』（谷口隆之助・早坂泰次郎訳）東京創元社，1972年。

フロム，エーリッヒ『破壊（上）（下）』（作田啓一・佐野哲郎訳）紀伊国屋書店，1975年。

フロム，エーリッヒ『生きるということ』（佐野哲郎訳）紀伊国屋書店，1977年。

フロム，エーリッヒ『疑惑と行動』（阪本健二・志貴春彦訳）東京創元社，1978年。

フロム，エーリッヒ『愛するということ』（鈴木晶訳）紀伊国屋書店，1991年。

ブロムレー，D. B.『高齢化の科学』（勝沼晴雄監訳）産業能率短期大学出版部，1976年。

ベック，ウルリッヒ『危険社会』（東 廉・伊藤美登里訳）法政大学出版局，1998年。

ベライター，カール『教育のない学校』（下村哲夫訳）学陽書房，1975年。

ホックシールド，アーリー『管理される心：感情が商品になるとき』（石川准・室伏亜希訳）世界思想社，2000年。

ボードリヤール，ジャン『消費社会の神話と構造』（今村仁司・塚原史訳）紀伊国屋書店，1979年。

ボードリヤール，ジャン『透きとおった悪』（塚原史訳）紀伊国屋書店，1991年。

ポランニー，マイケル『暗黙知の次元』（高橋勇夫訳）筑摩書房，2003年。

堀薫夫「アメリカ成人発達論の背景と展開」社会教育基礎理論研究会編『成人性の発達』（叢書生涯学習Ⅶ）雄松堂，1989年 a，pp. 61-138。

堀薫夫「教育の中のエイジングの問題」社会教育基礎理論研究会編『成人性の発達』（叢書生涯学習Ⅶ）雄松堂，1989年 b，pp. 245-273。

堀薫夫「成人教育学（アンドラゴジー）を求めて」，麻生誠・泉敏郎編『人間の発達と生涯学習』（生涯学習実践講座 2）亜紀書房，1989年 c，pp. 205-252。

堀薫夫「アメリカにおけるアンドラゴジー（成人教育学）論」社会教育基礎理論研究会編『学習・教育の認識論』（叢書生涯学習Ⅷ）雄松堂，1991年，pp. 179-206。

引用・参考文献

堀薫夫『教育老年学の構想』学文社，1999年。

堀薫夫「都市型老人大学の社会的機能に関する調査研究」『日本社会教育学会紀要』No.
　　36，2000年，99-111。

堀薫夫「学習に関する諸概念の再検討」鈴木眞理・永井健夫編『生涯学習社会の学習
　　論』（シリーズ生涯学習社会における社会教育４）学文社，2003年，pp. 97-112。

堀薫夫「アンドラゴジーと人的能力開発論」日本社会教育学会編『成人の学習』（日本
　　の社会教育第48集）東洋館出版，2004年，pp. 19-31。

堀薫夫編『教育老年学の展開』学文社，2006年。

堀薫夫「老人大学修了者の老人大学への評価と社会参加活動の関連」『老年社会科学』
　　第29巻第３号，2007年，428-436。

堀薫夫「ポール・バルテスの生涯発達論」『大阪教育大学紀要Ⅳ　教育科学』第58巻第１
　　号，2009年，173-185。

堀薫夫『生涯発達と生涯学習』ミネルヴァ書房，2010年。

堀薫夫編『教育老年学と高齢者学習』学文社，2012年 a。

堀薫夫「高齢者学習評価におけるサーバント・リーダーシップの可能性」日本社会教育
　　学会編『社会教育における評価』（日本の社会教育第48集）東洋館出版社，2012年 b，
　　143-154。

堀薫夫「高齢者教育学の存立基盤に関する一考察」『大阪教育大学紀要Ⅳ　教育科学』第
　　65巻第１号，2015年，209-216。

堀薫夫「教育老年学の展開と課題」『老年社会科学』第38巻第４号，2017年，459-464。

堀薫夫・三輪建二『新訂　生涯学習と自己実現』放送大学教育振興会，2006年。

堀尾輝久『教育入門』岩波書店，1989年。

ポルトマン，アドルフ『人間はどこまで動物か』（高木正孝訳）岩波書店，1961年。

真木悠介「人間的欲求の理論」同『人間解放の理論のために』筑摩書房，1971年，pp.
　　97-152。

マスロー，アブラハム『完全なる人間　第２版』（上田吉一訳）誠信書房，1998年。

マズロー，エイブラハム『人間性の心理学』（小口忠彦監訳）産業能率短期大学出版部，
　　1987年。

松田武雄『近代日本社会教育の成立』九州大学出版会，2004年。

学びリンク編集部編『全国夜間中学ガイド』学びリンク，2014年。

三隅二不二『グループ・ダイナミックス』共立出版，1976年。

三隅二不二『グループ・ダイナミックス』旺文社，1978年。

三隅二不二『リーダーシップ行動の科学』有斐閣，1984年。

227

宮原誠一『社会教育』光文社，1950年。

源由理子編『参加型評価』晃洋書房，2016年。

三輪建二「成人の学習」日本社会教育学会編『成人の学習』（日本の社会教育第48集）東洋館出版，2004年，pp. 9-15。

三輪建二『おとなの学びを育む』鳳書房，2009年。

ムゴン，キム『NQ』（久保直子訳）ソフトバンク・パブリッシング，2004年。

メジロー，ジャック『おとなの学びと変容』（金澤睦・三輪建二監訳）鳳書房，2012年。

メリアム，シャラン／カファレラ，ローズマリー『成人期の学習：理論と実践』（立田慶裕・三輪建二監訳）鳳書房，2005年。

元木健『人間の学習としての社会科』明治図書，1976年。

元木健「教育課程の編成と研究の課題」扇谷尚・元木健・水越敏行編『現代教育課程論：カリキュラム入門』有斐閣，1981年，pp. 1-13。

森 昭『人間形成原論 遺稿』黎明書房，1977年。

森有正『生きることと考えること』講談社，1970年。

森有正『いかに生きるか』講談社，1976年 a。

森有正『思索と経験をめぐって』講談社，1976年 b。

森隆夫『生涯教育』帝国地方行政学会，1970年。

森下伸也「死のカレードスコープ」『金城学院大学論集』No. 145，1992年，1-42。

守屋国光『老年期の自我発達心理学研究』風間書房，1994年。

守屋国光『生涯発達論』風間書房，2005年。

茂呂雄二・田島充士・城間祥子編『社会と文化の心理学』世界思想社，2011年。

諸富祥彦『〈むなしさ〉の心理学』講談社，1997年 a。

諸富祥彦『フランクル心理学入門』星雲社，1997年 b。

諸富祥彦『人生に意味はあるか』講談社，2005年。

文部省『生涯教育〈中央教育審議会答申〉』1981年。

文部省大臣官報『リカレント教育』（教育調査第88集）1974年。

矢口悦子『イギリス成人教育の思想と制度』新曜社，1998年。

矢口徹也「学習方法としてのグループ」赤尾勝己・山本慶裕編『学びのデザイン』玉川大学出版部，1998年，pp. 74-89。

山住勝広／エンゲストローム，ユーリア編『ノットワーキング』新曜社，2008年。

山田邦男『生きる意味への問い』佼成出版社，1999年。

山田邦男編『フランクルを学ぶ人のために』世界思想社，2002年。

山田邦男『フランクル人生論 苦しみの中でこそ，あなたは輝く』PHP エディターズ・

引用・参考文献

グループ，2009年。

山田昌弘『希望格差社会』筑摩書房（文庫），2007年。

やまだようこ「生涯発達心理学の課題と未来」小嶋秀夫・やまだようこ『生涯発達心理学』放送大学教育振興会，2002年，pp.203-224。

山本俊一『死生学のすすめ』医学書院，1992年。

山本敏夫・吉田昇編『教育原理』（教育演習双書1）学文社，1967年。

ユネスコ「21世紀教育国際委員会」編『学習：秘められた宝』ぎょうせい，1997年。

ユング，カール『無意識の心理』（高橋義孝訳）人文書院，1977年。

ユング，カール「人生の転換期」（鎌田輝雄訳）『現代思想 ユング（臨時増刊）』第7巻第5号，1979年，42-55。

ユング，カール『自我と無意識の関係』（野田倬訳）人文書院，1982年。

吉田昇『共同学習・社会教育』（吉田昇著作集2）三省堂，1981年。

ライチェン，ドミニク／サルガニク，ローラ『キー・コンピテンシー』（立田慶裕監訳）明石書店，2006年。

ラッシュ，クリストファー『ナルシシズムの時代』（石川弘義訳）ナツメ社，1981年。

ラングラン，ポール『生涯教育入門（改訂版）』（波多野完治訳）全日本社会教育連合会，1976年。

ラングラン，ポール『生涯教育入門 第二部』（波多野完治訳）全日本社会教育連合会，1979年。

リースマン，デビッド『孤独な群衆』（加藤秀俊訳）みすず書房，1964年。

リンデマン，エデュアード『成人教育の意味』（堀薫夫訳）学文社，1996年。

レイヴ，ジーン／ウェンガー，エティエンヌ『状況に埋め込まれた学習』（佐伯胖訳）産業図書，1993年。

レビンソン，ダニエル『ライフサイクルの心理学（上）（下）』（南 博訳）講談社，1992年。

ローウィ，ルイス／オコーナー，ダーレン『高齢社会に生きる 高齢社会に学ぶ』（香川正弘・西出郁代・鈴木秀幸訳）ミネルヴァ書房，1995年。

ロソー，アーヴィング『高齢者の社会学』（嵯峨座晴夫監訳）早稲田大学出版部，1983年。

ローレンス，ランディ『身体知』（立田慶裕他訳）福村出版，2016年。

ローレンツ，コンラート『攻撃』（日高敏隆・久保和彦訳）みすず書房，1985年。

ワトキンス，カレン／マーシック，ビクトリア『「学習する組織」をつくる』（神田良・岩崎尚人訳）日本能率協会マネジメントセンター，1995年。

229

〔英語文献：ABC 順〕

Atchley, R. C. A Continuity Theory of Normal Aging, *The Gerontologist, 29,* 1989, 183-190.

Atchley, R. C. *Spirituality and Aging.* The Johns Hopkins University Press, 2009.

Baltes, P. B. & Baltes, M. M. (eds.) *Successful Aging.* Cambridge University Press, 1990.

Baltes, P. B., Reese, H. W. & Lipsitt, L. P. Life-Span Developmental Psychology, *Annual Review of Psychology, 31.* 1980, 65-110.

Baltes, P. B. & Smith, J. Toward a Psychology of Wisdom and Its Ontogenesis, in Sternberg, R. J. (ed.) *Wisdom.* Cambridge University Press, 1990, pp. 87-120.

Bengtson, V. L., Cuellar, J. B. & Ragan, P. K. Stratum Contrasts and Similarities in Attitudes Toward Death, *Journal of Gerontology, 32*(1), 1977, 76-88.

Birren, J. E. et al. *Human Ageing.* Arno Press, 1980.

Birren, J. E. & Woodruff, D. S. Human Development over the Life-Span through Education, in Baltes. P. B. & Schaie, K. W. (eds.) *Life-Span Developmental Psychology : Personality and Socialization.* Academic Press, 1973, pp. 305-337.

Bishof, L. J. *Adult Psychology* (2nd ed.). Harper & Row, 1976.

Brookfield, S. *Learning Democracy : Eduard Lindeman on Adult Education and Social Change.* Croom Helm, 1987.

Bühler, Ch. & Massarik, F. (eds.) *The Course of Human Life.* Springer, 1968.

Caffarella, R. S. *Planning Programs for Adult Learners* (2nd ed.). Jossey-Bass, 2002.

Carstensen, L. L. Evidence for Life-Span Theory of Socioemotional Selectivity, *Current Directions in Psychological Science, 4*(5), 1995, 151-156.

Cervero, R. M. & Wilson, A. L. et al. *Power in Practice.* Jossey-Bass, 2001.

Cumming, E. & Henry, W. E. *Growing Old : The Process of Disengagement.* Basic Books, 1961.

Cusack, S. A. & Thompson, W. J. A. Mental Fitness : Developing a Vital Aging Society, *International Journal of Lifelong Education, 17*(5), 1998, 307-317.

Cusack, S. A. & Thompson, W. J. A. *Leadership for Older Adults.* Taylor & Francis, 1999.

Cusack, S. A. & Thompson, W. J. A. *Mental Fitness for Life.* Key Porter Books, 2003.

Darkenwald, G. G. & Merriam, S. B. *Adult Education : Foundations of Practice.* Harper & Row, 1982.

Dennis, W. Creative Productivity between the Ages of 20 and 80 Years, *Journal of Gerontology, 23*(1), 1966, 1-8.

Gould, R. L. *Transformations.* Simon & Schuster, 1978.

Goulet, L. R. & Baltes, P. B. (eds.) *Life-Span Developmental Psychology : Research and Theory.* Academic Press, 1970.

Hori, S. Beginning of Old Age in Japan and Age Norms in Adulthood, *Educational Gerontology. 20*(5), 1994, 439-451.

Houle, C. *The Inquiring Mind* (2nd ed.). The University of Wisconsin Press, 1988.

Hutchins, R. *The Learning Society.* Pelican Books, 1968.

Jung, C. G. The Stages of Life. in Read, H. et al. (eds.), Hull, R. F. C. (trans.), *The Structure and Dynamics of the Psyche* (2nd ed.). Princeton University Press, 1972, pp. 387-415.

Knowles, M. S. *The Modern Practice of Adult Education : Andragogy Versus Pedagogy.* Association Press, 1970.

Knowles, M. S. *Using Learning Contracts.* Jossey-Bass, 1986.

Laslett, P. *A Fresh Map of Life.* Harvard University Press, 1991.

Lebel, J. Beyond Andragogy to Gerogogy, *Lifelong Learning, 1*(9), 1978, 16-18, 25.

Lehman, H. C. *Age and Achievement.* Princeton University Press, 1953.

Levinson, D. J. *The Seasons of a Woman's Life.* Ballantine Books, 1996.

Lindauer, M. S. *Aging, Creativity, and Art.* Kluwer Academic/Plenum Pub, 2003.

Londoner, C. A. Survival Needs of the Aged, *International Journal of Aging and Human Development, 2,* 1971, 113-117.

McClusky, H. Y. *Education* (Report for 1971 White House Conference on Aging). U. S. Government Printing Office, 1971.

Merriam, S. B. Reminiscence and Life Review, in Sherron, R. H. & Lumsden, D. B. (eds.) *Introduction to Educational Gerontology* (3rd ed.). Hemisphere, 1990, pp. 41-58.

Morstain, B. R. & Smart, J. C. Reasons for Participation in Adult Education Course, *Adult Education, 24*(2), 1974, 83-98.

Moody, H. R. Education and the Life Cycle, in Sherron, R. H. & Lumsden, D. B. (eds.) *Introduction to Educational Gerontology* (3rd ed.). Hemisphere, 1990, pp. 23-39.

Nanus, B. *Visionary Leadership.* Jossey-Bass, 1992.

Neugarten, B. L. (ed.) *Middle Age and Aging.* The University of Chicago Press, 1968.

Neugarten, B. L. *The Meanings of Age.* The University of Chicago Press, 1996.

Peterson, R. E. et al. *Lifelong Learning in America.* Jossey-Bass, 1979.

Sadler, W. A. *The Third Age.* Perseus Publishing, 2000.

Sherron, R. H. & Lumsden, D. B. (eds.) *Introduction to Educational Gerontology* (3rd ed.). Hemisphere, 1990.

Smith, J. & Baltes, P. B. Wisdom-Related Knowledge, *Developmental Psychology, 36* (3), 1990, 494-505.

Sternberg, R. J. & Wagner, R. K. (eds.) *Practical Intelligence.* Cambridge University Press, 1986.

Turner, R. R. & Reese, H. W. (eds.) *Life-Span Developmental Psychology : Intervention.* Academic Press, 1980.

Vaillant, G. E. *Adaptation to Life.* Little Brown, 1977.

Whitbourne, S. K. & Weinstock, C. S. *Adult Development* (2nd ed.). Plaeger, 1986.

〔講座・シリーズ〕

　なお，生涯発達・生涯学習関連の講座・シリーズなどとして，以下のようなものが刊行されている（刊行中のものを含む）。

東洋・柏木惠子・高橋惠子編　生涯発達の心理学（全3巻）新曜社，1993年。

無藤隆・やまだようこ他編　講座　生涯発達心理学（全5巻）金子書房，1995年。

島薗進・竹内整一・小佐野重則編集　死生学（全5巻）東京大学出版会，2008年。

有光次郎・木田宏・波多野完治監修　生涯学習実践講座（全8巻）亜紀書房（1988年〜1994年，6・7巻未刊）。

伊藤俊夫・岡本包冶・山本恒夫編集代表　生涯学習講座（全6巻）第一法規出版（1989年）。

社会教育基礎理論研究会編　叢書　生涯学習（全10巻）雄松堂出版（1987年〜1992年）。

白石克己・新井郁男他　生涯学習テキスト（全10巻）実務教育出版（1987年〜1988年）。

小川利夫編他　講座　現代社会教育（全7巻）亜紀書房（1977年〜1987年）。

島田修一編他　社会教育実践双書（全9巻）国土社（1988年〜1995年）。

鈴木敏正編著他　叢書　地域をつくる学び（全16巻〈予定〉）北樹出版（2000年〜）。

白石克己編集代表　生涯学習の新しいステージを拓く（全6巻）ぎょうせい（2001年）。

鈴木眞理編集代表　シリーズ生涯学習社会における社会教育（全7巻）学文社（2003

引用・参考文献

　　年）。

鈴木眞理編集代表　講座 転形期の社会教育（全 6 巻）学文社（2015年〜2016年）。

日本社会教育学会年報　日本の社会教育（2017年度までで61集）東洋館出版社。同学会
　　紀要（2013年度まで49号，2014年度より『社会教育学研究』と改称し，2017年度ま
　　でで53巻に）日本社会教育学会。

日本社会教育学会編　講座 現代社会教育の理論（全 3 巻）東洋館出版社，2004年。

日本生涯教育学会年報（2017年度までで38号）日本生涯教育学会。

人 名 索 引

ア行

アチュリー，R. C.　26
アレント，H.　22, 200
アントヌッチ，T. C.　66
イリッチ，I.　116, 117, 121
ヴィゴツキー，L. S.　46, 124
ウィルソン，A. L.　154
ウェクスラー，D.　48
上原専禄　154
ウェンガー，E.　123
エリクソン，E. H.　30, 33, 34, 42, 77, 81
エンゲストローム，Y.　124
オコーナー，D.　64

カ行

カウフマン，S. R.　71, 72, 75
梶田叡一　175, 176, 177
カーステンセン，L.　77
ガードナー，H.　56, 57
カーネギー，D.　164
カファレラ，R.　153
神谷美恵子　102, 103
ガルトゥング，J.　115
カーン，R. L.　66
ギブソン，J.　126
キャッテル，R. B.　52
キューサック，S. A.　168, 183, 185
キューブラー・ロス，E.　83, 85, 197
クラントン，P.　138
ケトレー，A.　25
ゴールマン，D.　59
コーンハウザー，W.　155, 157

サ行

斎藤孝　127
佐藤一斎　112
シーヒィ，G.　44
ジェルピ，E.　115

柴田義松　46

ショーン，D. A.　58
スターンバーグ，R. J.　54, 57
セルベロ，R. M.　154
センゲ，P.　125

タ行

タイラー，R.　174
ダーケンワルド，G.　146
田中耕治　174
チクセントミハイ，M.　99
ディヒトバルト，K.　72, 73
デーヴィス，F.　160
デーケン，A.　83, 84
デューイ，J.　18, 19, 20, 22, 129
トーンスタム，L.　77

ナ・ハ行

中村雄二郎　126
ニューガルテン，B. L.　39, 40
ノールズ，M.　121, 128, 132, 133, 179, 180, 181
ハヴィガースト，R. J.　30, 31, 32
バウマン，Z.　157
ハーシィ，P.　165, 166
ハッチンス，R.　114
バルテス，P. B.　10, 37, 55, 77
ビューラー，C.　30, 31, 108, 109
ブーアスティン，D.　159
フィードラー，F. E.　165
フランクル，V. E.　101, 103, 106, 107
ブランチャード，K. H.　165, 166
フリーダン，B.　71
フール，C.　146
ブルーム，B. S.　177
フレイレ，P.　116, 121
フロイト，S.　27, 28
フロム，E.　92, 93, 94, 95, 96
ブロムレイ，D. B.　49

234

ベック，U. 157
ホックシールド，A. 158
ボードリヤール，J. 159
ポランニー，M. 58
ホーン，J.L. 52

マ行
真木悠介 91
マーシック，V. 125
マクラスキー，H.Y. 61
マズロー，A.H. 92, 96, 98, 99, 101
三隅二不二 164
三輪建二 155
ムーディ，H.R. 68
メジロー，J. 138
メリアム，S. 146
森昭 33, 108
森有正 20, 21, 22

ヤ・ラ・ワ行
山田邦男 103
やまだようこ 12
ユング，C.G. 28, 29, 30, 101
ラスレット，P. 74
ラッシュ，C. 158
ラングラン，P. 113, 114, 123
リースマン，D. 158
リンダウアー，M.S. 79
リンデマン，E. 20, 130, 131, 154, 161
レイヴ，J. 123
レヴィン，K. 163
レヴィンソン，D.J. 42, 44
レーベル，J. 138
ローウィ，L. 64
ロソー，I. 71
ロンドナー，C. 65
ワグナー，R.K. 54
ワトキンス，K. 125

事 項 索 引

A-Z
education more education の法則 147
EQ 58
IQ 58
KJ法 143
NQ 59
OECD 115
PM理論 164
SL理論 166
WAIS 49, 50
Web2.0社会 158

ア行
『アヴェロンの野生児』 17
アウトリーチ 147
アサーティブ 145
アニマ 30
アニムス 30
アフォーダンス 126

安全の欲求 97
アンチ・エイジング 76
安定期 42
アンドラゴジー 128, 129, 130, 132, 133
アンドラゴジーの方法 135
暗黙知 58
生きがい 91, 102
意識変容の学習 138, 139
意味への意志 103, 104, 106, 107
ウェクスラー成人知能検査 49, 52
影響的ニーズ 63
『エイジ・ウェーブ』 72
エイジレス・セルフ 71
エイジング 6, 7, 8, 25, 26, 35, 45, 70, 71, 76, 77,
  80, 138
エイジング・パラドックス 76, 77
液状化社会 157
エンディング・ノート 87
OECD 115

『老いの泉』 71
オールド・エイジ・スタイル 79,80
「教える」指導者 171
思い浮かべる死 89

カ行
回顧へのニーズ 64
介護予防 60
外在的評価 177
回想法 64
介入作用 39,45
学芸員 188,192
格差社会 157
学習 14,17,18,120,123
学習・教育による発達 11
学習契約法 181
学習権宣言 120,121
学習社会 114
学習する学校 125
学習する組織 125,126
学習ニーズ 179,181
学習プログラム 148,149
学習への方向づけ 134
学習へのレディネス 134
仮想的有能感 159
学校型知 121
学校教育評価 175
学校形態の生涯学習施設 195
拡張的学習 124
獲得と喪失 12
活動理論 26,124
過渡期 42,43
カリキュラム 149,152
カルチャーセンター 197
感情労働社会 157
キー・コンピテンシー 55
記号 160
疑似イベント 159
技能教科 150
教育 4,5,20,22,23,120,129
教育的ニーズ 61,64,179
教育的ニーズ論 61

教育評価 174,176,177
『教育評価』 175
教育老年学 27,70,80
教科 149
行事 174
強制収容所 101
行政評価 178
訓練 4,5
経験 13,14,18,19,20,21,68,129,133
形式陶冶 152
形成的評価 177
継続性理論 26
結晶性知能 52,54
決定的事例法 139
欠乏欲求 98
限界状況 101,102
言語性知能 49,50,51
現代社会のかかえるイッシュー 160
現代的課題 155,161
県民カレッジ 190,191
行為の中の省察 58
貢献のニーズ 63
公民館 187,188
公民館主事 188,190
高齢者教育の評価 181,183
高齢者大学 68,122
個人学習 140
個性化 29
古典的生涯学習論 112,113
個としての適応 15
コンヴォイ 66,67
コンティンジェンシー理論 165

サ行
差異 159
サクセスフル・エイジング 26,78
サード・エイジ 74
サーバント・リーダーシップ 168
参加型学習 145
参加型評価 178
「参加する」指導者 170
シーケンス 149

事 項 索 引

ジェロゴジー　137
「支援する」指導者　170
自我の統合　34
至高経験　99
自己教育　118, 120
自己決定　109
自己決定学習　116, 138
自己実現　29, 69, 73, 91, 96, 97, 98, 99, 106, 109
自己実現としての発達　9
自己実現の欲求　97
自己超越　105
自己評価　176
司書　187, 188
事前的（診断的）評価　177
実質陶冶　152
実践教科　151
実践共同体　170, 171
シニア大学　196
死の隠蔽　82
死の誇張・美化　82
死の種類　81
死のプロセス　83
自発学習　147
自分自身観　180
死への恐怖　87
死への準備教育　81, 83, 87, 89
シミュレーション　143
社会教育　117, 118
社会教育主事　162, 187
社会教育法　186, 187
社会情動的選択理論　77
社会的時計　40
集会学習　140
終活　87
集合学習　140
集団学習　140
熟達化　58, 78
受容　84
生涯学習（教育）センター　187, 190
生涯学習関連施設　186, 194
生涯学習施設　186, 187, 188, 190, 191
生涯学習社会　94, 115

生涯学習振興法　187
生涯学習推進体制　194
生涯学習都市宣言　195
生涯学習の場　186
生涯学習方法のタイポロジー　139
生涯学習リーダー　169, 170
生涯教育　113, 114, 119
生涯のプロセスとしての発達　9
生涯発達外因論　39
生涯発達最適化論　39, 45
生涯発達内因論　39, 42
『正気の社会』　92, 96
状況呼応型理論　165
状況に埋め込まれた学習論　123
小集団学習　140
成就価値　108
承認の欲求　97
少年自然の家　193
女性センター　194
所属と愛の欲求　97
人生中心の人生観　104
人生の正午　29
人生の予定表　40, 41
身体知　58, 127
親密さ　34
心理 - 社会的危機　33
心理的適応　14
親和的ニーズ　67
スコープ　149
スピリチュアリティ　27
生活教科　150
生活構造　42, 44
成熟　13
青少年交流の家　193
青少年への学校外教育　122
生殖性　34
成人学習　119, 121, 133
成人教育　112, 118, 119, 128, 131, 147, 161
『成人教育の意味』　130
『成人教育の現代的実践』　132, 135
成人心理学　2
成人対象の学校教育　122

精神的無意識　69, 105
成人に対する教育　131
生存のためのニーズ　61
成長 - 社会化としての発達　8
成長としての発達　10
成長欲求　98
正統的周辺参加　123
生と死を考える教育　86
青年の家　193
生命鼓橋　108, 109
生理的早産　16
生理的欲求　92, 97
絶対評価　175, 176
セルフ・ディレクティド・ラーニング　133
選択的最適化補償論　77, 78
総括的評価　177
相互教育　118
相互作用の原理　20
喪失　9, 66
創造価値　103
相対評価　175
測定　173
組織　162, 163
存在価値　104
存在的欲求　93

タ行
体育館　193
体験　21
体験価値　103
第三勢力の心理学　96
大衆社会論　155, 156, 160
対処的ニーズ　61
態度価値　104
第二の近代　157
対話　69
多元的知能　56
脱学校論　116
達成的ニーズ　67
他人志向型人間　158
男女共同参画センター　194
知恵　8, 54, 55

知能の三部理論　57
中間集団無力化社会　157
超越　69, 90, 93
超越的ニーズ　63
「仕える」指導者　171
ディスカッション　132
ディベート　143
転移　152
伝統的学校教育　122
動作性知能　49, 50, 51
到達度評価　175, 176
図書館　187, 191
トランジッション　36, 37, 38
取り引き　84
ドロール報告　120, 121

ナ行
内容教科　150, 151
ナルシシズム型人間　158
人間形成における教育の位置　23
人間的欲求　91, 92, 100
人間的欲求の階層説　96
認定評価　175
ネクロフィリア　94, 95
年齢規範　39, 40
年齢段階　39
年齢 - 地位体系　39
ノスタルジア　160, 161

ハ行
パーソナル・パワー　169
バイオフィリア　94, 95
博物館　187, 192
バズ・セッション　135, 141
発達　2, 3, 4, 14, 28, 174
発達課題　31, 32, 33, 45
発達観　8, 9
発達の最近接領域　46
パフォーマンス評価　178
パワー・シンキング　183
反転学習　178
ハンブルク宣言　120

事項索引

ピア・サポート・グループ　172
PM理論　164
否認と隔離　84
ビハーラ　85
評価　173, 174, 177
表現教科　151
表現的ニーズ　62
表出的ニーズ　65
被抑圧者の教育学　116
ファシリテーター　145
フォーラム　140, 141, 143, 144
フォール・レポート　114
福祉　60
プラクティカル・インテリジェンス　54
プラグマティクス　55
フリー・ラーナー　147
フロー体験　99, 100
プログラム計画の相互作用モデル　153
ペダゴジー　129, 138
変革的リーダーシップ　168
変化としての生涯発達　10
変化への適応　113, 116
放送大学　122, 196
暴走老人　76
ポジション・パワー　169
ポジティヴ・エイジング　70, 75, 78
ポジティヴな精神的態度　184
ホスピス　85
本能からの解放　16

マ・ヤ行

身近に感じた死　89
無意識　28
メカニクス　55
夜間中学　196
役割なき役割　71
『野生のエルザ』　17
用具教科　149, 150
抑うつ　84
『夜と霧』　101, 102, 106

ラ・ワ行

ラーニング・ウェブ　117
ライフ・サイクル　15, 108
ライフ・レヴュー　64
ライフによって統合された教育　114
リーダーシップ　163, 164, 165, 168
リーダーの機能的特性　163
リカレント教育　115
リスク社会　157
離脱理論　26
流動性知能　52, 53
臨床の知　126
連続の原理　19
老衰としてのエイジング　75
老年学　25, 35
老年期　6
『論語』　112
老年期超越　76, 77
ワークショップ　145
枠組み教科　151

著者紹介

堀　薫夫（ほり・しげお）

1955年生まれ。1978年大阪大学人間科学部卒業。1983年大阪大学大学院人間科学研究科修了。

現在　大阪教育大学教育学部名誉教授（生涯教育計画論研究室），放送大学客員教授。専門は生涯学習論・教育老年学，博士（人間科学）。

主な著訳書

エデュアード・リンデマン『成人教育の意味』（単訳）学文社，1996年；『教育老年学の構想』（単著）学文社，1999年；マルカム・ノールズ『成人教育の現代的実践』（監訳）鳳書房，2002年；シャラン・メリアム『質的調査法入門』（共訳）ミネルヴァ書房，2004年；『生涯学習と自己実現』（共著）放送大学教育振興会，2006年；『教育老年学の展開』（編著）学文社，2006年；『生涯発達と生涯学習』（単著）ミネルヴァ書房，2010年；シャラン・メリアム『調査研究法ガイドブック』（監訳）ミネルヴァ書房，2010年；『教育老年学と高齢者学習』（編著）学文社，2012年；マルカム・ノールズ『成人学習者とは何か』（監訳）鳳書房，2013年；『新しい時代の生涯学習（第3版）』（共著）有斐閣，2018年；『教育老年学』（一部共著）放送大学教育振興会，2022年，その他。

生涯発達と生涯学習［第2版］

2010年 2 月20日	初　版第 1 刷発行	〈検印省略〉
2018年11月10日	第 2 版第 1 刷発行	
2023年 3 月10日	第 2 版第 2 刷発行	

定価はカバーに
表示しています

著　者　堀　　薫　夫

発 行 者　杉　田　啓　三

印 刷 者　江　戸　孝　典

発行所　株式会社　ミネルヴァ書房

607-8494 京都市山科区日ノ岡堤谷町 1
電 話 代 表 (075)581-5191番
振 替 口 座 01020 - 0 - 8076

© 堀薫夫, 2018　　　　　共同印刷工業・藤沢製本

ISBN978-4-623-08475-3

Printed in Japan

心理老年学と臨床死生学——心理学の視点から考える老いと死

佐藤眞一編著　Ａ５判　320頁　本体4200円

●誰もが経験する老いと死。人生の終焉へと向かう中に，人は何を見出せるのか。極めて実際的な問題でありつつも，学術的な研究に触れる機会は少ないだろう。本書では，老年学と死生学の分野を牽引してきた編者と，第一線の研究者である著者たちが，心理学的視座からの研究成果を提示していく。団塊の世代が70代になり超高齢化社会に突入している日本において，未来に活かせる知見を提供する書といえるだろう。

「ラーニングフルエイジング」とは何か
——超高齢社会における学びの可能性

森　玲奈編著　Ａ５判　226頁　本体2500円

●死ぬまで学び続け成長する存在として高齢者を位置づけ，高齢者特有の学習課題に焦点を当てる。多様な高齢者像の視点に立ちながら，高齢者の学習にはどのような方法をとりうるか，国内外の豊富な取材事例と，研究者・実務家との領域横断的な議論によって探り出す。

社会教育新論——「学び」を再定位する

牧野　篤編著　Ａ５判　256頁　本体2800円

●人生100年時代のいま，「学び」を社会に実装する必要がある。そのためには何が必要だろうか。社会基盤としての「社会教育」のあり方を問い直す議論の出発点がここにある。

教育実践研究の方法——SPSSとAmosを用いた統計分析入門

篠原正典著　Ｂ５判　220頁　本体2800円

●分析したい内容項目と分析手法のマッチングについて，知りたい内容や結果から，それを導き出すための分統計析方法がわかるように構成した。統計に関する基礎知識がない人，SPSSやAmosを使ったことがない人でも理解できるよう，その考え方と手順を平易に解説した。

———————— ミネルヴァ書房 ————————

https://www.minervashobo.co.jp